土地信托概论

主编　李燕燕

中国金融出版社

责任编辑：王雪珂
责任校对：李俊英
责任印制：丁淮宾

图书在版编目（CIP）数据

土地信托概论（Tudi Xintuo Gailun）/李燕燕主编. —北京：中国金融
出版社，2015.5
ISBN 978 - 7 - 5049 - 7793 - 9

Ⅰ.①土…　Ⅱ.①李…　Ⅲ.①农村—土地—信托—研究—中国
Ⅳ.①F321.1

中国版本图书馆 CIP 数据核字（2015）第 017108 号

出版
发行　**中国金融出版社**

社址　北京市丰台区益泽路 2 号
市场开发部　（010）63266347，63805472，63439533（传真）
网 上 书 店　http://www.chinafph.com
　　　　　　　　（010）63286832，63365686（传真）
读者服务部　（010）66070833，62568380
邮编　100071
经销　新华书店
印刷　保利达印务有限公司
尺寸　169 毫米×239 毫米
印张　14.25
字数　250 千
版次　2015 年 5 月第 1 版
印次　2015 年 5 月第 1 次印刷
定价　32.00 元
ISBN 978 - 7 - 5049 - 7793 - 9/F.7353
如出现印装错误本社负责调换　联系电话（010）63263947

前　言

经过三十多年的改革开放，中国的工业化伴随着传统农耕与乡村文明社会向现代工业与城市文明社会转型，在这个转型过程中，二元经济社会结构与日益深化的市场经济形成了越来越严重的摩擦。诸如农业用地如何转换为工业用地、农业剩余劳动力如何转移到非农产业、随着耕地的减少粮食供给缺口如何弥补等问题，在众多的摩擦中，多集中在土地收益上。以国家征收的方式实现农地向工业与城市建设用地的转换，补偿标准成为焦点；以政府行政手段划定耕地红线，实施严格的耕地保护政策来保障国家粮食安全，农区与农户收益补偿成为焦点；农地使用权以农户为单元分散占有，农业效率提升和土地规模经营成为焦点；农业剩余劳动力向非农产业转移和农村人口向城市转移已成趋势的情况下，离土离乡农民在集体中的土地权益成为焦点；农村居民居住和生活方式城市化改造，宅基地权益成为焦点，等等。如何破解这些问题，学界以及政府、企业都在不断地争论，不断地探索。其中有一点大家不约而同达成了共识，即在土地流转规模经营促进农业现代化的过程中必须保护农民的财产性收入。所以，在经历了传统的转包、出租、互换以及新兴的土地入股等流转方式后，各地的流转实践开始尝试信托方式流转，土地信托便成了人们关注的议题。

河南是农业大省，担负着国家粮食安全的重任，如何加快转变农业发展方式，进而加强农业现代化建设，我们深深地认识到必须加大改革创新力度，以农村土地制度改革为重点，在农村改革关键领域取得实质性突破。在此过程中，首先应该加快农村土地承包经营权确权登记颁证，赋予农民对承包地的占有、使用、收益、流转及承包经营权抵押、担保权能，在此基础上，加快组建农村土地信托中心新载体，赋予其土地收储、供应、交易、抵押担保等功能，使其成为土地承包经营权流转的主平台。

为了弄清楚土地信托的内涵及实践操作的可行性，百瑞信托有限责任公司执行总裁罗靖博士在与我们交流的过程中，迫切地认识到需要在河南这块典型农区就土地信托问题进行破题。同时，信阳市淮滨县在推进土地流转过程中也试图探索一些新路子，这样，与百瑞信托公司运用土地信托项目的想法不谋而合。于是，我们在2013年11月多次到淮滨实地调研、访谈，最终百瑞信托与淮滨县共同设计方案，成就了河南省本土首创探索性的土地信托项目。

按照我们最初的想法写成一个调研报告，但是在考察和研究过程中，发现地方很多相关人员对土地信托的内涵都不是很清楚，最后我们决定写成一本书，就土地信托的内涵、基础条件、内在机理、收益渠道以及风险管理等方面进行了论述，并把淮滨县土地信托项目作为案例进行了分析。然而，在实际操作中遇到了远比理论概念复杂得多的问题，有的问题在本书中虽然已经提及但未能展开论述，有的尚未触及，这也是该书的不足之处，当然，我们今后会继续在该领域进行探索，同时也恳请同人们提供宝贵意见。

李燕燕

2014 年 12 月 6 日于郑州大学盛和苑

目　　录

第一章 导 论

第一节 土地信托的现实背景

一、新型城镇化是中国社会深化改革的突破口

工业化是整个经济社会现代化发展的发动机，也是现代化进程持续推进的原动力。正是由于工业对源自农业的劳动力等要素的持续吸收，以及为农产品提供的日益扩大的市场，才使得农业的现代化发展有了足够的空间。也正是由于有了来自工业的产品和技术彻底改造了传统的耕作方式，才使得农业的现代化发展变为现实。同样道理，工业企业对基础设施共享的要求及其在空间上的聚集，导致人口聚集和服务业发展，促进了现代城市的形成与发展。如果没有人为设置的障碍，在要素自由流动的前提下，工业化、城镇化和农业现代化本来就是协调的，它们是同一个现代化过程的不同侧面。然而，"三化"并未协调发展，不能协调发展的症结在于城市。改革开放早期，是城市画地为牢，拒绝外部要素的进入。现在对中西部地区尤其对中原经济区来说是要通过城市找到破解稀缺土地资源约束的办法。在18亿亩耕地红线约束越来越紧的前提下，如何实现既不牺牲农业和粮食，又能保证工业化城镇化迅速推进的"三化协调发展"目标？显然只有一种选择，那就是把城镇化放在更加优先的位置。通过科学的城市规划实现建设用地的集约利用，也为工业项目找到落地空间；通过基础设施和公共服务体系建设形成更加完善的城市功能，为工业项目提供更好的生存环境；通过促进农民进城加快人口向城镇聚集，大大缩减人均建设用地的占用规模，腾出足够的建设用地满足工业项目和公共基础设施建设的需要。城镇化所促成的人口大规模从乡村向城市迁徙，也为农业规模经营和现代化发展提供了广阔的空间，城镇化也是农业现代化的前提和基础。

那么，什么是城镇化以及新型城镇化？城镇化可以从不同的角度根据不同

的标准划分成各种不同的类型。比如人的城镇化和土地的城镇化、沿海地区的城镇化和内地的城镇化，等等。讨论城镇化的不同类型，就必须回到城镇化的基本内涵上来，即城镇化是伴随着非农产业发展而发生的要素用途转换、流动与聚集过程。从动力和机制上看，要素流动与聚集的方式不外乎两种：一种是市场经济体制下，经济主体按照自身利益最大化进行自由选择的机制；另一种是计划经济体制下，政府根据自己的判断按照实现自己目标的需要以行政指令的方式对资源进行配置的机制。据此判断，理论上城镇化有三种模式：一是通过市场机制和利益诱导而实现的要素流动与聚集，现实中欧洲、美国、日本等已经完成了城镇化的国家可以归为这一类；二是通过行政指令而实现的要素流动与聚集，现实中前苏联和中国改革开放前的城镇化可以归为这一类；三是既有计划指令和市场利益机制同时发生作用的要素流动与聚集，又可以根据两种机制作用力度大小和作用方式差异分成若干个子类型，现实中此类案例的典型或许是珠三角 20 世纪 90 年代以来的城镇化模式。那时候市场机制在农村比较畅通，但在城市还是计划经济的领地，所以导致有市场机制引起的要素流动和聚集率先在农村发生，从而形成了农村地区城镇化全覆盖的局面，城镇似乎铺满了整个空间，但又在空间里找不到真正功能完善的中心城区。以现在和未来的眼光看，上述三种城镇化模式应该都是"旧"的。那新型城镇化应该具有什么特点呢？一是有规划的城镇化。摒弃了完全市场机制下单纯依靠微观主体自由选择所引发的具有盲目性的要素流动与聚集方式，而是以市场和利益机制引领为基础又吸纳了计划机制合理成分的要素流动与聚集方式，这可以概括为以规划为引领和约束、以市场机制和利益引导为基础的城镇化。二是开放的城镇化。摒弃了计划经济中画地为牢、全靠行政指令配置的要素流动与聚集方式，而是以拆除壁垒和要素无障碍流动为特点的城镇化。三是集约的城镇化。考虑中国土地资源稀缺、保粮食和搞建设矛盾日趋加剧特点，以提升土地资源使用效率为要素流动与聚集方式选择依据的城镇化。

特别值得注意的是，城镇化的过程不仅要改变原有的土地利用规模、利用方式，优化土地利用结构，而且，在工业化进程中，土地作为重要的资产要素可以主动用于城镇化进程中。在我国，如不进行土地资产的合理运作，就无法提升城市和农村空间的使用效率，城镇化进程将很难顺利推进。目前城镇化进程中存在两个主要问题：一是流失了大量农村劳动力之后，农村仍然保留着大量的农耕用地和农民宅基地；二是随着城市规模的扩大又急需建设用地。此外，城镇化的顺利推进不仅需要政策、人力及其他主体的互动合作，还需要充足的资金支持。城镇化过程中的改造、征收和村民安置等都需要大量资金。而这批资金不可能完全由政府筹措。无论何种形式的城镇化，如宅基地置换、土地整理、城中村改造等诸多形式，都需要城镇化运作主体对整治范围内的土地资产进行合理运作，通过现有的融资途径将土地资产变现。只有土地问题得到解决，城镇化才能够顺利推进。

二、土地流转与规模经营是农业现代化的基础

我国农业正处于传统农业向现代农业发展的转型期。农业生产投入量已经较高，土地产出水平也已经较高。但农业机械化水平、农业商品率还很低，资金投入水平、农民文化程度、农业科技和农业管理水平尚处于传统农业阶段。全国各地出现了现代农业生产方式的探索，出现了绿色农业、休闲农业、观光农业、工厂化农业、特色农业以及订单农业等模式。原来的受环境影响大、生产周期长、回报见效慢的弱质农业产业经过后天的强势改造，正逐步地向生产机械化、电气化、信息化、生物化，组织管理的专业化、社会化、区域化和企业化的高效农业转化。农业现代化需要各项生产要素的协调和配合，这些要素包括：规模化的土地、广泛应用农业机械和农业科技、良好的农田水利电力和交通状况、有管理才能的农业企业家、有文化懂技术的高素质农工。而土地的规模经营则是一切要素进入农业生产的基础。土地的规模经营是通过土地流转来实现的。

目前，我国农地流转的基本体系构建完成。宏观上，土地管理的相关法律法规对农地流转的流转对象、流转方式、流转期限、流转次数和流转用途都作出了明确规定，政府对土地流转的态度也从严格限制、逐步放开发展到目前的积极引导和规范阶段。2009年至今的四个中央一号文件分别从土地确权、市场建设、流转服务及流转对象出发，通过财政补助的形式进一步鼓励农地有序流转。微观上，各级地方政府开始了操作层面的具体实践，产生了多种典型的流转模式，如温州的"种粮大户转包"模式、上海松江的"家庭农场"模式、宁夏平罗的"土地信用合作社"模式、浙江绍兴和福建沙县的"土地信托"模式、河南信阳的"土地银行"模式以及河南沁阳的"土地承包经营权公开拍卖"模式，新的土地流转模式不断涌现。根据农业部的统计数据，2013年全国承包耕地流转的面积达到了3.4亿亩，流转比例为26%，比2008年底提高17.1个百分点。2013年河南省农地流转面积达2824万亩，占耕地面积的29%；安徽省农地流转面积达2012.4万亩，占全省耕地总面积的32.2%；河

北省农村土地承包经营权流转面积达到 1414.9 万亩，占家庭承包耕地总面积的 17%。从全国各地的情况看，尽管流转比率存在差异，但流转规模都在逐年增加，流转进程明显加快。

然而，整体而言，我国的农村土地流转还处于初级阶段，流转规模和流转比率还有提高空间，土地的分散经营与农业产业化、市场化之间的矛盾较为突出，与现代农业的发展要求还不相适应。各地的土地流转实践中，大部分流转都是农户间自发进行的，口头协议占比较高，缺乏标准的合同规范，流转纠纷频发，农民利益无法保障。此外，土地流转的市场机制和社会化法务体系还未完全建立，土地流转的管理机制也有待完善。这些问题最终影响了农民的土地流转意愿，成为进一步推进土地流转的障碍。土地流转与规模经营是农业现代化的基础。要实现农业现代化，必须解决好土地流转问题。如果这些问题解决不好，土地流转进程会放慢，农业现代化的目标也就很难实现了。

三、土地信托是土地流转的有益探索

根据吴萍（2010）的研究，我国土地承包经营权流转制度的发展经历了明令禁止阶段、政策初步允许阶段、法律规范阶段和政府引导阶段。在土地流转之初土地流转多为农户私底下分散进行；随着政策的松动，我国逐步允许通过转包、转让等方式供给土地，逐步肯定了土地流转的合理性并扩大了土地承包经营权转让的范围以及流转的形式。目前，我国的土地流转正处于政策引导和法律规范阶段。

2002 年出台的《农村土地承包法》以及 2005 年颁布的《农村土地承包经营权流转管理办法》建立起了我国的土地流转制度体系框架；2008 年的《中共中央关于推进农村改革发展若干重大问题的决议》、2009 年的《中共中央国务院关于促进农业稳定发展　农民持续增收的若干意见》以及 2010 年的《中共中央　国务院关于加大统筹城乡发展力度　进一步夯实农业农村发展基础的若干意见》将土地流转与传统农业改造、劳动力转移以及城乡统筹密切结合起来，对土地流转的方方面面进行了更加详细的规定。在这个阶段，政策对农地供给的态度是边引导边规范；在流转实践中，政府鼓励先行先试，密切关注新的土地流转形式及进展，鼓励开展农村经营模式的创新。

目前我国的农地主要通过两种途径流转到市场。一种是直接流转，农户通过与其他农户、种粮大户、农业企业或者合作社谈判，直接将土地流转出去；另一种是有中间人的间接流转，由政府、土地流转经纪人或者土地流转中介平

台先将土地集中，然后再流转给土地需求方。土地信托就属于后一种。土地信托与农民分散流转和非信托中介流转相比具有以下优点：首先，依托于数量众多的信托专业人员，信托机构对最终土地的经营者会进行考评、筛选，进而减低农民的风险，这一点也是土地流转经纪人及流转中介平台所无法做到的；其次，信托机构掌握大量的投资资金，可以用于土地开发和建设，这是一般的土地流转经纪人及流转中介平台所无法比拟的；再次，信托机构还可提供其他多种类型的金融服务，如信托贷款、股权投资、融资租赁等；最后，信托机构的介入，会极大地增加土地流转规模，促进土地流转的规范化发展，减少土地流转纠纷，保护农民的土地权益。因此，土地信托绝对是土地流转的有益探索。这也就是在经历了传统的转包、出租、互换以及新兴的土地入股等流转方式后，各地的流转实践都开始尝试信托方式流转的原因。比较著名的有浙江省绍兴市和湖南省益阳市的土地信托实践。两地的"土地信托"都是由政府主导设立土地流转平台，将农民的土地归集后再转手给种粮大户或合作社，同时负责过程中的收益分配和纠纷协调。两地的实践均起到了改善抛荒，促进土地规范化流转，提高土地流转规模作用，但均未涉及任何形式的金融服务。这些实践只是学到了信托的"形"，没有学到信托的"魂"。土地信托还是需要真正懂得信托资产运营及管理的信托机构介入，才能真正地走上规范的道路。

四、土地信托是信托业发展的重要突破

各地非标准意义的土地信托实践并非没有意义。这些实践和创新实际上为真正的土地信托做了铺垫，积累了经验。随着中信信托和北京信托分别推出土地信托的第一单，我国彻底进入了土地信托时代。信托公司介入土地流转，在为农民、新型农业经营主体以及政府谋求利益的同时，也在为自身的发展谋求突破口。

我国实行"分业经营，分业监管"的金融业监管制度，但随着居民理财需求的增加和资管市场的发展，金融混业经营的趋势愈加明显。2013年下半年开始，证监会和保监会密集出台了一系列新政，对券商、基金、保险、期货等开展资产管理业务予以政策松绑。新政实施后，这些机构能够更多地以信托公司经营信托业务的方式，开展与信托公司同质化的资产管理业务。信托公司在传统业务领域面临更加直接、更加激烈的竞争。进入大资产管理时代，信托业的原有发展轨迹正面临严峻的挑战。挑战主要来自三个层面：业务层面、监管层面以及信托公司自身发展层面。

从业务层面讲，证券、基金、保险等纷纷开展"类信托"业务，信托公司原有的银信合作、融资信托以及私募基金"阳光化"三类业务将受到冲击。首先受到冲击的是银信理财合作业务。原先受到政策限制的银信合作信贷资产和票据资产转让业务，已经借道证券公司的"定向资产管理业务"和基金公司的"专项资产管理计划"获得广泛开展，预计其他银信理财合作业务也会很快向证券公司和基金公司转移；银信合作将面临被银证合作、银基合作挤出和取代的风险。其次受到冲击的是信托公司融资信托业务。由于其他同业资产管理机构对融资信托业务的操作模式尚不熟悉，因此目前实际的挤出效应还不明显；但是由于此轮"新政"向这些机构不同程度地开放了非标准化债权的运用方式，随着时间的推移，信托公司擅长的非标准化融资模式可以被简单复制；可以预见，竞争的领域将很快会从银信合作领域延伸到融资信托领域。最后，《证券投资基金法》已于2013年6月起施行，私募基金管理机构已不必借道信托公司才能开展私募基金业务，信托公司传统的私募基金"阳光化"业务会受到极大的冲击。

在监管层面，我国采用分业监管体制，信托、证券、银行、保险等行业的监管标准不统一。进入大资产管理时代后，资产管理领域混业经营，监管上却赋予信托以外的其他金融机构更加宽松的环境，在客户门槛、业务准入、监管标准、分支机构设立、业务创新等方面，其他机构具有明显的监管优势，给信托业发展带来了极大的挑战。此外，信托业经过几十年的发展，仍然不断遭受到监管部门的围追堵截，难以逃出"创新—整顿—再创新—再整顿"的窠臼。目前，我国监管当局实行的是"放松管制与加强监管并举"的政策，可以预见信托公司长久以来面临的以规范、打压为主的监管环境也将越显严苛。

在信托业自身发展层面，信托公司快速发展的背后是简单借助制度优势和先发优势的现实，发展模式粗放，核心竞争力还未真正形成，行业发展基础仍然薄弱。具体表现在：一是信托公司业务基础比较薄弱，多数机构仍以融资服务业务为主，自主资产管理和创新能力不足。二是信托产品单一，层次较低，未形成可持续发展的稳定盈利模式。在现有的信托产品中，以体现信托财富管理端的"理财产品"（融资类信托和投资类信托）为主，体现信托目的端的"服务产品"长期缺位，信托应有的服务功能一直没有转化为巨大的市场份额。三是信托产品交易流通机制还未建立，使得现有信托产品呈现出规模小、期限短的结构性缺陷，制约了信托发挥中长期融资功能。四是行业缺乏必要的风险保护和缓冲机制，信托产品难以摆脱"刚性兑付"的魔咒，而且单一机构爆发风险对行业整体影响极大。五是信托财产登记、税收等行业配套发展制度建设滞后，直接制约着信托业展业空间。

面对自身行业发展的不足以及外部竞争的加剧，信托业只有谋求转型才能成功突围。这不仅有赖于对信托制度优势和先发优势的深入挖掘，还有赖于对行业内部竞争态势及国家宏观政策的准确把握。信托公司的主要业务市场在城市。受制于信托公司不能异地设点的监管规定，信托公司的业务也呈现出很强的区域型特征。在信托业发展的黄金十年中，信托公司纷纷攻城略地，在城市市场划定"势力范围"。伴随着国家政策向农村的倾斜，新一轮的农村市场的争夺已经开始。土地是农民的主要财产，如何让农民受益于土地，受益于土地流转以及土地增值带来的收益，是未来十年的重心之一。在农村土地流转中引入信托制度，利用信托制度的财产隔离、财产保护和财产管理功能，加快农村土地流转和利用，也可以让产权充分市场化，实现土地流转的公平与效率。可以预见：继银信合作和房地产信托之后，土地流转信托或将成为信托公司抢占的第三个战场。信托业以土地经营方式创新的形式进驻农村金融市场，顺应了农业现代化发展、城镇化建设以及农村金融改革的潮流，是资产管理行业和信托业竞争和发展的必然趋势。正如日本学者藤谷隆所比喻的那样：信托好比一个容器，它可以装各种物品，至于装什么物品，就须随着时代的变化而变化。伴随着各大信托公司纷纷推出土地信托业务，可以预见，信托这个"容器"装土地经营权的时代已经来临。

第二节　土地信托研究综述

我国对信托制度的引入较晚，对信托的研究本身比较缺失，而将信托制度放置于我国权属较为特殊的土地领域进行研究更是较少。通过对相关文献的研究及实地调研，我们梳理出国内学者对土地信托的研究一般集中于土地信托的内涵界定，首先了解一下信托的内涵及其功能。

一、信托的内涵及功能

（一）信托的内涵

无论从立法上还是从理论上，关于信托这一概念的表述和界定并不完全一致。

从立法上看，诞生信托制度的英美法几乎没有成文规定来界定信托的概念。学者往往概括、抽象出信托的概念性表述。一般认为，信托是受托人为了受益人的利益处理他所控制的信托财产的安排。

从理论上看，有的学者从法律行为的角度出发，认为信托是当事人基于信任关系，为追求相互间经济上、社会上或者其他目的的一种法律行为。有学者则从法律制度的角度出发，认为信托一般是指委托人将自己的财产（信托财产）转让给可信赖的第三人（受托人），让其按照自己的要求加以管理和运用，同时指定特定人（受益人）享受该财产的利益。还有学者从法律关系的角度来说明信托的含义，他们认为信托是委托人将财产权转移给受托人，受托人按照信托契约的规定，为受益人或特定目的而管理或处分信托财产。

从上面关于信托的立法和理论界定可以看出，尽管在立法上和理论上对于信托含义的表述有所不同，但是这些表述都涵盖了信托的基本要义。

1. 信托要求委托人将财产转移给受托人

信托财产是信托的核心，因为信托最终解决的是财产的充分利用和收益，从而实现财产的价值和使用价值。没有信托财产，就没有信托的成立。信托财产的成立以委托人将其合法财产转移于受托人为前提条件。委托人转移财产给受托人后，委托人在形式上不再对信托财产享有占有与支配的权利；信托财产名义上属于受托人，同时信托财产又独立于受托人以及受益人的其他财产（自有财产）。此外，信托财产在财产损益、债务清偿、财产继承等方面均具有独立性。信托设立时，尚未现实存在或依法不具有可让与性的财产不能成为信托财产。

2. 信托要求受托人以自己的名义管理或处分信托财产

在信托的制度架构中，受托人扮演代人理财的重要角色。信托设立后，受托人以所有人的名义对信托财产实际管理或者处分。一方面，受托人管理或者处分信托财产是以自己的名义进行的。另一方面，受托人对信托财产的管理或者处分不仅是设立信托的本旨，而且将获得的利益归属于特定的受益人，从而保障受益人受益权的实现。正是这种"代人理财"的制度设计与安排，使得信托财产上的权利与利益相分离的原则得以贯彻和体现，使两方面的利益得以兼顾，即受托人以自己的名义管理或者处分信托财产，体现了受托人有权对信托财产进行支配；而受托人管理或处分信托财产又是受益人取得就该信托财产本身所获得的利益的保障。

3. 信托要求受托人管理或处分财产应当符合信托的目的

受托人管理或处分信托财产应当符合信托的目的，也就是应当符合信托合同或法律的规定。通常来讲，委托人设立信托的目的是基于对受托人的信任而将财产转移给受托人，通过受托人对信托财产的管理或处分使该项财产产生收益，并使该项收益最终归属于指定的受益人。受托人管理或者处分信托财产应当使信托财产的价值增加或者为了避免该项财产的价值损耗使之处于保值状态。只有这样才能保障特定受益人能够从受托人管理或处分信托财产中获得一定的收益。

通过以上分析，我们认为信托是指委托人基于信任而将财产转移给受托人，受托人以自己的名义管理或处分信托财产，由此获得的收益依信托合同或法律规定归属于特定的受益人。

（二）信托的功能

信托是一种财产管理制度，既有法律功能，又有经济功能。法律功能方面，信托是一种财产的委托代理制度，为委托人的委托行为和受托方的外部财产管理行为提供了法律依据。经济功能方面，信托这一行为带来了经济利益，产生一系列的经济活动。信托活动是信托机构在管理财产过程中收取费用，信托财产的收益可以用于特定目的，也可以归委托人或者受益人所有。信托制度特有的制度设计割裂了权利与利益两种属性，也割裂了财产收益的主体与行使权利的主体。信托财产管理处分的权利属于信托机构，信托机构根据法律和信托合同对财产进行管理及其他处分行为，受益人不需要进行财产管理的行为，就可以获得信托财产的收益。信托为社会经济活动提供了一种理想的财产管理经营方式。经济功能在社会生活的许多方面都得到了体现，比如在财产管理、投资金融、社会保险、财产继承等方面都可以利用到信托制度。

二、土地信托的内涵界定

我国《信托法》第二条规定"信托是指委托人基于对受托人的信任，将其财产权委托给受托人，由受托人按委托人的意愿以自己的名义，为受益人的利益或者特定目的，进行管理或处分行为"。由于我国目前还没有专门的土地信托法律，实践还处于摸索阶段，理论研究也刚刚起步，对于土地信托有许多不同理解，以下是比较有代表性的观点。

刘志仁（2007）认为土地信托是土地所有权人以信托契约合同的方式将土地委托给专业机构，由专业机构对土地进行专业规划并利用其管理优势对土地进行管理与经营等，同时将土地的经营收益按期交付给土地的所有权人或者指定的受益人，当信托期限届满时，受托人有义务按照双方的约定将土地返还给土地所有权人。该观点虽然体现了信托制度"受人之托，代人理财"的设立初衷，但放置于我国却不适用，这是因为其忽视了我国土地的所有权属于国家或集体这一制度，土地的所有权是无法作为信托财产向受托人进行转移的。但是，该观点将土地信托归属于一种土地经营管理方式是具有积极意义的。

邬晓波、王秀兰（2004）认为土地信托是在土地所有权不变，土地承包权相对稳定的前提下，土地信托机构接受土地承包者的委托，然后将土地承包者拥有的土地使用权以一定的时期为限转让给其他个人或组织的行为。吴兴国（2003）与邬晓波、王秀兰的观点大致一致，也认为在集体所有权和土地承包权不变的前提下，土地信托服务机构接受土地承包者的委托将承包土地的使用权在一定期限内依法、有偿转让给其他个人或单位。刘彦茜、刘燕（2008）认为农村土地信托是指在不改变农村土地农业用途以及坚持集体所有权和土地承包权不变的前提下，依据信托原理，按照自愿、依法、有偿的原则，由受托人接受土地承包者的委托，通过必要的程序，将土地承包者拥有的土地使用权在一定期限内信托给受托人，由受托人经营管理或使用且收益归委托人所有的一种土地流转方式。马骁（2008）认为作为信托的一种具体形式，农村土地承包经营权信托是信托制度在其共性基础上所作的个性延伸，是指在坚持集体所有权和土地承包经营权不变的前提下，土地信托服务主体接受土地承包经营者的委托，按照土地使用权市场化需求，通过相应的程序，将土地承包者所拥有的土地使用权在一定期限内依法进行经营管理，并且定期向承包者支付土地信托收益的行为。这些学者的观点较刘志仁的观点已承认了土地信托的信托财产是土地使用权，但更精确的是，邬晓波和王秀兰将土地使用权与土地承包权进行了区分。实际上我国目前的法律规定土地承包经营权是作为一种独立的权利而存在的，并未分离为使用权与承包权，我们对将土地承包经营权分离为承包权与使用权，并将承包权作为承包人的一种身份权利的观点持肯定态度，但这种立意仍受目前法律的制约。

刘永锋、谢静（2005）是这样定义土地信托的，农村土地信托制度是指在坚持农民集体所有权和土地承包权不变的前提下，土地承包人将其所持有的土地使用权在一定期限内委托给土地信托服务机构，由土地信托服务机构对土地进行经营管理或部分处分，土地信托收益归委托人所有的行为。这种观点和前面的观点相比，具有一定的合理性和科学性。但是这种描述仍然不够全面，比如该观点将土地信托的收益权归于委托人，却忽略了受益人；农村承包土地既可能由农民集体所有的土地划分而来也有可能由国家所有但归集体使用的土地划分而来，而仅强调农民集体所有权不变存在不妥之处。

张丽华、赵志毅（2005）认为农村土地承包经营权信托是指由于对受托人（特定的人或者服务机构）的充分信任，委托人作为农村土地的承包方将其持有的土地承包经营权转移给受托人，受托人以自己的名义对土地承包经营权及该权属下所对应的土地实施占有、使用、管理和处分等活动，并将获得的收益归属于特定受益人（通常是委托人自己）的一种制度。相比较而言，这种观点具有较大的合理性。

总结学者们对土地信托内涵界定的相关研究，我们认为土地信托是指农村土地承包者在信任关系的前提下，将土地经营权委托给农村土地信托机构或公司进行管理和经营，并收取相应的利润，农村土地信托机构或公司利用信托管理的模式，以机构或公司的名义，在不改变农村土地的使用价值的前提下，将整合的土地出租给土地需求较大的种植大户或经济组织经营，为受益人的利益进行管理的行为。

三、土地信托主体相关文献

李龙浩、张春雨（2003）对受益人的权利保护和交易的安全性进行研究，提出应建立我国农村土地信托登记制度，并对如何建立该土地信托登记制度提出意见。

吴兴国（2003）对农村土地信托的当事人范围及相关法律关系进行研究，指出村委会只能作为集体土地的委托人，而不能作为经营权信托的委托人，这是由于村委会的特殊性质决定的，即作为发包方的村委会不能任意处置农民手中的承包经营权；吴兴国还指出村委会和银行不能担任经营权信托的受托人，而应当由具有独立责任能力与经营能力的人来担任受托人一职比较恰当。吴兴国虽然分析了村民委员会不能作承包土地的委托人，但并没有明确指出农村承包经营权信托真正的委托人。

邬晓波、王秀兰（2004）主张成立农村经营权信托中心作为受托人，该中心主要具有信息传递、中介服务、监督管理、经营管理等职能；此种信托运作模式有：经营权人将经营权信托给该信托中心，信托中心既可以将土地经营权以出租、转包、入股、转让等方式交给土地开发经营者从而收取信托收益；也可以将其交由专业土地开发公司进行经营管理，从而收取开发收益；然后再由该信托中心将信托收益返还给指定受益人。这种信托流转从本质上来看只是一种再转让。在二人提出的经营权信托模式中，受托人很显然只是一个中介机构，其本身并不对信托财产进行经营管理，因此，其违背了信托的宗旨，并不属于实质意义上的受托人。

刘永锋、谢静（2005）指出受托人必须是资金、技术、经营能力兼备的自然人或法人。但从我国目前的情况看来，由于我国社会信用体制不完善，再加上自然人的经营能力较低，委托人的利益不能得到更好地保证，因此自然人不适合做受托人。值得一提的是，他们对由中介机构做受托人的观点进行了批判，其认为土地信托中介机构只是一个服务监督机构，既不直接经营管理信托土地，也不承担受托人应有的权利义务，因此其并不是真正的受托人。他们认为只有经过土地主管部门严格审核具备相应资质，并经土地主管部门登记备案的法人或工商企业才有资格作为经营权信托的受托人接受信托土地，并进行经营管理。虽然他们对现存的两种受托人资质进行了批判，但并没有提出具体的受托人方案，没有从根本上解决我国土地受托人不明的问题。

四、土地信托制度特征相关文献

赵志毅（2005）从资本的角度分析了土地信托制度的特征，主要有以下几个方面：（1）信托财产的特殊性；（2）委托人的特定性；（3）信托存续的期限性；（4）信托设立的要式性；（5）信托利益的倾斜性。

张丽华等人（2005）依据信托制度的基本原理，认为土地信托应包括委托人、受托人和受益人三方当事人。三方当事人存在如下三种法律关系：（1）委托人与受托人之间存在委托关系，根据信托协议委托人将其土地经营权信托给受托人经营、管理，受托人则应尽到信托义务；（2）受托人必须为受益人的利益最大化而行事，且有义务将信托收益交付受益人享有，而受益人则有权享有信托收益，在其收益权受到侵害时有权行使收益请求权和排除妨害权；（3）委托人有权独立指定或更换受益人，而不必经受益人同意。

谢静（2008）从法律角度分析了土地信托制度的特征，主要有以下几个方面：（1）土地信托的信托财产为承包地经营权；（2）受托人以自己的名义独立对信托土地进行管理或处分；（3）权利主体和利益主体是相互分离的；（4）土地信托收益应当完全归委托人即土地承包者所有；（5）土地信托的受托人可以是本集体成员也可以是其他经济主体。

代少蕊（2011）认为土地信托首先应当具备一般信托的七大特征，分别是：（1）信托以委托人对受托人的信任为基础；（2）信托以委托人向受托人转移财产权为条件；（3）信托的目的物必须是合法完整的财产权；（4）受托人要为受益人的利益管理和处分财产；（5）受托人必须遵从信托目的；（6）设立信托要以法律行为为前提；（7）权利主体和利益主体相互分离。除具备信托的一般特征之外，土地信托还具备其特殊的几点特征：①经营权信托的信托财产为土地承包地经营权；②经营权信托不得超过土地承包法定期限；③信托流转不能改变土地用途。

五、土地信托实行依据相关文献

从我国现状看，我国农村土地以家庭为单位，大部分都是小规模、分散经营的模式，这样既不利于农业增收，也不利于农业产业化发展，所以，农村具有实施土地信托的必要，实施土地信托将对完善我国的农村土地制度，促进农村经济的发展起到积极作用。

文杰（2009）分析了建立土地承包经营权信托制度的必要性和可行性：（1）土地信托有利于实现土地的良性增值；（2）土地信托有效保障承包方的利益及防止土地的抛荒现象；（3）设立土地承包经营权信托已有实践基础，例如，浙江绍兴县成立了县、镇、村三级土地承包经营权信托服务组织，推动土地信托的发展。

岳意定、王琼（2006）分析了土地信托模式的特征和比较优势：（1）实现了土地所有权、承包权和使用权彻底分离；（2）土地信托是由委托人、受托人以效率为原则依法进行的一种市场选择行为，突破了原有土地使用权流转仅限于村级内部的界限，可实现跨行政区域的土地流转，有利于发展区域经济和农业结构调整，有利于合作经济组织的诞生和发展，有利于招商引资、新产品开发和实现农业规模化、产业化经营；（3）由专业化的土地信托机构和中介服务组织组成规范的组织管理形式，采用较为科学的土地经营管理方法，使得土地流转更具效率和安全性，能促进农村土地的大规模流转；（4）可以通过相关法律约束下的信托契约的设立，明确信托当事人的权利和义务，以保护农户的土地经营权及其相应的经济利益，从而使农村土地的社会保障功能始终存在。

六、土地信托模式相关文献

邹晓波、王秀兰（2004）通过对美国和日本的土地信托运作模式进行分析比较，结合我国现行的农村土地制度，对我国农村土地信托的运作模式作出构建思路。而同年，邬晓波（2004）从促进农村土地高效流转的角度出发，提出成立土地信托中心和建立土地信托基金这两种运作模式。

岳意定、王琼（2008）对土地信托收益分配与风险承担机制、土地信托流转中介服务机构、流转经营者和土地信托配套政策与措施搭配等方面进行了分析，提出了构建土地信托流转模式的政策建议。

文杰（2009）对土地承包经营权信托受托人和承包人的权利和义务以及信托的登记制度等方面进行了阐述，在此基础上构建了土地承包经营权信托制度。

刘彦茜等（2010）从我国现行的农村土地经营权信托流转模式实践的视角，对信托流转相关利益主体享有的权利、承担的义务进行了详细分析。同时，利用浏阳市部分改革试点乡镇农户调查数据，对农地信托机制的运行绩效进行了评价。

秦扬、胡实（2011）确定了以市场为主导，政府辅助运作的土地信托模式需坚持集体所有，农民土地承包制不能变，"依法、自愿、有偿"不改变土地农业用途等四项原则；同时对土地信托模式构建提出了自己的思考。他们认为土地信托模式构建可从基本构建与配套机制构建两方面进行，基本构建分为各方当事人的界定及其权利义务；收益分配、风险承担机制；中介服务机构；政府职能等；配套机制构建分为权利协调机制、利益协调机制、权利保障机制等。

上述研究从不同层面探讨了农村土地信托，对建立土地信托制度提出了一些建设性的意见，且近年来学界对农村土地信托的研究也取得了一定的成就，但由于农村土地信托尚属较新的研究领域，本身缺乏充分的研究资料，加上我国农村土地权属的特殊性，国外的已有研究结果可供参考和借鉴的意义不大，这些都加大了对土地信托的研究难度。

第三节　土地信托的现实意义

通过前面的比较，不难发现我国现有的农村土地承包经营权的流转方式大都存在着流转范围较窄，流转效率不高，土地承包经营权人很难获取承包土地后的收益。面对已有的土地承包经营权流转方式的不足与缺陷，为顺应我国农村经济发展的需要，采取新型的、高效的土地流转方式——土地信托已是非常必要。

一、土地信托有利于农业产业结构的调整

农村土地承包经营权信托的推行有利于我国农业产业结构的调整，有利于加快我国农业规模化、集约化生产。土地承包经营权人将持有的土地承包经营权作为信托财产委托给专业的信托机构，再由信托机构进行统一的集中经营管理，利用其平台的资源聚合优势可再将已集中的承包土地再进行第二次流转。当前我国有很多大型的农业生产机构缺乏充裕的农业土地进行规模化、机械化的农业生产，且其若想达到扩大生产用地的目的，必须与多个农户进行逐一谈判，但农村基础设施的不完善诸如交通与通讯手段的落后等，加大了这些农业生产机构与农户进行谈判的成本，因此很多农业生产机构因碍于较高的成本，便搁置了农业生产计划，这就大大降低了土地流转的进程，也不利于农户利用土地承包经营权的持有进行创收。然而，将土地承包经营权设立信托后，各个承包方持有的土地承包经营权归于信托机构由其集中管理，信托机构代表各个承包方的利益与农业生产机构进行统一洽谈，将大大降低前期成本，提高了与农业生产机构合作的成功率，并可将分散的土地集中在一起进行合理开发，提高了农地的使用效率，有助于推进我国的农业生产方式实现从粗放型向集约型的转变，从而实现我国农业产业结构的调整。

二、土地信托有利于维护农民的土地权益

土地信托将能够最大限度地保障农民获得实质利益，同时免去无暇管理土地之忧。农民的土地比较零散，若一家一户流转土地，议价能力较弱。在土地信托制度下，作为委托人的农户，将作为信托财产的土地承包经营权托付给可信任的受托人或信托机构，其按信托契约规定行使管理责任。在信托期限内，农民享有根据信托合同应获取的利益。土地信托还可以通过合同形式规定在农民获取的报酬达到一定程度后，分享到部分超额收益。此外，在土地信托合同中也要确定公共资金和政策扶持形成的增值以及农业补贴收益向农民分配的比例。把土地流转出去的农民可以和土地信托流转的承包方建立劳务关系，成为职业农工工人，获取工资收入。

三、土地信托可有效解决融资问题

（1）信托机构可凭借金融机构的优势，为土地流转信托相应项目提供资

金支持；（2）信托机构还可以为收益的分配提供流动性支持以规避农业生产收益较慢且短期波动性较大的风险；（3）解决了农户资金融通困难及资金周转失灵等问题。农村土地承包经营权信托设立之后，委托人或其指定的受益人便可以顺利取得信托的受益权，且该受益权可用于转让或偿债，受益人便可使用信托受益权办理贷款质押担保或直接转给其债权人用于抵偿债务，这也解决了农户资金融通困难及资金周转失灵等问题。通过土地信托，不仅推动了农户利用土地承包经营权的持有保障自身生活与资金周转等问题得以解决，还调动了农户将土地承包经营权设立信托的积极性，从而推进土地承包经营权的快速流转，减少农村土地的闲置、抛荒现象。这也是信托机构开展土地流转信托特有的配套服务功能。

第二章　土地信托的基础条件

土地信托制度起源于英国，由用益制度①发展而来；随后在英美法系等发达国家得到发展成熟，尤其以美国为主，土地信托被其认为是土地保护最有效的方式，而其中的土地开发融资型土地信托模式②对我国农村土地流转信托模式的发展有较大的借鉴意义；亚洲土地信托市场中，日本是涉足最早的国家，土地信托已成为日本一种重要的信托产品。

近年来，随着家庭联产承包责任制制度红利逐渐释放完毕，我国农村土地闲置问题日益突出，农村劳动力外流呈现出逐年扩大的趋势；而土地流转比例及流转形式都比较偏低，未能有效解决农村土地问题。基于我国的现实背景，并结合国际土地市场的发展趋势，我国也开始探索土地流转的新模式——土地信托。土地信托在我国的发展既有机遇也面临挑战，一方面，土地信托不仅可以遏制土地抛荒现象，形成规模效益，提高土地利用率，还有利于维护农民权益，促进农民增收，发展潜力巨大；另一方面，由于我国的土地制度改革停滞，土地信托也将面临产权、法律等外部因素制约。

下面是土地流转信托的基础条件分析。

第一节　土地信托的前提条件：土地确权

一、土地产权理论

土地产权（Property Rights of Land）是以土地作为财产客体的各种权利的

---

① 用益权（USE）制度是一种土地"代为使用"制度，即土地所有人将土地交付给他人占用、使用，但是约定土地收益给予原土地所有人指定的受益人。用益制度是土地利用的一种主要方式，该制度在英国得到迅速发展，到16世纪，最终形成了信托制度。在英国，由于农民拥有土地的所有权，因此他们可以对土地进行合法处置，而在我国，农民只拥有土地的使用权，这就为土地信托的发展造成了一定的障碍。

② 在美国，土地信托模式可划分为土地保护信托、社区土地信托和土地开发融资型土地信托模式。

总和，土地产权是财产权的一种类型。按照《牛津法律大词典》的解释，土地财产权是源于罗马法支配权的一个概念，即"对土地获得的最广泛和最完全的财产权"，而这种财产权不是"单一的权利"，而是"若干独立权利的集合体"，其中一些独立权利"可以在不丧失所有权的情况下予以让与"。因此，从广义上来说，完整的土地产权应当包括土地的所有权，以及构成土地所有权的占有权、使用权、收益权、处分权、租赁权、抵押权、继承权等多项权能，是一组权利组成的"权利束"（a bundle of rights）。同时，土地产权还具有明显的排他性，其结构决定了权利人对土地的权益的大小。

马克思产权理论认为产权是与生产力相适应的生产关系的法律形式。土地产权（Property Rights of Land）理论包括：（1）土地产权是一组权利束，包括占有权、处分权、使用权、收益权、转让权、出租权及抵押权等；（2）权利束中的各项权利可以单独行使也可以结合行使；（3）土地产权具有商品属性，可以进行市场化配置；（4）土地所有权是地租产生的基础和前提。

新制度经济学从交易费用出发，研究了产权与资源配置效率的关系。新制度经济学家认为，若交易费用为零，则无论产权如何界定，都可以通过市场交易达到资源的最佳配置，将制度形式与资源配置效率直接对应起来。所以，假设交易费用为零时，不管农地产权制度如何，市场交易都能实现资源的有效配置。如果交易费用大于零，则不同农地产权制度安排具有不同的资源配置效率。

现代产权理论是在科斯定理的基础上发展起来的。科斯定理指出在产权界定清晰的基础上，产权能够自由转让使资源得以有效配置。自此引发了对产权研究的热潮。阿尔钦认为产权是选择使用一种商品的权利，这种权利受社会强制保护。而德姆塞茨认为产权是一种有助于人们形成交易合理预期的社会工具。尽管不同的学者对产权的理解有所不同，但以下几方面是他们所共同认同的：（1）具有排他性，这种排他性为产权交易提供了可能；（2）是一种规则，这种规则使人们能够预期人的各种行为；（3）是一系列权利的组合，这些权利包括占有权、处分权、使用权、收益权等，其中以所有权为核心。

二、土地确权与土地信托相关文献综述

（一）土地确权文献综述

近年来，我国在不少地区开展了土地确权试点工作，学术界对农村土地确权的意义、原则、方案、农村土地权属及其争议处理等也进行了研究。

钱忠好（2002）指出我国农地承包经营权的不完全性是现阶段农地市场发育缓慢的产权原因，而农地承包经营权的不完全性又与其法律属性不明确有关，要加速我国农地市场化进程，就必须按物权理论规范我国农地承包经营权制度，通过法律制度的建设，从产权安排上克服我国农地市场发育的产权制度瓶颈。于丽娜（2010）分析了土地权属争议调解处理中存在的问题：土地权属争议历史遗留问题多，调查取证和处理难；土地权属争议调解处理机构不健全，相关工作人员水平有待提高，以及经费不足；农村土地政策频繁变化引起了土地权属争议；相关法律、法规规定不一；土地登记不规范、地籍信息管理等基础工作薄弱等问题。唐贤健、张因（2012）阐述了土地确权的意义，认为土地确权顺应了农村的整体发展思路，是土地流转的前提和基础，对"三农"发展起到了促进作用。于建嵘、石凤友（2012年）论述了土地确权的基本原则及基本内容，提出了土地确权的操作路线和具体确权方案，并对土地登记的效力和机构统一作了评述。李秀川（2012）重点研究了山西省土地承包经营权确权技术模式，提出了适合山西省的土地确权模式，并将探索出的模式与已经采取的模式进行经济性对比；同时通过研究农村土地承包经营权确权，发现了确权中出现的地块面积争议问题、物权主体登记问题、技术层面问题等，从中探寻出了这些问题出现的原因，并有针对性地提出了解决办法。

（二）土地承包经营权信托登记制度相关文献

李龙浩、张春雨（2003）对信托土地的范围、设立土地信托的条件、信托登记机关、登记申请原则等问题进行研究。王湘平（2007）也对土地承包经营权登记内容、程序、意义等方面进行阐述，但研究重点放在土地承包经营权信托生效的条件上，即通过登记使土地承包经营权转移。任贤英（2010）对土地承包经营权信托登记的客体进行了界定，她认为信托登记客体不仅包括信托设立时的财产，还包括管理过程中取得的合法财产。曾玉珊、胡育荣（2012）认为应该建立一个权威的、公平的登记机关，承担土地承包经营权登记和信托登记职能，但对该机构的具体定义、成立条件等并未作说明。康航彬（2013）在前人研究的基础上提出了创新性的观点：不能统一设立信托登记机关，可以赋予现有的土地管理部门信托登记的职能；物权、信托登记同时申请、办理，并提出操作性办法；关于信托登记是否征收这一问题，他通过研究日本的导管理论和受益人课税等问题，得出土地承包经营权信托登记不应征税的结论。

（三） 土地流转信托与产权关系文献综述

国内外对土地产权与土地承包经营权流转信托的关系进行了一定的研究，大部分学者的观点是清晰的土地产权能够促进土地承包经营权的流转。

从国外信托发展的历程来看，无论是农村土地信托还是财产信托其形式都是离不开明晰的产权界定和土地的可转让性为基础，国外对信托的研究也主要在产权问题和土地的可转让性较多。国外学者 G. Feder 和 D. Feeney（1995）等认为，产权清晰对于农地流转起着非常重要的作用，农地产权清晰可以有效降低交易成本，从而使土地更加合理地集中，实现土地资源的优化配置，提高土地利用效率，最终推动农地的大规模流转。美国的罗伊·普罗斯特曼（1996）结合实地调查，通过具体研究认为土地使用权权属不充分，权能不明确。土地使用权权属不充分，使土地使用权流转无法在更大范围内进行。而土地使用权和所有权的转移会使资源配置更有效，并刺激对土地资源开发利用的深度投资，减少农户的风险规避行为。在土地产权界定方面，国外的经济学者的研究主要是以私有制为前提条件，他们认为只有确定了产权的私有，在市场机制下生产要素才能得到有序流转，西方国家认为，要想实现土地信托，必须首先要确定土地私有制。在土地私有制的条件下，土地市场的建立不仅受商品市场变化的影响，也同时受其他要素的影响，随着非农劳动力市场的产生和发展，农业从业人员不得不放弃土地而从事非农劳动力市场。当金融市场对土地的担保功能认可时，农业资金要素的主要来源就是引用土地信托形式。

而我国明确规定土地的所有权归国家和集体所有，农民只拥有使用权而不拥有所有权，我国和西方国家的体制和国情不同，但是在土地不改变所有权的前提下，国外的土地信托仍然有很大的借鉴意义。土地产权包括土地使用权，农民把土地使用权作为一种财产或者商品进行流转，这就需要引入信托管理模式。国内学者邓大才（1997）指出在家庭承包制中，土地产权模糊是我国农地流转的最大障碍。冷崇总（2008）从农村土地使用权的流转和农地产权的关系出发，得出农村土地产权的分离和产权的市场化是农地使用权流转的首要条件和根本条件。钟怀宇（2012）提出了农地确权后农地流转的两条路线——农地的积聚式流转和集中式流转，并对这两条路线发挥作用的条件、运行机理和作用效果等进行了分析，认为农村土地确权后，农村土地流转的路线选择策略应该是在全国范围内采取非平行双轨路线。

三、土地确权是土地信托推进的前提条件

（一）承包地权属不明掣肘土地信托

1. 承包地权属不明限制农民参与土地信托

根据科斯的交易成本理论，权利的明确界定和足够低的交易成本是市场交易存在的本质前提。阿尔奇安也认为财产的转让权可以起到发挥比较优势和分散风险的作用。但在土地产权的归属问题上，很多农户都不同程度地存在着模糊的认识。在乔俊峰（2011）对河南省18个地市62个县区的81个村庄所做的问卷调查中，农户对"你认为土地所有权属于谁?"的回答："属于国家"的占74.2%，"属于乡镇"的占2.8%，"属于村委会"的占2.7%，"属于村民小组"的占4.5%，"属于私有"的占10.8%，"不知道"的占5%。模糊的土地权属不仅不利于明晰土地流转过程中交易双方的责权利，而且也不容易消除流转农户的心理障碍，造成农户对土地流转信托认识不到位，阻碍了土地流转信托的进一步实行。同时，大多数农户认为土地产权归国家所有，一旦国家改变土地政策，失去土地后的生活似乎没了依靠，所以不愿意参与到农村土地流转中去。

随着我国农业经济的快速发展带来了农地价值的大幅提升，农村土地流转的速度加快，而农地产权不清、交易成本高等问题如果不能得到及时解决，土地承包经营权侵权等行为就会不断发生，土地流转纠纷事件也会逐年上升，这已经成为土地流转的发展瓶颈。新的高级的土地流转形式——土地流转信托虽然能够有效解决农业经营主体融资等方面的问题，但同其他土地流转方式一样，面临着日益增多的土地纠纷困扰，究其根本原因，是土地承包合同不规范、面积不准确、土地承包经营权证书没有发放到户，而处理纠纷的最有效手段就是调解仲裁，但前提是农民的承包地权属清晰，这可以通过土地承包经营权确权登记得以解决。解决好土地确权登记颁证工作，土地才能作为一种财产性权利，才能通过交易或者流转体现其财产价值，从而增加农民的财产性收入。这样，农民就有了守护自己的口粮地和基本保证田的权利，也有了安身立命之本，这样农民才能有资格、有保障地积极参与到土地流转信托中去，共享土地高效流转的成果。

2. 承包地权属不明导致信托公司不敢涉足土地信托

金融业无论什么时候都要在法律政策的红线内运行，在土地政策等相关文件未明晰之前，信托不能贸然涉足土地流转。只有法律法规确定土地承包经营

权属于农民的一项资产，具有抵押、担保等权能时，信托公司才能围绕着土地承包经营权这一信托财产权进行产品设计、投融资、利益分配、风险共担等一系列的经济行为。

3. 土地承包经营权确权登记发证滞后减缓土地流转

土地登记是国家在法律上确认和保护土地财产权的一种有效手段。土地登记具有不动产物权设立的公示功能、不动产交易安全的保护功能。2013年中央一号文件明确提出要"健全农村土地承包经营权登记制度，强化对农村耕地、林地等各类土地承包经营权的物权保护"。农村土地承包经营权确权登记实际上是按照我国现行《物权法》要求，通过健全登记制度明确权利归属，查清承包地块准确面积和四至情况，由县级以上地方人民政府颁发土地承包经营权证书。由于受二轮延包时历史条件制约和相关制度不完善等多种因素影响，已有的土地承包经营权确权颁证工作不够彻底，多数地方存在着承包地确权面积不准确、四至不清楚、空间位置不明确等问题，土地承包经营权确权登记发证工作的滞后直接导致农民土地权益的受损，也减缓了土地流转的步伐。

（二）土地确权是土地流转信托的基础

1. 土地确权是土地流转的前提

由于农村土地属于集体所有，农民只有承包经营权，农民对耕地的长期性投资得不到法律保障，土地流失得不到足够的补偿。一方面，随着大批农村剩余劳动力外出打工，弱化了土地生产性功能和生存性功能，使得农地弃耕、薄耕和撂荒的现象严重；另一方面，受"二元体制"困扰，那些在城市有较稳定职业和收入的"农民"，往往宁愿闲置土地，也不愿放弃土地。如此种种，使得农民掠夺性经营土地等现象越来越严重。要让农民大胆地对土地进行投资、流转，充分发挥土地的效益，只有先进行土地确权，明晰产权，确保农民利益。

我们要在家庭联产承包责任制的基础之上推进土地承包经营权的流转工作，做好农村土地承包经营权的确权发证是基本前提。土地确权、登记、颁证等一系列工作的开展，能够进一步明确农户承包地块的面积和位置等信息，真真切切消除农民对土地流转后实施规模化经营造成的地块边界、四至不清等问题的担忧，从加快土地流转信托、发展适度规模经营的角度看，农村土地确权登记工作是其基础工作。从全国及世界各地的土地流转信托的实践经验来看，通过引导土地规范、高效流转，推进农业合作社、种粮大户、家庭农场等新型农业经营主体的发展、壮大，以及承包地块准确的面积、位置及清晰的权属等，只有通过土地承包经营权确权登记来强化农村土地的物权化保护，高级形式的土地流转方式，如土地流转信托才有发展的空间。

2. 土地确权赋予农民流转权力的主体地位

在实际中，由于我国土地的集体所有制，作为流转主体的农民搞不清楚谁在流转、怎么流转以及流转收益归谁等一系列关键问题，从而严重阻碍了农民参与土地流转信托的积极性。

确权后，土地成为农民法定资产，并具有可流转的市场化资本禀赋，这相当于进一步明确了土地流转行为中农户的主体地位，有利于农民提升自己的权利意识。北京大学经济研究中心主任、国家发展研究院院长周其仁教授认为"如果不以确权为前提和基础，赋予农民在土地经营中的市场主体地位和谈判地位，贸然搞大规模的土地流转，那么这个流转的主体就不可能是农民，很可能是其他权利主体，从而使土地流转成为其他权利主体侵犯农民财产权利的又一轮机会。"在他看来，确权加流转，才能实现同地、同价。这个顺序不可颠倒，否则一哄而起的土地流转，有可能歪曲改革并让改革背上黑锅。同时也可以有效地避免农民误认为土地归自己所有，自行处置，私租乱包等现象。因此，现阶段应以法律形式将土地承包经营权关系确定下来，从而稳定农民对土地经营的收益预期，促进农民对土地的长期投资，实现土地资源的优化配置。

3. 土地确权为流转提供了法律保障

土地确权通过确保集体土地所有权的法律地位，明晰、确认、完善集体土地所有权的物权权能，明晰集体土地的物权主体，从法律上切实保障了集体经济组织、村民对土地的权益，从制度上强化了对农民土地权益的保护，让农民真正对资产拥有了法律意义上的权属。这为土地进入市场进行等价交换铺平了道路，有利于防止随意侵害农民权益现象发生，为土地流转提供了法律保障。

四、土地确权实际操作难题

在实际的土地承包经营权确权登记颁证的过程中存在一些实际操作方面的难题。

（一）实测后面积增减的处理

实测后会出现土地面积增加或减少的情况，至于确权登记面积是选择合同面积、实测面积还是确权时在地籍图上签字认可的面积，还是取中间数，各地有不同的做法，迫切需要出台统一的土地面积增减处理办法。

（二）土地承包经营权物权主体的认定问题

1. 共有人的确定问题

作为全体家庭成员共有的财产，土地承包经营权的物权主体的认定受法律保护。但实际操作过程中，由于原有家庭共有人的登记是根据二轮延包来确认的，二轮延包的十几年以来，原有共有人会因各种情况变化，比如原有共有人死亡、分户等，因此共有人的确定，是根据二轮延包时分地人口来登记，还是确权登记时实有的家庭人口数来登记，这有待统一。

2. 特殊群体的登记问题

特殊群体包括出嫁女、入赘男、离婚女、公职人员、大学生、士兵等，这些人员的主体确认也是一个需要统一的问题。比如在实际操作中，A 村妇女在第一轮承包时未出生导致没有分到土地，二轮延包时一般以户为单位以第一轮承包为基础，因此 A 村该妇女也没有分到土地。嫁到 B 村后由于二轮延包已经完成，该妇女在 B 村也未分到土地。按照《土地承包经营法》第三十条规定"承包期内，妇女结婚，在新居住地未取得承包地的，发包方不得收回其原承包地；妇女离婚或丧偶，仍在原居住地生活或不在原居住地生活但在新居住地未取得承包地的，发包方不得收回其原承包地。"在实例中，该妇女有权获得土地承包经营权，但现实操作中却很难定义。

（三）确权工作协作分工不明确

土地确权的决策机构是县级人民政府，组织机构是县乡土地承包管理部门，基层登记主体是村集体经济组织和农户，各层架构形成一个综合系统，土地确权工作顺利实施需要各级部门积极配合。但在实际操作中，存在县级政府出于工业化、城镇化占地考虑，对确权登记积极性不高；村集体或者农户还未从思想上认识到土地确权带来的实惠与便利，积极性也不高。因此国家应颁布具体的推进措施，以及其他部门的配合，共同推进土地承包经营权确权登记工作。

（四）经费不足

由于土地确权登记工作量大、涉及面广，工作经费出现不足的情况，影响了试点工作的开展。按农业部的规范要求，确权登记颁证所需资金较多。据通城县石南镇试点测算，每亩需要 46 元，全县耕地 31.9 万亩，需要 1469 万元。湖北省农村经营管理局测算，每亩大约需要 50 元。按湖北省耕地面积 5000 万亩计算，需要 25 亿元[①]。

（五）管理信息化程度低

很大一部分的土地确权试点没有土地信息化管理软件，仅通过手工记账方式进行土地登记，有可能导致原始资料丢失等情况；有的即使配备了计算机，也存在计算机老式化、未联网、没有相关软件等问题，没有信息化管理作保证，地籍测量、信息输入等问题得不到有效解决，土地确权工作存在停滞风险。

（六）人力资源不足

在全国范围内完成农村土地确权工作，是一项十分艰巨的任务。土地确权登记过程，是进一步查清宗地权属、面积、用途、空间位置、建立土地登记簿册的过程，这个过程的内容极为繁复，工作量相当巨大。全国有那么多的农村土地，土地确权对每一宗土地都要清晰地界定其权属，准确地测定其面积和厘定其边界四至，还要绘制出符合地籍调查结果的带有坐标的宗地图，需要投入的人力之大，可想而知。农村土地确权还是一项政策性很强的工作，确权过程也是解决长期积累下来的无数土地争议的过程，这就要求参与确权的工作人员具有相应的理论修养和政策水平。土地确权还有较强的专业性、技术性，如土地确权基本流程的掌握、地籍调查的进行，都需要相应的专业知识，而宗地面积的测定、宗地图的绘制，更需要专业的技术人员来操作。因此，农村土地确权的人力资源储备，不仅仅指工作人员的数量，也指工作人员的素质。

从工作人员的数量方面看，全面开展农村土地确权，目前明显存在人手不足的问题。依据《中华人民共和国土地管理法（2004）（修正本）》第十六条的规定，土地确权的主体是乡级或县级以上人民政府，具体承办为各级政府的土地管理部门。从农村土地确权试点地区的情况看，大范围的土地确权，主要是由乡镇土地管理所承办的。乡镇土地管理所工作人员编制很少，具体工作的开展只能依靠农村基层干部。每一个乡镇都有大量的宗地，全面开展土地确权，既要确定土地权属，又要解决土地纷争，还要对广大农民开展深入细致的宣传工作，需要投入大量的人力，而实际情况是能够专职从事这项工作的人员数量很少，这势必要影响确权工作的进度。正是由于人手不足，不少土地确权试点地区工作进展缓慢，没有达到预期的目标。人手不足还导致宣传不力的问

---

① 对农村土地承包经营权确权颁证的思考［EB/OL］. 湖北省人民政府政研网. 2013 - 10 - 15.

题。农村土地确权不仅关系到广大农民的切身利益，确权过程中还需要每一个农户的参与和配合，这就必须开展深入细致的宣传工作，让广大农民认识和理解土地确权的重要意义以及与自身利益存在的联系。但是，由于人手不足，一些土地确权试点地区的宣传工作很不到位，导致不少农民甚至基层干部对土地确权缺乏认识和理解。安徽省从 2008 年便开始了土地确权试点工作，时间已经过去了 5 年，但无论是当地老百姓还是农委的工作人员似乎对土地确权都不是太了解。土地确权试点工作中，时常出现农民不配合的情况，主要就是因为宣传工作不到位而造成的。

从工作人员的素质方面看，也难以适应全面开展土地确权工作的需要。土地确权工作具有很强的政策性和专业性，从事这项工作应当具有相应的政策水平和专业知识。但是，这样的人选在广大农村地区显然不多。事实上，在各个土地确权试点，确权的具体工作都主要是由农村基层干部来承担的。对于大多数农村基层干部而言，土地确权是一项完全陌生的工作，他们在法律、政策方面的修养很难达到妥善处理各种土地争议的层次，他们的知识结构也与土地确权工作的要求相去甚远。

五、土地确权的推进措施

(一) 妥善解决土地确权难题

首先就是要换发土地承包经营权证书；实测面积增减的处理以农户在地籍图上签字认可的面积为准；因肥力差异等级折算导致的面积增加，按照实测面积并经农户确认后处理；因农户开荒、复垦、违法占地等原因导致地块面积增减，一般不进行登记；有争议的改变用途的暂时不登记；原来种植庄稼的土地后来种植了林木，若依法退耕还林，并领取林权证的，不用登记，若农户自行种植林木的，需要登记；至于共有人的认定，可以采取二轮延包时分地人口进行登记，特殊群体的登记也按照二轮延包时的情况进行处理；其他由于开荒和复垦导致面积增减变动的土地，由村委会和农户共同协商确定土地承包经营权归谁，一般情况下遵循谁开荒谁拥有的原则进行登记，但要明确经营年限。

(二) 加强各部门分工协作

土地承包经营权确权登记工作要采用试点先行的办法，选取村民之间、干部与群众之间、土地承包关系较稳定的村开展土地确权工作。在具体操作过程中，可以建立联动机制，省级成立土地确权登记领导小组，成员可由农业厅、财政厅、国资委等部门组成，该领导小组的职能是指导全省的农村土地确权登记工作，各成员各司其职分工协作。领导小组还下设办公室，办公室设在各级农委农村土地承包管理部门，负责具体工作。市县两级成立对应的土地确权组，由分管农村土地承包的领导为组长，其他相关部门配合工作。县乡土地承包管理部门进行具体土地确权工作。国土部门提供土地分类等情况，供确权登记工作使用。乡村两级可以通过开座谈会、代表会、推进会、发放宣传资料等形式，让村干部意识到土地承包经营权确权的必要性，让群众了解土地确权后可以得到的保障收益、实质利好等，从而提高农户参与确权登记的积极性。

（三）落实工作经费

在争取资金保障方面，建议省级财政每年从地方土地出让收益中提取一定比例的资金用于确权登记工作，中央财政每年从地方土地出让收益中提取一定比例用于平衡全国土地总登记的开支。市县各级财政部门把农村土地确权工作经费列入当年财政预算予以保证。根据山西省土地确权工作的实际情况，建议按中央财政进行试点项目资金补助，弥补确权经费不足。省级财政对土地权证、承包合同等文本资料的印刷费和测绘仪器、专用软硬件购置费，市县土地确权业务人员培训费、省级调研等可以安排专项经费。县级财政对村级劳务费、培训费以及县乡两级日常办公经费等进行专项安排。登记试点工作经费要纳入县级财政预算或调整预算予以保障。对于财力较差的县经费存在缺口的，可由地方政府通过上级财政安排的转移支付统筹解决。但要注意的是，土地承包经营权确权登记工作不得向农民收取费用。

（四）实行土地承包信息化管理

要建立健全农村土地承包确权登记信息采集、处理、发布和应用管理等方面的技术标准，规范业务流程。建立全省统一的登记信息管理系统，包括权属调查、地籍测量、土地登记、地籍信息系统建设管理，建立为地籍管理业务服务的计算机信息管理服务系统，登记信息实现共享。统一采用的软件要解决与已有软件信息系统的对接问题，要尽量避免系统不兼容的后果。

（五）加强培训指导

土地确权工作是一项利国利民的新工程，开展时间短、技术性强、对人员素质和责任心要求严，在实际操作过程中，由于确权人员群体差异大、素质参差不齐，所以可以以培训指导工作为抓手，通过培训，提高基层工作人员的业务水平，培训重点应突出以下内容：一是登记所涉及的土地承包政策法律。特别是针对登记过程中容易出现的问题，要有针对性地开展政策培训，提高基层工作人员利用政策法律解决实际问题的能力；二是登记软件操作和地籍管理知识；三是登记工作档案管理知识。培训方式可以采取分级培训、现场培训和理论培训相结合的方式，省级对市县两级土地确权技术人员进行培训，市县两级培训乡村两级土地确权技术人员，培训方式灵活多样，田间地头、培训地点都可以进行，也可以和其他试点地区进行经验交流，取长补短，探索更加经济可行、方便快捷的土地确权新模式。同时加强指导工作，可以现场指导，也可以远程指导，业务人员通过电话、QQ群等远程工具对实际操作中出现的问题求助解决方案。

（六）做好登记保密工作

农村土地确权信息内容地理坐标精度高、空间信息内容丰富，必须按照有关规定严格区分公开内容。目前按照我国测绘、保密法律法规规定，登记过程中使用的测量原始记录、基础工作底图、6平方公里以上的地籍草图和相应范围的登记成果图件均属于国家保密范畴。相关单位要站在维护国家安全和民族利益的高度，切实重视地理信息的安全保密工作；进一步加强地形图保密处理技术使用的管理，加大涉密测绘成果及涉密地理信息应用领域的保密审查。测绘成果、系统开发成果要及时建立档案并归档。档案根据不同类别分地妥善存放，不得乱丢滥放，以利查找使用和确保国家秘密的安全。涉密人员要强化信息安全保密意识，加强登记宣传教育，建立健全登记保密制度，加强保密设施建设，建立保密审查机制，提高科技防范能力，做到公开内容和保密内容进行严格筛选，违反规定者要追究相关责任。

（七）规范工作程序

1. 清理承包档案

按照《农业部、国家档案局加强农村土地承包档案管理工作的意见》，全面组织清理土地承包档案，着重解决土地承包方案、承包合同、承包台账种类不齐全、管理不规范等问题。对承包合同、证书等内容进行核实，不符合规定或者其他不符情况要重新调整或补办相关材料，以确保确权登记信息真实可靠。严格执行土地承包档案管理规定，坚持分级管理、集中保管，建立健全整理立卷、分类归档、安全保管、公开查阅等制度。不具备保管条件的，要移交到具备条件的农村土地承包管理部门或档案管理部门集中保管。

2. 明确地块位置

准确把握土地承包经营权登记试点的关键环节，着重查清承包地块的面积和空间位置。在对土地承包情况进行摸底抽查的基础上，以已签订的土地承包合同、发放的土地承包经营权证书、地籍图和集体土地所有权确权登记成果为依据，因地制宜开展土地承包经营权权属调查勘测，进一步查清承包地块面积和空间位置。熟悉土地承包情况的老队长、老会计、老党员可发挥重要作用，为承包地块位置图的绘制贡献自己的力量。

3. 公示

将新的承包地块信息录入市土地承包经营信息管理系统后，将生成的登记表、初步的地块位置图等信息在村里进行公示，公示无异议的，根据初步地块位置图绘制电子地块位置图，并将该图及承包经营权登记表进行二次公示，公示无异议的，由农户、村委会及其上级部门共同签字盖章。

4. 规范档案管理

要在档案管理部门的支持和引导下，做好土地承包经营权登记文件资料的归档工作。农村土地承包经营权登记档案由土地承包经营权登记机关负责对签章后的登记资料装订成册，归档保管，不具备保管条件的，需要移交给有关部门。

第二节　土地信托的必备条件：土地规模经营

一、土地规模经营理论

土地规模经营的理论依据是规模经济理论，规模经济理论是经济学的基本理论之一，是指随着生产规模的扩大，单位产品的平均成本不断减少的状态。但当达到一个临界点时，单位产品的平均成本开始上升，称为规模不经济。所以，找寻规模经济与规模不经济的临界点就成为规模经营的重点之一。亚当·斯密作为规模经济理论的创始人，指出在一定规模的批量生产基础上劳动生产最大的增进是劳动分工的结果。真正意义的规模经济理论起源于美国，揭示了大批量生产的经济性规模。马歇尔进一步研究了规模经济报酬的变化规律，即随着生产规模的不断扩大，规模报酬将依次经过规模报酬递增、规模报酬不变和规模报酬递减三个阶段。马克思在《资本论》中提出了社会劳动生产力的发展必须以大规模的生产与协作为前提的主张。根据规模经济理论，企业可通过购并活动使其资产、管理能力等得到最有效利用的途径来实现生产中的规模经济；中小企业由于在成本较高的购并过程中面临资金瓶颈，可通过聚集经济实现规模经济。

国内外对规模经济理论应用于土地规模经营的研究也比较多。马克思曾经指出："从经济观点来看，大规模地耕种土地，比在小块的和分散的土地上经营农业优越得多"。在我国，对于我们实行已久的家庭联产承包制来说，主要存在规模过小，不利于农业机械化的生产要素的投入，阻碍规模化、集约化发展，所以，要大规模进行农村土地流转，通过农村土地流转，使土地扩大经营范围和规模，实现农业种植或养殖规模效益，促进农业增产、农民增收。具体内容可分为以下几个方面：（1）农村土地规模经营需要一定的前提条件，比如非农产业发展程度、农业服务水平、农机化程度、农业经营主体的素质等；（2）农村土地规模经营的动力有缩小农与非农从业者的收入差距、提高农产品竞争力、降低资本替代劳动的成本等；（3）农村土地规模经营的类型可分为家庭型、集体型、联合型及服务型等；（4）衡量农村土地经营规模的基本标准是农业生产水平和农民收入的提高。

二、规模经营与土地信托相关文献综述

（一）从理论层面进行研究

有些学者从农业规模化经营的马克思再生产理论、生产主体和交换主体相统一的现代市场理论、反哺农业临界理论及农业生产环节纵向控制经济学依据等理论寻找农业规模化的经营效率和市场效益的理论依据。

从报酬递减规律方面研究：规模经营、规模经济等问题研究的基础是生产要素报酬递减和要素的不可分性，关于规模经济和农业规模经营研究的起源可以追溯到古典经济学家关于土地报酬递减的研究。威廉·配第在17世纪他的著名著作《政治算术》中就已提出了"报酬递减"的粗略模型；后来亚当·斯密也注意到农业中的报酬递减现象，并提出了通过规模收益和分工，可以大大提高劳动生产率的观点；而法国重农学派的重要代表人物杜尔阁更是全面论述了报酬递减的规律，他实际上用边际分析方法研究了土地报酬递减和要素最佳投入量的选择问题。

（二）关于土地规模经营的文献综述

国内学者对土地规模经营的研究，一般从规模界定、组织形式、形成机

制、发展条件等方面进行研究。

陈富春（1994）对土地规模进行了界定，他认为农业经营规模是生产力要素的集聚程度及相互组合，是土地、劳动力、资本等生产要素相互结合发挥农业效应的范围和数量界限。周爱珠（1998）将土地规模分为大、中、小三种，除了考虑土地规模，还应考虑地域性、观念差异性等因素，不能采取"一刀切"方式进行土地规模经营，应根据实际条件分别处理。马跃（2011）指出土地规模经营不能无限扩大规模，要有个"度"，这个度应以土地利用率和产出率为衡量标准，并随条件适时变化，但没有与各地进行土地规模经营的具体模式结合，实用性不强。

李相宏（2003）通过对相关文献和案例分析，将土地规模经营模式分为集中型、契约型及市场激励型。徐宏峰（2007）总结了两种可复制的模式，即以股份制经营、产业化基地经营、大户经营为主的土地集中型和以农民专业合作化带动型、产业化经营带动型、社会化服务带动型为主的合作服务型。

张侠（2002）从土地适度规模经营的发展条件入手，对全国 30 个省级行政单位的土地经营的适度规模进行测算，从而为土地规模经营的发展指明了方向。

郑少锋（1998）从协调政府和农户利益的角度研究了土地规模经营的效益、适度规模经营的依据等因素对农民及政府利益的得失的影响，并提出有针对性的建议。侯亚楠（2006）从农村土地过于细碎导致农业技术无法实施，农药化学残留增加致使种植环境恶化，农产品质量偏低，从而提出土地规模经营这一解决办法。

（三）关于土地流转与土地规模经营的关系的文献综述

以上文献基本上是从土地规模经营问题单方面来研究，国内外也有学者对它们之间的关系进行了研究和论证。关于农地规模经营的效益，虽然有研究证实土地经营规模越小，土地产出越大，农地经营规模与土地产出效率成反比的关系，但大部分学者认为土地适度规模经营会提高农业效益，促进土地流转。

在国外，由于大部分国家实行土地私有制度，土地可以直接进入交易市场，没有严格意义上的农村土地和城市土地之区分，所以国外学者多从土地市场和土地交易方面研究农地流转制度和土地规模经营的关系。日本经济学家速水佑次郎（2003）精辟地分析了农地大规模流转的地租条件：只有当大规模经营的农户的单产所带来的农业剩余大于小规模经营的农户的农业纯收入时，才有可能出现土地从低收益农户向高收益农户的转移，即实现土地的规模经营。Terry van Dijk（2003）通过对中欧国家土地私营化过程中农地细碎化问题研究，得出土地流转是解决土地细碎化问题的主要途径。

而初玉岗（2001）从土地流转不畅的原因入手，分析得出土地流转的需求不足不是造成土地流转不畅的根本原因，应把重点放在对土地规模经营主体的培养上。邱长生（2007）则从可持续发展和循环经济的角度对我国农村土地流转和土地规模经营的关系进行研究，为解决农地问题提供合理的科学依据。张娟（2013）通过实证南通市土地适度规模经营与土地流转的关系，得出土地小规模分散经营虽然能使农民维持温饱，但是不能增加农民的收入；长期维持超小型的土地经营规模，不仅不能提高农民的收入水平，整个农业现代化、产业化的进程也会受到阻碍，最终影响到国家的粮食安全；实行农村土地适度规模经营是促进农村经济发展的客观要求。

三、土地规模经营是土地信托推进的动力

改革开放以来，农业领域取得的最大成就，是在土地按人口均分基础上确立了农户家庭经营模式。但这也是当前发展阶段农业走上现代化所面临的重大问题。据统计，过去三十多年中，我国的城镇化率以每年一个百分点以上的速度增加，至 2013 年末已达到 53.7%，农民已大规模向城镇转移，耕地也已有四分之一左右流转。按照刚刚发布的《国家新型城镇化规划（2014—2020年)》，今后城镇化率仍将以年均百分之一以上的速度递增，2020 年的目标是常住人口城镇化率达到 60% 左右。依此算来，2030 年常住人口城镇化率会达到 70% 左右[①]。届时，留在农村领域的人口和农民家庭或许只剩 20 世纪 80 年代初土地均分基础上确立家庭经营时期的 1/3，户均经营规模则会增大至目前的 3 倍。这意味着，农业的发展已经向着农民人数大幅度减少，土地经营规模逐步增大的方向演化。据农业部统计，截至 2013 年底，全国承包耕地流转面积 3.4 亿亩，是 2008 年底的 3.1 倍，流转比例达到 26%，比 2008 年底提高17.1 个百分点，经营面积在 50 亩以上的专业大户超过 287 万户，家庭农场超过 87 万个；流入工商企业的土地也在快速增长，2012 年流入工商企业的耕地面积为 2800 万亩，占流转总面积的 10.3%，比 2011 年增长 34%，2013 年又比 2012 年增长了 40%。一些地方土地经营规模越来越大，通过流转一些种粮大户的土地经营规模达到了上万亩。2013 年党的十八届三中全会提出"鼓励

---

① 参见《国家新型城镇化规划（2014—2020 年)》。

承包经营权在公开市场上向专业大户、家庭农场、农民合作社、农业企业流转，发展多种形式规模经营。"通过土地流转，实施规模化种植已被视作当前农业发展的必然趋势。

之所以比其他流转方式有优势，是因为以信托方式流转土地能够拉伸农业产业链条，提高农业经营企业的农产品精、深加工能力，从而实现价值增值，产生农业超额增值收益，使各方利益主体受益。但单户的、零散的、小块的、有限的土地使得人地资源配置不合理，单个农户种植理念、种植模式、种植技术等也不尽相同，使得农地结构难以调整，土地集中连片比较困难，先进的农业生产技术难以施展，农用基础设施等资源无法得到优化配置，从而导致劳动生产率低下，很难有较大的农业产出。因此，要想实现土地的增值收益，必须成规模地经营土地，从而推进土地信托顺利实施。土地规模经营能面对市场需求调整农业产业结构；能根据土地特性种植合理作物，并通过先进的科学技术、生产要素等提高产品质量；能减低生产成本、提高规模收益；能通过土地规整，获得土地二级极差地租等。土地规模经营在推进土地流转信托的进程中具体有以下作用。

（一）降低生产成本

家庭联产承包责任制下，分散的、零星的地块使得大中型农机器械很难发挥其作用，若实行土地规模化经营，就可以避免农用器械等固定资产的重复投资和浪费，充分发挥大中型农机器械的优势，同时增加其他生产要素的规模投入，减少单位成本，提高农业效益，增加超额收益，从而激发信托公司进入的积极性，使土地流转信托的推行惠及各方。

（二）挤出超额收益

现代农业是集约化的农业，要求生产要素聚集，小规模碎片分割的生产方式已无法适应这种需要，必须搞规模经营。通常以土地规模、资金规模和劳动力规模等农业生产要素投入角度来衡量农业的经营规模的大小，特别是作为农业生产最基本的生产资料的土地，其规模大小对农业生产经营起着非常关键性的影响。土地的适度规模化，可以带来较高的土地要素报酬和规模回报，可以促进科技应用和资金的投入，这些都有利于农业土地产出率和多种效率的提高，土地的适度规模，是我国农业实现适度规模的基本目标。由小规模碎片分割经营形式过渡到现代社会化分工基础上的农业家庭适度规模经营是实现农业现代化的必经之路。

四、土地信托引导土地规模经营

将土地进行流转，可以实现土地规模经营，从而带动土地资源的优化配置。这是因为，土地资源的优化配置需要根据土地的区位、土地的适宜性、市场对农产品的需求这三者结合来决定土地利用方式，不同的土地利用方式需要不同技能的劳动者，只有根据土地利用方式接纳具有相应技能的劳动者才能扬长避短，提高土地的生产力。现时的农地制度是人人有其田，土地利用者根据自己拥有的技术决策土地的利用方式，往往只能用其土地的低效益，而不能发挥其土地的高效益。如璧山县璧城镇的石谷子丘陵地非常不适合种植粮食，但这恰好是种植花椒的优势，承包这些土地的承包经营者只有种粮食的技能，没有种花椒的技术。这些土地的承包经营者将其土地使用权有偿转让给花椒种植大户种花椒，其效益非常显著。要使最佳的土地的利用方式与最佳的土地利用者相结合，就要求土地承包经营权按土地利用方式由不具有经营优势的小规模农户向其相应的种植能手、龙头企业级专业合作社等优势生产者流转，使土地这一生产要素加快向规模经营主体集中。通过土地流转，土地的用途与生产规模进行重组，促进资源优化配置，完善农业生产要素市场，有效解决耕地以往粗放经营、资源浪费的问题，使得现代农机、先进技术能够充分利用，促进农业结构调整，提高农业专业化程度和产业化水平，形成农地规模化、集约化经营机制，提高农业产出水平。

但这一过程才是刚刚开始，随着高级形式的土地流转，未来拓展的空间会更大。以信托等高级流转形式进行土地流转，农户将确权后的承包经营权以信托财产的形式委托给信托机构，信托机构对流转来的土地进行集中管理后，将已规整的土地进行第二次流转。虽然较低级的土地流转方式也催生了龙头企业、专业合作社、种养大户、家庭农场等一部分经营主体，但相当一部分农业经营主体缺乏充裕的土地进行成规模的农业生产，他们想要扩大规模须与农户逐一进行谈判，而农村的交通、通讯手段等基础设施跟不上需求，这就使前期沟通谈判成本较大，搁置了一部分经营主体的扩大再生产计划，大大阻碍了土地流转的步伐。但土地流转信托的其中一个优势就是平台优势，信托机构将土地进行规整后，依托平台优势代表农户的利益与经营主体进行统一谈判，这就解决了其他流转方式前期沟通谈判成本大的问题，提高农业效率，加快目前粗放型的农业生产方式向集约型转变，从而优化农业产业结构，加快农业规模化、集约化经营。

通过土地信托等流转方式，农民就走上了专业合作之路，推进了规模经营，减少了重复投入，农业产出效益和市场竞争力得到增强。

第三节　土地信托的法律条件：
健全完善土地信托法律体系

一、土地信托法律文献综述

我国学者对土地信托法律有不同的看法，一部分学者认为目前的土地信托法律正在不断完善，对土地流转信托具有推进作用，另外一部分学者认为土地信托法律存在弊端，已经阻碍了土地流转信托的进程，亟须改革。在对相关文献梳理的过程中，发现持第二种观点的占大多数，大部分学者都认为我国目前的土地信托法律制度在一定程度上已经不能适应市场经济的快速发展及土地流转信托的需求，需从本质上进行改革。

（一）关于土地流转法律意义的相关文献

我国学者对土地流转法律的正面评价比较少。

张淼（2013）整体上对国家出台土地流转的法律法规和政策方法进行了正面评价，他认为国家出台的这一系列法律文件为农村土地流转提供了法律支撑，推动了农村土地流转有序规范进行，促进农民增收、农业效益提升及农村经济发展。

汪胜春（2005）总结了《农村土地承包法》在规范农村土地承包经营方面的意义，即《农村土地承包法》明确规定了农村土地集体所有权的形式方式，强化了土地承包经营权的物权性质；区分了家庭联产承包方式与其他承包方式的不同，并且第一次对土地流转作出界定，这是我国农村土地立法的一次重大突破；赋予农民长期的、有保障的土地使用权，保护农民的基本财产权利；明确了争议解决方法。张征宇（2013）同样认为《农村土地承包法》在土地流转方式方面有所突破，该法允许农村土地可以在坚持依法、自愿、有偿的原则下进行流转，流转方式可以采取转包、出租、互换、转让或入股等，是从法律层面上对物权法的认可，使得物权法的行使在一定程度上摆脱了发包方的限制。唐舟淇（2013）从"法无禁止即自由"的角度论证了《农村土地承包法》及《物权法》虽然在列举土地流转方式时未提及信托流转方式，但是都留有"其他方式"的兜底规定，法律未作禁止规定，那么将土地承包经营权以信托方式进行流转归于"其他方式"也是可行的。杨光（2013）也对《物权法》在规定土地承包经营权为用益物权的突破予以肯定，他认为《物权法》是确认土地承包经营权物权性的正式法律文件。康航彬（2013）对《信托法》的意义进行了阐述：《信托法》为了保证信托财产的独立性和安全性，制定了许多强制规定来鞭策信托财产的受托人按照合同管理信托财产。

（二）关于土地信托法律存在不足的相关文献

我国对土地信托法律存在不足的研究主要集中于整体法律架构和具体法律法规两个方面。

国内对信托方面的著述大多是针对不动产投资信托及信托证券化等问题的研究，有关经营权信托的研究相对较少。李启宇（2010）指出我国农村土地承包经营权流转存在许多法律问题，严重阻碍了农村经济的发展，土地信托等新型土地流转方式的实践要求现行制度进行理论及法律方面的创新。张征宇（2013）认为我国许多法律条文对农民在行使益物权的过程中设置了很多障碍，比如承包方必须经发包方的同意才可以进行各种行为，这样的规定在国家颁布的法律和各省市实行的条例中屡见不鲜，这种"非经同意，不得如何"的规定，就是对用益物权基本属性的极大对抗；同时，他指出由于受各种因素的影响，现有法律法规存在对土地使用方式的规定过于单一、对土地承包经营权的主体地位定位比较模糊等问题。杨光（2013）认为现行立法规定承包地可以依法收回和调整的特殊情形，与物权的绝对性及物权保护的绝对性相冲突，这是今后应该协调的地方。张淼（2013）从信托土地的原则与用途两方面论述法律与实践的冲突所在：信托土地的原则方面，他重申了国家法律关于土地信托的原则是农民自愿流转土地，任何机构或个人都不能强行迫使农户进行土地流转，但土地信托的立足点就是通过土地的连片经营，实现土地的集约经营，发展高效农业，这就必须将农户手中的土地归集起来，但同时又得遵循农民自愿参与土地流转的原则，两者存在冲突点，抑制土地流转信托的推行；信托土地的用途方面，虽然《宪法》、《农村土地承包法》及《农村土地承包经营权流转管理办法》等法律文件明确规定了信托土地的农业用途不得改变，但在土地信托实施的过程中，局部改变土地的农业用途在所难免，需要通过调整和突破法律法规来解决这一冲突。

文贯中（2002）从效率角度阐述《农村土地承包法》对要素的流动性及组合型等方面的限制，阻碍了土地流转。兰萍（2003）则从土地承包经营权的转让权界定角度分析《农村土地承包法》的弊端，即该法规定承包者不具有买卖承包地的权利，农民离开农村就丧失了土地产出收入；该法也规定承包者没有承包经营权抵押权，不利于土地流转；村集体对土地流转拥有一定的控制权，农民只拥有土地使用权，在土地流转方面的权利较小。丁关良（2007）通过重点对《物权法》进行剖析，提出了《物权法》对土地承包经营权的范围没有界定、对土地承包经营权未实行一体化的法律制度规范、对土地承包经营权的内容界定不明、承包地被征收后土地承包经营权人的补偿内容不明等七个方面的不足。杨光（2013）通过研究总结出了我国现行主要调整土地承包经营权流转的法律法规有《民法通则》、《农业法》、《农村土地承包法》、《物权法》等，但同时这些法律规范之间可能由于立法精神不同存在矛盾和冲突之处，这些立法的矛盾和冲突具体表现为土地承包经营权权利归属不明晰、土地承包经营权流转中土地承包经营权登记及土地承包合同管理这两项关键性制度尚不够完善等，继而引发了一些损害流转各方当事人权益的土地纠纷案件。

二、土地信托需要法律支撑

（一）信托方式流转土地空间巨大

调查显示，虽然近些年土地流转面积在逐年增加，2012 年土地流转面积为 2.7 亿亩，是 2002 年的 4 倍，但是相对于 18.26 亿亩的耕地面积而言，所占比例仅为 14.8%，流转比例偏低。且流转方式主要为转包和出租等较低的土地流转形式，入股、信托等高级形式的流转途径所占比重较低。2011 年全国范围内采取互换形式进行流转的约占 6.4%，转包约占 51.1%，出租约占 27.1%，股份合作约占 5.6%，转让约占 4.4%，其他形式的约占 5.4%，通过土地信托进行流转的比例极低。

这是由于我国市场经济处于起步阶段，很多方面都还不完善，资本市场也未完全开放，金融机构涉农方面存在很多限制，信托涉足农业是一个全新的课题，因此土地信托有较大的发展空间，对推进土地流转，增加农民收入，加快农村经济发展起着至关重要的作用。

（二）法律支撑土地信托的必要性

现代社会发展的一个重要特征，就是社会的法制化进程加快。法律、政策的完善程度对一个地区或社会的经济社会发展具有非常重大的保障功能。农地流转信托的交易成本中，必须考虑法律政策的影响。完善的法律制度能够为农民土地信托提供有力保障，可以有效降低农户的交易成本和风险。同时各种与农地承包经营权流转相关的政策也非常重要，这些政策也是农地流转的重要环境。连续性的、稳定性较高的、真正注重农户切身利益的政策会有效鼓励和促进农地的流转。

土地信托是我国新农村建设、农业高效运转及农村经济快速发展的一次有益探索，发展空间巨大，对突破土地流转瓶颈，加速土地流转起着推动器的作用，虽然目前的《农村土地承包法》对土地流转方式采取的"其他流转方式"的规定为土地信托提供了法律可行性，但到目前为止还没有相关的法律法规及政策对土地信托的合法性①进行确定，这会使得土地信托各交易主体持观望态度，不利于土地信托的推行。若明确土地信托为法定的土地流转方式，确立土地信托的法律地位，将有利于土地信托的广泛推广与实施，也会增加农户、农业经营主体及信托公司等土地信托当事人进行土地信托的信心和安全感，才能保障农村土地信托的顺利实施，用其发展成果证明信托作为最新的土地流转方式的优势所在。

三、农村土地承包经营权流转为土地信托提供契机

由于法律本身具有滞后性，任何制度都是在实践中不断完善，中国农村土地承包经营权流转制度的发展，也经历了法律规范从无到有、从不规范到日渐规范的过程，对土地流转的限制也在逐渐放宽，20 世纪 80 年代前期中国对于农村集体所有土地的态度是禁止一切带有交易性质的市场行为；1988 年对《宪法》进行修正，在立法上第一次明确了农村土地使用权流转的合法地位；2003 年《农村土地承包法》实施，中国土地承包经营流转制度正式确立；2007 年《物权法》的实施标志着农村土地承包经营权流转的大框架正式搭建成形，但其所调整的对象仅限于土地承包经营权的流转，也就是其流转不得改变承包土地的农业用途，对于由农地向集体非农建设用地、国有土地方面的流转未予涉及；2009 年中央一号文件提出要对土地承包地确权；2013 年党的十八届三中全会把土地流转提上战略高度。

（一）法律禁止阶段（1978—1983 年）

1982 年《宪法》第十条第四款严格规定："任何组织或者个人不得侵占、

---

① 推进土地信托必须遵循合法自愿原则，合法性是指在法律法规的框架下进行土地流转信托；自愿性是指农民自愿以信托方式流转土地，任何机构和个人无权干涉其进行土地信托的意愿。

买卖、出租或者以其他形式非法转让土地"。《宪法》第十条还规定，"城市的土地属于国家所有。农村和城市郊区的土地，除由法律规定属于国家所有的以外，属于集体所有；宅基地和自留地、自留山，也属于集体所有。国家为了公共利益的需要，可以依照法律规定对土地实行征收或者征用并给予补偿"。

1982 年中央一号文件《全国农村工作会议纪要》提出："社员承包的土地，不准买卖，不准出租，不准转让，不准荒废。"

无论是 1982 年的《宪法》，还是中央一号文件《全国农村工作会议纪要》都明文禁止以任何形式流转土地。这表明在 20 世纪 80 年代前期中国对于农村集体所有土地的态度是禁止一切带有交易性质的市场行为。

（二）法律不允许阶段（1984—1987 年）

1984 年中央一号文件《1984 年农村工作的通知》提出："社员在承包期内，可以经集体同意，由社员自找对象协商转包，自留地、承包地均不准买卖，不准出租，不准转作宅基地和其他非农业用地。"

1986 年颁布的《民法通则》第八十条规定："土地不得买卖、出租、抵押或者以其他形式非法转让。"

1986 年最高人民法院《关于审理农村承包合同纠纷案件若干问题的意见》明确了"承包人将承包合同转让或转包给第三者，必须经发包人同意，并不得擅自改变原承包合同的生产经营等内容"。

此阶段国家对农地承包经营权流转不再严格禁止，并逐渐承认农地流转的合法性，但是尚未形成法律文件对流转进行规范。

（三）法律开禁阶段（1988—2002 年）

1988 年 4 月第七届全国人大第一次会议对宪法修正，《中华人民共和国宪法（修正案）》将《宪法》第十条第四款删除了"禁止土地出租"的规定，修改为："任何组织或者个人不得侵占、买卖或者以其他形式非法转让土地。土地的使用权可以依照法律的规定转让"。这次修正由"不得出租土地"到"土地的使用权可以依照法律的规定转让"的转变，这在立法上第一次明确了农村土地使用权流转的合法地位，为各地探索土地流转方式提供了宪法保护，但此时只允许土地承包经营权进行转包，而禁止转让、出租等其他流转形式，但农村土地流转毕竟进入到合法化、规范化阶段。

1988 年修订的《土地管理法》第二条删除了"禁止出租土地"的内容，并增加了"国有土地和集体所有的土地的使用权可以依法转让"、"国家依法实行国有土地有偿使用制度”的内容。

我国《宪法》和《土地管理法》对土地使用制度改革的修改规定，奠定了这一时期土地立法的基调。

1993年原《农业法》规定："在承包期内，经发包方同意，承包方可以转包所承包的土地、山岭、草原、荒地、滩涂、水面，也可以将农业承包合同的权利和义务转让给第三者。"这是我国法律第一次以明确的语言对土地承包经营权流转（主要指转包和转让）作出规定。

1995年7号文件《国务院批转〈农业部关于稳定和完善土地承包关系意见的通知〉的意见》提出："在坚持土地集体所有和不改变土地农业用途的前提下，经发包方同意，允许承包方在承包期内，将承包标的依法转包、转让、互换、作价入股，其合法权益受法律保护。"

1997年第16号文件《关于进一步稳定和完善农村土地承包关系的通知》指出："少数经济发达地区，农民自愿将部分责任田的使用权有偿转让或交给集体，实行适度规模经营，这属于土地使用权正常流转的范围，应当允许。"

1998年《中共中央关于农业和农村工作若干重大问题的决定》明确了"土地使用权的合理流转，要坚持自愿、有偿的原则依法进行，不得以任何理由强制农户转让。"

2001年中央发布18号文件《中共中央关于做好农户承包地使用权流转工作的通知》明确指出："在稳定家庭承包经营制度的基础上，允许土地使用权合理流转是农业发展的客观要求，也符合党的一贯政策，流转的收益应归农户所有，任何组织和个人不得擅自扣缴。"

2002年颁布的《农村土地承包法》"总则"第十条也规定了"国家保护承包方依法、自愿、有偿地进行土地承包经营权流转"①。《农村土地承包法》第三十二条规定了"通过家庭承包取得的土地承包经营权可以依法采取转包、出租、互换、转让或者其他方式流转。"第二章第五节"土地承包经营权的流转"共用12个条款对这种形式农村土地承包经营权流转作了较全面的规定。（更详细的见附录1）

2002年的中共十六大报告中提出"有条件的地方可以按照依法、自愿、有偿的原则进行土地承包经营权流转，逐步发展规模经营"。

这一阶段实现了农地流转的合法化。

---

① 耕地的承包期为30年，草地的承包期为30~50年，林地的承包期为30~70年。

（四）法律规范农村土地承包经营权流转阶段（2003 年以来）

2003 年 3 月 1 日，《农村土地承包法》实施，明确了"通过家庭承包取得的土地承包经营权可以依法采取转包、出租、互换、转让或者其他方式流转"的法律规定。《农村土地承包法》的实施，以法律形式"赋予农民长期而有保障的土地使用权"，并对土地流转进行了原则约束，为土地流转实践奠定了法律基础，使中国农村土地承包经营权制度真正走上了法制化轨道，标志着法律规范农村土地承包经营权流转阶段的开始。

2005 年 3 月 1 日，农业部颁布实施《农村土地承包经营权流转管理办法》规定："承包方依法取得的农村土地承包经营权可以采取转包、出租、互换、转让或者其他符合有关法律和国家政策规定的方式流转。"同时明确规定"农村土地承包经营权流转不得改变承包土地的农业用途，流转期限不得超过承包期的剩余期限。"《农村土地承包经营权流转管理办法》的实施对流转方式、流转合同的签订及土地流转管理作出比以前法律政策更详细更明确更全面的规定，是第一部专门针对农村土地流转的部门规章立法，为规范农村土地承包经营权流转行为、秩序及维护农民合法权益发挥了重要作用。

2005 年颁布的《土地管理法》第十五条规定："农民集体所有的土地，可以由本集体经济组织以外的单位或者个人承包经营，从事种植业、林业、畜牧业、渔业生产。"这次立法严格限制了农用地转为建设用地，保护耕地，严格控制了耕地转为非耕地，实行占用耕地补偿制度。

2005 年中央一号文件《中共中央　国务院关于进一步加强农村工作　提高农业综合生产能力若干政策的意见》提出："承包经营权流转和发展适度规模经营，必须在农户自愿、有偿的前提下依法进行，防止片面追求土地集中，各省、自治区、直辖市要尽快制定农村土地承包法实施方法。"

2006 年中央一号文件《中共中央　国务院关于推进社会主义新农村建设的若干意见》提出："健全在依法、自愿、有偿基础上的土地承包经营权流转机制，有条件的地方可发展多种形式的适度规模经营。"

2007 年 10 月 1 日起实施的《物权法》第六十一条规定：城镇集体所有的不动产和动产，依照法律、行政法规的规定由本集体享有占有、使用、收益和处分的权利。《物权法》第一百二十八条进一步规定：土地承包经营权人依照《农村土地承包法》的规定，有权将土地承包经营权采取转包、互换、转让等方式流转。流转的期限不得超过承包期的剩余期限。未经依法批准，不得将承包地用于非农建设。显而易见，该法律文件所调整的对象也仅限于土地承包经营权的流转，也就是其流转不得改变承包土地的农业用途，对于由农地向集体非农建设用地、国有土地方面的流转未予涉及。

2008 年中央一号文件《中共中央　国务院关于切实加强农业基础建设进一步促进农业发展农民增收的若干意见》提出："加强农村土地承包规范管理，加快建立土地承包经营权登记制度，按照依法自愿有偿原则，健全土地承包经营权流转市场。"

2008 年 9 月 30 日，胡锦涛在安徽小岗村考察时说，"要赋予农民更加充分而有保障的土地承包经营权""要根据农民的意愿，允许农民以多种形式流转土地承包经营权，发展适度规模经营"。

2008 年 10 月 19 日，中共十七届三中全会通过的《关于推进农村改革发展若干重大问题的决定》明确，现有土地承包关系要保持稳定并长久不变的同时，搞好农村土地确权、登记、颁证工作，加强土地承包经营权流转管理和服务，建立健全土地承包经营权流转市场，按照依法、自愿、有偿的原则，允许农民以转包、出租、互换、转让、股份合作等形式流转土地承包经营权。虽然十七届三中全会表明中央开始对农民的土地问题作出调整，大力倡导和鼓励土地流转，推进农村规模经营和农业集约化道路，但在流转方式和范围上仍谨慎地采取渐进态度，明确表示不得改变土地集体所有的性质，不得改变土地用途，要发展多种形式的适度规模经营。同时，为避免大规模贸然推行土地流转造成的生产秩序混乱，没有在全国范围内采取"一刀切"的方式，而是先在东部沿海等发达地区进行试点。

2009 年中央一号文件《中共中央　国务院关于促进农业稳定发展　农民持续增收的若干意见》提出："强化对土地承包经营权的物权保护，做好集体土地所有权确权登记颁证工作，将权属落实到法定行使所有权的集体组织；稳步开展土地承包经营权登记试点，把承包地块的面积、空间位置和权属证书落实到农户，建立健全土地承包经营权流转市场，加快落实草原承包经营制度。"该文件要求将农村承包地地块进行确权、登记和颁证，并进一步规范了农村土地承包经营权的流转，同时，鼓励有条件的地方发展流转服务组织。

2010 年中央一号文件《中共中央　国务院关于加大统筹城乡发展力度进一步夯实农业农村发展基础的若干意见》提出："要全面落实承包地块、面积、合同、证书'四到户'，进一步扩大农村土地承包经营权登记试点范围，加强土地承包经营权流转管理和服务，进一步健全流转市场，在依法、自愿、有偿流转土地的基础上发展多种形式的土地适度规模经营，继续推进基本经营制度改革，稳定渔民水域滩涂等养殖使用权，鼓励有条件的地方开展农村集体产权制度改革试点。"

2012 年中央一号文件《关于加快推进农业科技创新持续增强农产品供给保障能力的若干意见》指出"加快推进农村地籍调查，2012 年基本完成覆盖农村集体各类土地的所有权确权登记颁证，推进包括农户宅基地在内的农村集体建设用地使用权确权登记颁证工作，稳步扩大农村土地承包经营权登记试点，加强土地承包经营权流转管理和服务，加快修改《土地管理法》，完善农村集体土地征收有关条款"。

2013 年中央一号文件《中共中央 国务院关于加快发展现代农业 进一步增强农村发展活力的若干意见》提出"引导农村土地承包经营权有序流转，探索建立严格的工商企业租赁农户承包耕地（林地、草原）准入和监督制度，规范土地流转程序，逐步健全县、乡、村三级服务网络，强化流转服务。

2013 年 11 月 19 日，对于展望未来三年土地制度改革这一问题，国家发改委宏观经济研究院副院长王一鸣在"《财经》2014 年年会：预测与战略"上表示，一定要建立土地交易平台，确权颁证，让土地流转起来，规模化后提高农耕价值；同时给予土地流转严格的用途限制，守住耕地红线。

2013 年中共中央十八届三中全会中涉农内容如下：

1. 建立城乡统一的建设用地市场，完善金融市场体系，深化科技体制改革。在符合规划和用途管制的前提下，允许农村集体经营性建设用地出让、租赁、入股，实行国有土地同等入市、同权同价。建立兼顾国家、集体、个人的土地增值收益分配机制，合理提高个人收益。完善土地租赁、转让、抵押二级市场。

2. 加快构建新型农业经营体系。坚持农村土地集体所有权，稳定农村土地承包关系，在耕地保护制度的前提下赋予农民对承包地占有、使用、受益、流转承包经营权抵押、担保权能，允许农民以承包经营权入股发展农业产业化经营。

3. 赋予农民更多财产权利。保障农民集体经济组织成员权利，积极发展农民股份合作，赋予农民对集体财产股份占有、收益、有偿退出及抵押、担保、继承权，保障农户宅基地用益物权，建立农村产权流转交易市场。

4. 城乡要素平等交换和公共资源均衡配置。要保障农民公平分享土地增值收益。

2014 年中央一号文件《中共中央 国务院关于全面深化农村改革 加快

推进农业现代化的若干意见》提出："在坚持和完善最严格的耕地保护制度前提下，赋予农民对承包地占有、使用、收益、流转及承包经营权抵押、担保权能。在落实农村土地集体所有权的基础上，稳定农户承包权、放活土地经营权，允许承包土地的经营权向金融机构抵押融资。"这次《意见》更加明确了土地承包经营权可以抵押、担保，并将确权工作提上重点，表明了国家土地改革的决心。

随着实践的发展，我国农村土地承包经营权流转制度已在法律层面得到了进一步的落实，截至 2013 年 6 月底，河南省共流转土地面积 2824 万亩，占家庭联产承包耕地面积的 29%，规模经营主体也逐渐趋于多元化，农民专业合作社 6.5 万个，种粮大户及家庭农场 15538 家。随着法律法规对土地流转的限制逐渐放宽，对信托等高级形式的土地流转方式提供了法律可行性，为土地流转信托的实施提供了契机。

四、土地信托的法律羁绊

农村土地信托制度的发展在我国尚属试点阶段，很多配套的法律法规还没有得到及时的补充和完善。比如在河南省许多不发达地区，农地的流转很多时候还要到村委会登记，甚至必须经村委会同意。由于缺乏明确、完善的法律、政策保障，一旦发生土地损害、改变用途、不交税金税费等问题，或相互推诿，不了了之；或是随意处罚，一罚了之。现行的农地流转合同有很大一部分是口头契约，双方容易产生争议纠纷，农地转让合同得不到有效执行，毁约者承担风险相对较小，容易产生事后的机会主义行为。这些都是由于法律法规的不完善，给了不法分子钻法律漏洞的机会，通过研究相关法律知识，本研究总结出如下的法律弊端。

（一）缺乏相关的土地信托法律

当农民的农业收入无法满足人们日益增长的物质文化需要时，农民就会背井离乡走上弃农经商或外出务工的道路，这在一定程度上成为土地流转的先决条件。但由于目前指导农村土地流转的法律、法规比较缺乏，各地在土地流转的过程中缺乏明确的法律依据，比如土地流转双方的权利、义务如何确定，农民的权益如何保障，利益如何分配，风险如何分担等重要问题，都没有明确的法律规定。在诸多土地流转方式中，土地信托这种高效的、新颖的土地流转方式虽然已经在全国范围内很多地方得到应用，但关于土地信托制度的立法几乎没有，法律对土地信托并没有给予明确的规定，这给土地承包经营权流转的创新造成了法律障碍。我国农村土地信托处于发展初期，急需政府出台具体规定对农村土地信托的各项事宜作出明确规定，也为土地信托业经营提供准确的依据和切实的保障，使其稳步、健康、有序发展。

（二）原有《信托法》缺乏实际操作性

《信托法》第十条规定："设立信托，对于信托财产，有关法律、行政法规规定应当办理登记手续的，应当依法办理信托登记。未依照前款规定办理信托登记的，应当补办登记手续；不补办的，该信托不产生效力。"但实际操作中，该条规定是针对信托登记制度的唯一的原则性规定，该规定也只是针对信托登记制度本身的必要性方面，对具体的登记机关、登记范围、登记注意事项等问题都没有明确规定，缺乏实际操作性。目前为止，我国并没有真正的土地信托登记制度，信托财产也仅仅是根据设立信托时的信托契约合同进行转移，这就导致土地信托财产不能有效、合法地转移给受托人，土地信托登记的合法性受到质疑，同时也给土地的管理工作造成了障碍。

（三）原有《物权法》规定范围有待扩展

2007年《物权法》的实施标志着农村土地承包经营权流转的大框架正式搭建成型，但其所调整的对象仅限于土地承包经营权的流转，也就是其流转不得改变承包土地的农业用途，对于由农地向集体非农建设用地、国有土地方面的流转未予涉及。《物权法》将承包经营权归为物权规范，赋予土地承包经营权以物权性质的救济手段，保护农村土地承包经营权人的合法权益，但对于以其他方式取得的荒山、荒沟、荒丘、荒滩等承包经营权性质没有界定。

（四）原有《农村土地承包法》未规定承包经营权的物权性等

1. 未明确界定土地承包经营权的抵押权

一直以来，土地承包经营权流转方式中最具争议的方式就是抵押。土地承包经营权的抵押是将土地承包经营权作为抵押标的，当债务到期时，如若土地承包经营权的抵押方未能按时履约责任，债权方就可以依法对土地承包经营权进行拍卖、变卖、折价以获得应有的权益，此时土地承包经营权实现流转。因此，抵押也可以作为一种土地承包经营权流转方式法定存在。但目前法律只肯定了对通过招标、拍卖、公开协商等方式取得"四荒"土地的承包经营权才可以抵押。对于耕地的承包经营权是否能抵押，法律却未置可否，只是停留在强调承包经营权的排他性，如《农村土地承包法》第二十九条规定："承包期内，承包方可以自愿将承包地交回发包方。承包方自愿交回承包地的，应当提前半年以书面形式通知发包方。承包方在承包期内交回承包地的，在承包期内不得再要求承包土地。"承认对承包经营权的转让进一步放宽限制，如《农村土地承包法》第三十二条规定："通过家庭承包取得的土地承包经营权可以依法采取转包、出租、互换、转让或者其他方式流转。"以及规定通过登记使承包经营权具有一定的效力等方面，而对于作为物权的最重要的特征之一——抵押权却始终没有规定。

这种法律建构模式显然否认了土地承包经营权主体的理性，违背了农户的利益。这是因为：（1）农户作为理性的经济人，当生产资料不足以支撑其农业生产时，农户需要将土地承包经营权进行抵押融资；当其家庭出现疾病等紧急情况，农户也需要将土地承包经营权进行抵押以解决当务之急。（2）这与土地承包经营权的本意是相违背的，土地承包经营权是一种用益物权，只有通过流通，才能实现其财产性权利，但我国法律限制农户进行土地承包经营权抵押，这样其财产价值就无法正常发挥。现阶段，农民手中的能够获得财产效益的财产权并不多，当农户有贷款或者融资需求时，如果不允许土地承包经营权抵押，农民的筹资渠道就会被阻断，就无法进行扩大再生产，或许他们还会寻求别的流转方式，比如转让，这样才会真正使农民丧失土地承包经营权。

但土地承包经营权作为一种财产性权利，理应有抵押融资从而维持经营活动的权利，因此，目前的承包经营权仍然不能称为典型的物权，这不利于土地流转市场的培育机制。

2. 承包者没有买卖承包地的权利

《农村土地承包法》第一章第四条明确规定："国家依法保护农村土地承包关系的长期稳定。农村土地承包后，土地的所有权性质不变。承包地不得买卖。"农民无权出售承包地，即使农民努力成为市民也必须以放弃承包地为代价，这无疑增加了农民的进城成本，不利于城镇化推进。

3. 限制转让权的完整性

《农村土地承包法》第三十三条规定："受让方须有农业经营能力"、"在同等条件下，本集体经济组织成员享有优先权"等。首先，这些限制性条款限制了转让权的完整性，土地承包经营权受托人的范围受到很大限制，这种因承包而造就的界限阻碍了外来资金、管理经验、现代科学技术等的引入及农地规模化经营，无法形成有效的土地流转市场，从而不利于以信托等方式流转土地的推行，对农业经济的发展及农业产业化也会造成一定的障碍，而且通过这样的制度进一步将农民捆绑在土地上，这与我国当前大力发展城市化及农业现代化的背景是背道而驰的。其次，条款中"须有农业经营能力"的认定问题也未作具体说明，存在一定的分歧，也是造成法律纠纷的一个诱因。同时，在土地流转实践的过程中，包括信托流转方式在内，拥有丰富的生产要素的个人或组织，即使没有农业经营能力，也可以将土地流转到自己手中，继而再次流转给第三方，这样也可以推动土地流转，提高农业效益。因此，若规定土地流转的受让方必须有农业经营能力，就会把那些拥有丰富生产要素，比如资本、技术等，并有土地受让需求的个人或组织排除在土地流转体系之外，这同样不利于土地承包经营权的流转。最后，现有法律条款无法限制那些具有农业经营能力，但利用自身掌握的丰富的生产要素进行投机炒卖土地承包经营权的行为。综上所述，对土地承包经营权受让方的具有农业经营能力的限制不利于土地流转，再加上对具有农业经营能力并没有说服力的界定标准，因此可以取消土地流转的受让方必须具有农业经营能力的限制。

4. 其他缺陷

《农村土地承包法》没有涉及土地流转纠纷、土地抛荒等问题的条文，这不利于土地流转行为的规范和土地资源的合理利用。《农村土地承包法》规定耕地承包期限为30年，但同时经过一定的程序可以进行调整，而调整的事由缺乏法定化。这就有可能导致农民的土地权益受到侵害。

（五）法律对土地承包经营权流转的规定莫衷一是

1. 法律对土地承包经营权法律性质的界定不一致

在对农村土地承包经营权法律性质的界定上，虽然现行法律都未作出明确的界定，但是各部法律都有各自的认定倾向。从《农业法》第十三条规定"在承包期内，经发包方同意，承包方可以转包所承包的土地、山岭、草原、荒地、滩涂、水面，也可以将农业承包合同的权利和义务转让给第三者"可以看出，《农业法》将土地承包经营权视为一种债权。而从《农村土地承包法》第三十七条规定："土地承包经营权采取转包、出租、互换、转让或者其他方式流转，当事人双方应当签订书面合同。采取转让方式流转的，应当经发包方同意；采取转包、出租、互换或者其他方式流转的，应当报发包方备案"可以看出，《农村土地承包法》规定了土地承包经营权流转不完全的物权性。《物权法》将土地承包经营权纳入第三编用益物权编之首并单独成一章（见附录），可见《物权法》规定了土地承包经营权的完全物权性。我国现行法律规范在界定土地承包经营权法律性质时存在矛盾，这对保障和促进土地承包经营权流转是不利的。

2. 法律对土地承包经营权的流转主体的规定不一致

农村土地承包经营权的流转主体是土地承包经营权流转合同的签订者和实施者，只有明确了流转主体，才能明确与土地承包经营权流转相关的权益归属，才能确定法律保护的适格对象，才能设计具体的保护方法。然而根据我国现行法律，对土地承包经营权的享有主体的规定也是莫衷一是。例如，《土地管理法》将土地承包经营权主体规定为本集体经济组织的成员、本集体经济组织以外的单位或者个人；《土地承包法》将其规定为集体经济组织内的农户以及集体经济组织以外的单位或个人。这种法律上对主体规定的不统一，必然会造成理解上的分歧，对适用法律也极为不利。土地承包经营权流转的主体应该包括土地承包经营权的出让方以及土地承包经营权的受让方。土地承包经营权的出让方应该是农村集体经济组织的承包户，对于"四荒"土地的承包经营权，由于《物权法》对其作了特殊规定，其出让方不受农村集体经济组织的承包户的限制。由此可见，除"四荒"土地外，土地承包经营权流转的出让方必须是农村集体经济组织的承包户，这就对出让方的主体资格进行了严格地限制。土地承包经营权流转的受让方，就其主体范围而言，并没有受到很大的限制，可以是农村集体经济组织内的承包户，或是农村经济组织以外的获得允许的单位、组织和个人。这种看似不受限制的范围，实际上却受到流转程序的极大限制。《土地管理法》规定：在土地承包经营期限内，对个别承包经营者之间承包的土地进行适当调整的，必须经村民会议三分之二以上成员或者三分之二以上村民代表的同意，并报乡（镇）人民政府和县级人民政府农业行政主管部门批准。农民集体所有的土地由本集体经济组织以外的单位或者个人承包经营的，必须经村民会议三分之二以上成员或者三分之二以上村民代表的同意，并报乡（镇）人民政府批准。这种程序规定，使土地承包经营权合法流转面临着巨大的困难。土地承包经营权流转的受让主体也不应该限定的过于严格，因为如果限制的范围过于狭窄，那么假设在限制范围内没有受让方，那岂不是这种流转最后只能落空，而产生了土地资源的闲置浪费的结果，流转的这种封闭性和内部性也使得农地资源不能得到有效配置，而且，在这种范围限制内的转让，是不能真正反映市场经济规律的，更不利于农地所有者的利益的实现。所以，在农村发生的大量的土地承包经营权流转的实例表明，我国现行的有关土地承包经营权流转的法律规范已不能适应客观现实，必须对其进行重新的定位和修改，才能满足现实的需要。

土地信托是一个全新的制度，适用起来更加不便。再加上各地情况不同，采取的措施也五花八门，导致土地信托在实际操作中无章可循，各方权责不明，发生纠纷无法可依。这在很大程度上阻碍了农村土地流转，在这些问题未明确规定之前，这是所有土地流转方式所面临的共同问题，土地信托流转同样遭受桎梏，要使信托机制发挥优势作用，需从制定新法律与修改原有法律两方面进行规范，从而建立完善的土地信托法律环境。

五、信托法律的调整与完善思路

现代社会发展的一个重要特征，就是社会的法制化进程加快。法律、政策的完善程度对一个地区的经济社会发展具有非常重大的保障功能。农地流转的交易成本中，必须考虑法律政策的影响。完善的法律制度能够为农民土地流转提供有力保障，可以有效降低农户的交易成本和风险。同时各种与农地承包经营权流转相关的政策也非常重要，这些政策也是农地流转的重要环境。连续性的稳定性较高的、真正注重农户切身利益的政策会有效鼓励和促进农地的流转。在经济较发达地区，特别是沿海一带的广东、江苏、浙江、福建等经济发达地区，农地流转的法律、政策层面的限制相对较少，各种法律、政策所导致的低效率明显较少。发达地区农地流转所面临的主要困难是农地的产权的模糊，制度的不完善。所以，发达地区农户农地流转的交易费用相对较少，农民参与农地经营权流转的积极性也较高，这些都有利于推动该地区农地经营权的健康流转。

（一）制定土地信托法律

面对新的农村实践——土地信托，为解决我国开展农村土地信托试点过程中缺乏法律依据的尴尬局面，需要立法来明确信托的流转方式，并制定有关规范各种土地信托经营业务的政策法规及实施细则，特别是关于土地投资信托基金如何具体运作、土地信托红利确定的依据、土地信托经营业务的税费制度、土地信托产权的流转补偿与变更登记、信托财产的归属问题等。

1. 制定土地信托条例

由于我国开展农村土地信托试点时间不长，经验相对有限，在条件尚不成熟、经验相对有限的情况下，可尝试以条例的形式立法，并以此作为土地信托立法的重要基础，逐渐形成一个体系完善、内容明确的土地信托法律体系，为目前我国开展的土地信托试点提供法律保障。

2. 建立农民信托收益保障法律制度

虽然国家颁布实施的法律制度、法律规范为农村土地承包经营权流转行为提供了可能的行为模式，是涉及参与流转主体各方权利、义务和流转行为的私法效果等内容的具有基础性的法律规范。但是我国广大农村土地承包经营权流转实践却表明，现行的专门的或者是与农村土地承包经营权流转相关的法律制度、规范严重滞后于农村土地经营权流转的实践，因此，对农村土地流转的促进和管理作用比较有限。从某种程度上来讲，出现这些尴尬主要是因为，国家出台的相关法律制度没有能够解决制约农村土地经营权流转的最根本的问题——土地经营权流转中的利益分配问题，因此应建立农民信托收益保障方面的法律制度。

土地信托各方应在信托合同中约定收益分配方法：农民将土地信托后获得基础收益以及随经营者效益增长而增长的超额收益；为了保障农业经营者经营失败，或抽资逃走后农民利益能够获得及时补偿，可通过建立农业经营者诚信担保基金等办法加以解决；确认受益权凭证属于有价证券；建立信托受益权发行制度，赋予信托公司合格发行人身份，指定流转制度标准，明确核准机构等。这样农民就会打消收益得不到保障的顾虑。

3. 建立信托风险分担机制

政府可在产业发展项目资金中安排一定的经费，农业经营者交纳适当的保证金，农户交纳少量的经费，共同组成土地流转信托风险基金，交由专门机构管理并接受政府的监督。当农地租赁者经营失败丧失支付能力时，风险基金优先用于赔付农民的收益损失。在公司化经营失败时，一部分风险基金用于赔付农民的损失，另一部分替换土地承包权入股所占的份额，作为破产财产用于公司破产的清算，以解决土地承包权不能纳入破产财产的难题。

（二）修订《信托法》

首先，我国信托法应对信托登记制度的规定具体化，明确具体的信托登记机关、登记范围，制定合理的信托登记程序。其中，登记机关可为县级以上地方人民政府，这是因为《农村土地承包法》第三十八条规定："土地承包经营权采取互换、转让方式流转，当事人要求登记的，应当向县级以上地方人民政府申请登记。"可知，转让土地承包经营权的可向县级以上人民政府申请登记，因此本研究认为在土地流转信托中，土地承包经营权作为信托财产交移给信托机构时的登记机关仍然可以是县级以上人民政府。登记范围可从土地信托当事人的姓名，信托土地的名称、面积、质量，信托期限等方面来登记，同时将土地信托合同以附件形式到登记机构备案。其次，要明确规定土地信托登记制度是信托成立的必要条件之一。最后，在《信托法》中应根据不同的信托模式，对不同的信托财产规定相关的登记程序，增加信托登记制度的可操作性。

（三）修订《农村土地承包法》

随着农业现代化的推进及市场经济的发展，原有的家庭联产承包责任制已不能释放更多的红利，农村土地开始出现自发流转，但实践证明，自发的、低级的土地流转方式也存在许多弊端，新型的土地流转方式，如土地信托，正在改变原有土地经营方式，《农村土地承包法》亟须进行修订，以便对新型的土地流转方式进行规范和引导。

1. 明确信托是土地流转的法定形式

农村土地承包经营权信托作为一种新型的、高效的土地流转方式正在逐步实施，应将信托方式列入《农村土地承包法》中土地流转的法定形式。虽然目前的《农村土地承包法》对土地流转方式采取的"其他流转方式"的规定为土地信托提供了法律可行性，但若明确了土地信托为法定的土地流转方式，将有利于土地信托的广泛推广与实施，也会增加农户、农业经营主体及信托公司等土地信托当事人进行土地信托的信心和安全感。

2. 将登记作为土地信托的必要条件

《农村土地承包法》第三十八条规定："土地承包经营权采取互换、转让方式流转，当事人要求登记的，应当向县级以上地方人民政府申请登记，不得对抗善意第三人。"由此可知，采取转让方式进行土地流转的向县级以上人民政府申请登记这一规定并不是强制性的，而是根据当事人的要求决定是否登记，具有很大的随意性和不确定性。但在土地信托中，一方面，作为信托委托人的农户的法律意识比较薄弱，一旦信托机构出现道德风险、操作风险等，就有可能否认土地承包经营权信托这一事实的存在，农民的合法利益将会受到损害；另一方面，如果未将土地信托进行登记，信托机构通过合同的形式取得的土地承包经营权不能对抗善意第三人，信托机构的合法权益也会受到损害。因此，应在《农村土地承包法》中将土地流转登记规定为流转成立的必要条件之一，既满足信托财产的登记要求，也保护了当事人的合法权益，避免不必要的法律纠纷。这也与前面关于《信托法》的修订建议相呼应，更能确保土地信托登记制度的真正落实。

（1）修改原有规定，放宽限制

土地承包经营权作为一种物权，其主体应该有完整的、充分的财产支配权，因此，《农村土地承包法》有必要对土地承包经营权流转作出更灵活的规定，赋予承包者更完整、更自由的转让权。比如在特定条件下承包权可以出售；以家庭联产承包方式获得的土地承包经营权可以抵押；取消对承包经营权流转的范围限制等。

（2）增加解决土地流转纠纷等条文

应制定解决土地流转纠纷的具体条文，将土地抛荒现象上升到法律层面，对抛荒主体进行惩罚，从而避免土地既不流转也不利用行为的发生。

（3）具体规定土地调整的"特殊情形"

对允许土地调整的"特殊情形"应作出更具体的规定。可以采取类似《农村土地承包法实施条例》的形式，或者在地方性法规中作更详细的规定。

（4）尽量保持与其他法律的协调性

此外，努力保持《农村土地承包法》与其他法律如《村民自治法》等的相互协调，也是完善该法的一个重要方面。

（四）进一步规范土地流转管理条例和实施细则

土地流转过程中涉及的问题繁琐庞杂，单靠中央颁布的《农村土地承包法》等法律文件难以涵盖土地流转关系和行为的全部，这就要求各级地方立法机构根据本市（县）的实际情况，制定土地流转的具体实施细则及操作程序。如对农地流转合同的管理，程序上应包括：统一制作规范的流转合同文本，严格约定流转期限、土地用途、价款支付方式等内容，由土地流转服务机构指导合同签订，进行鉴证、归档管理，督促合同履约等。

我们期望通过此部分对农村土地承包经营权信托法律制度的完善与相关法律的修订建议，对推进农村土地承包经营权信托这一流转方式的完善、推广及发展提供理论参考。

第四节　土地信托的助推条件：农业保险机制的嵌入

一、农业保险相关理论

（一）马克思理论对农业保险的定性分析

马克思曾指出："在不变资本的再生产过程中，从物质方面看，总是处于各种使他遭到损失的意外和危险中，因此，利润的一部分，即剩余价值的一部分，必须充当社会保障基金。"他认为，社会保险基金是对社会总产品的一种扣除，而且是一种必要的扣除。农业生产的整个过程都暴露在一些自然灾害、社会风险中，从这个意义上讲，应当从农业的产值中抽取一部分资金来充当农业生产保障基金，即农业保险就是对农业总产品的一种必要扣除，农业保险费或者农业保险基金来源于农业总产值。

（二）西方经济学对农业保险的理论分析

农业保险作为农户购买的一种商品，该商品赋予农户一种权利，即将农业生产过程中由于灾害事故造成的农业财产的损失转嫁给商品的销售方。农业保险虽然是一种无形的商品，但该商品也存在自己的供求曲线。一般情况下，供求曲线的交点决定了农业保险产品的均衡价格和均衡数量。但农业保险产品的供求存在着特殊性。国内外农业保险发展的实践表明，现实中的农业保险需求曲线和供给曲线无法相交。如图 2－1 所示，农业保险的需求曲线 D 位置较低，而供给曲线 S 位置较高，在完全竞争市场上无法相交。农业保险市场出现失灵，只有在政府对投保农户或农业保险经营主体进行补贴后，农业保险的需求曲线上移或农业保险供给曲线下移，供求曲线才能相交，进而决定均衡的价格和产量，即图中的 E 点。

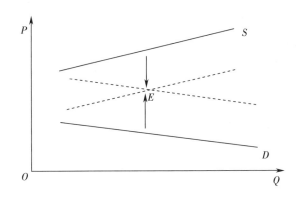

图 2－1　农业保险的供求曲线

农业保险的需求：农户作为农业保险这一商品的需求方，是因为农业保险可以满足其对农业生产风险管理的需要。农户通过事先一定数额的支付，获取农业保险这种商品——以农业保险保单的形式表现出来。在发生约定的风险事故并造成损失时，可以得到保单出售方的损失补偿。从这个意义上讲，农业保险满足商品交易中的"等价交换原则"，农业保险作为一种商品，购买方可以获得其效用。

农业保险的供给：农业保险的供给方为市场供应农业保险这一产品。农业保险也存在其成本和价格。农业保险公司依据农业风险类型、暴露程度、发生频率等因素，运用大数法则，确定农业保险的经营成本——纯费率，再加上农业保险公司在展业、核保、定损、理赔等环节中的各项费用，即附加费率，两者之和即为农业保险的供给价格。商业性农业保险公司遵循成本—收益的原则，只有在合适的价格水平上，才会对市场提供足够的供给。

（三）风险管理功能角度对农业保险的理解

一般来说，根据风险造成损失的大小及关联程度，农业风险可以分为独立风险、系统风险和巨灾风险三种。农业风险管理体系针对不同类型的风险设计不同的管理手段。农业保险就是针对那些"独立风险"，即那些满足"独立的随机事件"基本要求的风险。对系统性风险及巨灾风险，在农业保险的基础之上，可以借助政府和资本市场的力量，由政府兜底或将系统性风险分散至资本市场。

农业保险作为农业综合风险管理体系的组成部分，是指农业生产者以支付特定数额的保险费为代价，把农业生产过程中由于灾害事故造成的农业财产损失转嫁给保险人的一种制度安排。农业保险实质上是将单个农户的灾害转移给众多参保农户承担，农业保险的保险人先是从投保农户那里汇集风险，再将风险在所有参保农户之间进行分散。农业保险的分散风险、经济补偿的功能，使得农户有意愿参保农业保险。

二、农业保险与土地信托文献综述

国内学者对农业保险的研究较多，但对农业保险与土地流转或者土地信托的关系研究甚少。

（一）农业保险相关文献综述

国外农业保险市场的发展较为成熟，对农业保险的研究一般集中于农业保险的需求、农业保险的供给、政府补贴对购买行为的影响、道德风险等方面，而国内农业保险市场起步比较晚，发展缓慢，对农业保险的研究一般集中于对农业保险的定性研究、功能研究、发展模式研究等基础面。

定性研究方面，郭晓航（1986）较早就提出农业保险应该属于政策性保险，国家应给予农业保险适当程度的政策支持。冯文丽（2004）从福利经济学的角度对农业保险进行了研究，她认为农业保险作为一种具有生产正外部性和消费正外部性的准公共物品，会导致农业保险市场的失灵；农业保险可以分散农业生产经营过程中的风险，提高农民收入水平的稳定性和农业产量，进而降低农产品价格。从整个社会的福利的角度来看，农业保险的实施有利于整个社会福利水平的提高，因此政府应该对农业保险给予补贴。王成丽（2009）运用福利经济学理论分析了政府补贴对农户和保险公司福利的影响，指出与没有供给限制相比，在农业保险供给有最低参保率限制的条件下，政府对农业保险提供补贴能够促进潜在需求的实现，有助于保险公司农业保险业务的开展，从而增加农户的福利。因此，政府为农业保险提供财政补贴具有很大的现实必要性。

农业保险功能研究方面，谢家智（2006）认为农业保险具有的功能表现是人们对农业保险产生需求的基石。张宇簿（2006）对农业保险的功能定位进行了总结，认为目前对农业保险的功能定位主要有三种：第一种观点认为农业保险是国家进行农业风险管理的重要手段；第二种观点认为农业保险是一种收入再分配方式；第三种观点认为农业保险是一种社会管理方式。

农业保险发展模式研究方面，龙文军（2002）对国外农业保险的发展模式进行了总结，归纳为以下几种：一是政府主导的政策性农业保险模式；二是政府主导的社会保障性模式；三是西欧的政策优惠模式；四是日本的民间非营利团体经营、政府补贴和再保险扶持模式；五是国家重点选择性扶持模式。中国保险监督管理委员会（2004）提出五种组织形式：由地方政府签订协议，由商业保险公司代办；在农业保险经营较好的地区设立专业性农业保险公司；设立农业相互保险公司；在地方财力允许的情况下，可以尝试设立由地方财政兜底的政策性农业保险公司；引进具有先进技术和管理经验的外资或合资保险公司。王和、皮立波（2004）认为，我国农业保险应实施"三阶段性"的推进战略：农业保险的发展初期可采用商业代理的方式，接着过渡到国家政策扶持阶段，最终实现商业化经营。

（二）农业保险与土地流转关系相关文献

江日初（2004）从农业在我国的地位出发，指出农业在我国一直有着举足轻重的地位，农业现代化、产业化的推进有着重大意义，国家也从制度方面进行改革，积极引导建立高效的新型的土地使用权流转制度，但农业是高风险行业，土地流转信托等高级流转方式推进的同时需要农业保险等配套服务体系来保证土地信托的顺利实施。樊增强、张迎涛（2011）认为健全的农业保制度能够促进土地的高效流转，并进而对农业保险的发展路径进行研究，提出了一系列可行的建议推进农业保险的进程。房健（2013）论述农村土地流转制度的变革对农业保险的影响，他认为土地流转为农业保险的发展提供了条件。

三、农业风险制约土地信托的推进

我国是一个自然灾害频发的国家，因旱灾、水灾、虫灾、台风及滑坡泥石流等地质灾害带来的损失巨大，每年都有 0.4 亿～0.5 亿公顷农作物受灾，占总播种面积的1/3，农业生产风险暴露水平居高不下，给正常的农业生产经营带来极大的不便。综合来看，在农业现代化推进的过程中，面临着自然风险、市场风险、技术风险、管理风险、决策风险、道德风险等多种风险。其中，自然风险和市场风险相互交织的高风险是农业生产面临的主要风险。集约化、规模化、产业化的农业类型是现代农业发展的方向。大量化学肥料的投入、农业生产机械程度的不断提高、现代生物技术在农业生产中的运用，提高了农业生产的成本。农业生产的规模化、产业化趋势，增大了农业生产的市场风险，农户预期收益的波动性增大。农产品生产具有空间布局的广泛性、时间分布的集中性以及市场信号影响的滞后性，农产品价格总是呈周期性波动，再加上农业生产周期长，农业生产受自然规律的支配，资本回报周期长等，更加剧了农业生产的市场风险。此外，道德风险也是农业生产不容忽视的风险。由于政府缺乏对项目业主的必要约束力，当出现大的自然灾害或者项目业主经营不善情况时，会出现项目业主因亏损而付不起农民土地租金的现象，情况严重时易引发群众不满甚至上访，造成社会不稳定因素。

农业生产的高风险性使得各方当事人不敢涉足土地信托，农户既担心经营主体道德低下，不能按时给付租金；也担心经营主体技术、决策等方面的缺失造成土地经营不善，超额收益得不到保障。而经营主体则担心由于天气、市场等因素，造成农业产值下降，甚至颗粒无收的风险。农业风险则对信托机构的风险防范、管理能力、资金运用、经营主体的选择等各方面提出了更加严峻的挑战。其中，保险机构对农业风险的担心最大，使其不敢贸然涉足土地信托，这就降低了其对农业保险产品的供给。对农业保险而言，保险供给具有相当的特殊性和复杂性，长期来看，农业保险的供给水平取决于农业保险市场的完善程度。在除农业保险的其他财产险领域，各家保险公司都积极布局业务，竞争激烈。与此截然不同的是，农业保险市场一片冷清。供给主体方面，2007 年我国农业保险市场上只有9家公司，2010年这一数量变为21家，截至2012年4月，经营农业保险业务的保险公司只有22家，保险公司没有足够的利益驱动力进入农业保险市场领域，农业保险供给主体极为有限。供给的险种类别方面，从最多时的近百种下降到目前的三十余种。具体有以下原因：

首先，国家补贴力度不足是重要原因。（1）财政补贴覆盖的品种较少。我国从2007年开始推行由中央财政支持、补贴政策性农业保险的试点，初期确立了对玉米、水稻、小麦、棉花、大豆和能繁母猪6个品种的财政补贴，此后又陆续开展了对育肥猪保险、森林保险等险种的补贴。2013年财政部发文，要求进一步增加保费补贴品种，将糖料作物纳入中央财政农业保险保费补贴范围。截至2013年我国财政补贴政策性农业保险的试点品种将涵盖水稻、玉米、小麦、油料作物、棉花、马铃薯、青稞、天然橡胶、森林、能繁母猪、奶牛、育肥猪、牦牛、藏系羊、糖料作物15个品种。虽然我国农业保险的补贴品种在逐年增加，但是与国外发达国家农业保险补贴的品种数量相比差距甚远，尤其是对大部分经济作物尤其是特色农业经济作物没有提供补贴，且种植业保险品种中仅涉及粮食、蔬菜等，养殖业保险品种主要为奶牛保险和能繁母猪保险，对禽畜类保险的补贴还未实施。（2）保费补贴比例偏低。对农业保险保费进行补贴已经是世界各国通行的做法，美国是这方面的代表。在美国，联邦政府除了承担联邦农作物保险公司的运营管理及农作物保险推广和宣传费用外，还对代政府承办农业保险的商业性保险公司提供20%～25%的业务费用补贴。保费补贴方面，其比例根据险种进行调整，以2000年的数据分析，其平均补贴额为纯保费的53%，巨灾保险补贴全部保费，多种风险农作物保险、收入保险补贴40%的保费。各地对农业保险的保费补贴都采取了比例补贴方式，并且根据参保作物或牲畜对国民经济和人民生活的影响程度确定了不同的补贴比例。对于关系国计民生的农产品（水稻、小麦、生猪等）补贴比例较高，一般达到50%。与美国等发达国家相比，我国农业保险保费补贴的比例较低。（3）缺乏对经营管理费用及再保险的补贴。我国目前尚未对保险机构的经营管理费用进行补贴，加上农业的高风险性以及高费用率，使承保农业保险的保险机构遇到了极大的困难，经营普遍亏损。农业保险的简单赔付率基本平均保持在78%以上，再加上附加费用，综合赔付率居高不下，农业保险的经营亏损严重，只能靠其他商业保险险种的盈利弥补，极大地挫伤了保险机构承办农业保险的积极性。而在发达国家，政府大都对农业保险公司的运营经费给予50%～100%的补贴，以避免保险公司将运营经费间接转嫁到农户身上。

目前我国是由中国再保险公司经营农业保险再保险业务，但政府没有给予再保险业务任何补贴政策，使得分保费率偏高，分保条件苛刻，经营农业保险的机构承担风险大并且经营成本高，承办农业保险的积极性不高，抑制了农业保险范围的扩大。

其次，逆向选择和道德风险问题。农作物种植分散且生产周期较长、农户信用意识淡薄等，使得农业保险领域信息不对称问题极为严重。目前，农业保险供给主体并没有很好的办法来缓解这一问题。在潜在收益较小而潜在风险极大的情况下，绝大多数商业性保险公司选择不去涉足亏损严重的农业保险业务，从而造成了农业保险市场供给主体的严重不足。

最后，技术障碍。一些特殊的技术障碍，增加了农业保险展业的难度。农业保险责任的确定和保险费率的厘定都比较困难。一方面，农业保险的风险单位和保险单位不一致，而且风险单位往往很大。不同的风险单位一般也不重合，常常会有多种农业风险同时或相继发生，各地的农业实践又存在很大的差异，无论是单一风险保险还是一切险保险，其保险责任都难以确定。另一方面，农业灾害损失在年际间差异大，纯费率要以长期平均损失率为基础，但有关农作物和家禽生产的原始记录和统计资料极不完整，就这给农业保险费率的精确厘定带来了特殊的困难。此外，发生损失后的定损理赔难度较大。农业保险的标的都是有生命的动植物，标的的价格处于不断的变化中。赔款一般应以灾害发生时的价值计算，而这时农作物或者畜禽还处于生长中，要正确估测损失程度很困难。

四、农业保险的嵌入为土地信托保驾护航

农村土地流转制度的变革，将促使农业生产向规模化、集约化的方向发展，这就为农业保险的发展创造了条件。国外农业保险的实践表明，规模化、集约化、片区化的土地耕作方式对农业保险有着更大的需求。规模化经营主体投入资金量更大、预期收益增加、投保能力增强，同时期望损失及损失的变动程度也在加大，这些因素共同决定着对农业保险的需求。

（一）土地信托需要农业保险

农业是一国的基础产业，并同其他产业一样不断地向高级化方向发展，农业的产业化经营体现了这种发展方向，并已被发达国家的社会实践所证明，也是我国继农村家庭联产承包责任制、乡镇企业大发展之后的第三次农业改革的必经之路。在适度规模经营的土地上，进行集约化经营，是我国农业现代化的

一个基本格局。党中央和国务院多次提出，要在稳定家庭联产承包责任制的基础上，适度加快土地制度改革，推进规模经营。中办发［1997］16 号文件更明确地要求各地，在不改变农户承包经营的基础上，依据自愿、有偿、依法的原则，建立科学有效的土地使用权流转制度。目前，土地流转制度改革正在我国农村全面推行，不少投资者以几十万元、上百万元的资金，大面积成片承包租种土地。这既可在一定程度上缓解因农民外出打工而出现的土地抛荒现象，也可以实现规模经营，提高农业效益，也可以说，这是农业产业化的蹒跚起步。但可以断言，如果没有国家政策的大力扶持，完全依靠个体投资者承担各种风险，其效果可想而知。因此，建立农业政策保险，分散这些开拓者的投资风险，并以此为依托，完善农业服务体系，是深化农业改革，推进农业产业化发展的迫切需要。

（二）农业保险为土地信托提供金融支持

农业保险的风险分散转移机制是使投保人（即农业经营主体）将自己所遭遇的农业风险损失转嫁给保险人（即开办农业保险业务的保险公司），以此减少农业风险的不确定性，减轻甚至免除风险灾害所带来的损失，对农业经济的稳定、农民生活的安定甚至整个国家的粮食安全起到重要的保障作用。具体来说，农业保险可以为各个土地信托主体提供贷款损失保险等多个险种，防范农村土地流转中可能出现的风险。作为保险市场中的一个业务分支，农业保险机构利用大数原理为土地流转中的各个主体提供风险分担机制，其支持农村土地流转主体的路径主要有以下两个。

首先，为农业经营主体提供粮棉作物种植保险等险种来分散其自然风险，结合农业订单，为农业经营主体提供责任保险、信用保险等险种分散其市场风险，并且进一步推出例如收入保险、产量保险、成本保险等更加多元化的保险产品；其次，为经营土地流转相关业务的农村金融机构提供相应的贷款损失保险，制定相应的风险分担机制。但是，农业产业低收益、高风险的特征使得在保险机构中建立全面的农业保险体系困难重重，开展农业保险业务的保险机构较低的保费收入很难填补其运作成本，较高的保费率使得农业经营主体的参保积极性受到抑制。土地使用权抵押贷款的保险费用可由国家财政、贷款银行和贷款主体共同承担。当条件成熟的时候，应该打通政策性农业保险和政策性银行的融资通道，组建全国农业政策性保险公司，吸纳商业性保险公司、中央财政及各地方政府和银行等的社会资金入股，为农村土地流转中的各主体提供保险服务，帮助降低其运营成本。

五、建立农业保险机制

农业保险的健康高效发展能有效推动农村土地流转信托。在农村土地信托制度下，要完善农业保险范围和发展路径，提高农业保险效率，必须进行发展模式和服务等创新。通过对相关领域的研究，我们认为应建立以政策性保险为主、商业保险为辅的农业保险体系，同时建立农业保险基金，并增加农业保险覆盖面，鼓励土地信托各主体积极参与多层次的农业保险机制。

（一）建立以政策性保险为主、商业保险为辅的农业保险体系

由于农业生产的稳定与否关系到国计民生等重大问题，结合我国的现实情况，应建立对农业生产实施以政策性保险为主，商业性保险为辅的保险体系。政策性保险业务必须由专门的保险机构来管理，因此有必要成立政策性农业保险公司，其主要目的首先是要把有限的财力集中用到关系国计民生的农产品生产的保护上，其次是保护经营组织、农业生产经营大户和专业户，以达到重点保护，稳定农业生产，保护已有的产业化组织稳定、健康、持续发展。政策性农业保险公司应该由国家财政和地方财政共同扶持组建，中央财政和地方财政共同负担所有费用的 60% 以上，具体比例根据现实情况而定，体现政策的扶持性。而另一部分采用有偿性保险办法。具体可分为两个层次：第一层次是一般性有偿保险，即每个农户都可自愿参保。保险公司根据每个农户受灾损失比例支付的平均赔付率不超过 30% 为限，保证一般农户的基本生活和恢复简单生产。第二层次是追加有偿保险。这是针对有一定经营规模的农户为了获得更高的保障水平，而购买的追加保险。政策性农业保险要作为一个独立的经营险种，单独立账，单独核算，并且结余留存，以备大灾之年用，政策性农业保险公司在管理和运作方式上，都与商业保险相同。

在以政策性保险为主的农业保险体系中，还应该考虑商业性保险，商业保险公司按照商业性原则来严格选择和设计险种，以经济价值高、事故发生机会少但损失强度大的标的作为商业保险承保对象，同时对一些经济价值较低的险种辅以政策性的补贴，补贴由地方政府提供。补贴应由固定的和实际情况决定，补贴与农民所交保费之和以及预期赔付额与管理费之和相平衡。

（二）建立农业保险基金

农业自身的高风险性带来了农地流转时农业抵押贷款的高风险性。为分散金融机构的贷款风险，应该建立起适合农村现状的农业保险基金。由于国家和

省两级政府无法承受巨大的农业保险保费补贴的负担，所以应建立国家和省两级的农业保险基金，除了财政补贴以外，负责支付农业保险机构的超额赔款补贴和农户的保费补贴。通过委托代理或者政府补贴的方式鼓励商业保险机构进入农业保险市场，为农业生产原保险提供再保险支持，此法优点在于既没有违反商业保险的利润最大化原则，也促进了风险分摊，还能通过间接参与的方式避免政府出现寻租现象。

（三）拓展农业保险覆盖面

中国是一个自然灾害频繁的国家，农村大部分地区经济发展水平较低，农民的经济承受能力低并且保险意识淡薄。目前，中国农业保险主要采取商业性保险公司经营的办法，其经营受到商业性保险公司偿付能力和技术力量的制约。又由于保险人与被保险人在农业保险标的信息方面存在着明显的不对称，使逆选择或道德风险发生的可能性增加。与此相适应，中国农业保险以保障投保人在受灾后能恢复简单再生产能力为目的，实行低保障、低保额的方法。农业对自然环境的依赖较大，为了减小农村土地流转中由于自然风险而对流转双方造成的损失，就有必要完善农业保险制度。农业保险是专为从事种植和养殖业的农业生产者在生产过程中，对遭受的自然灾害所造成的经济损失提供保障的一种保险。农业保险不同于农村保险，但又和农村保险相联系。农业保险的保险标的主要包括农作物栽培、造林、畜禽和水产养殖等。农业保险有利于减少自然灾害损失、有利于农村金融服务体系的有机结合、有利于增强农业抵御自然风险的能力，有利于缓解财政负担，在灾害面前稳定农村社会经济。目前，在我国一些农村开办的保险主要有养殖类的养猪、羊、鸡、鸭、牲畜和特种动物保险；种植业类的主要有水稻、小麦、油茶和棉花保险。但是由于农业保险涉及面广，商业性保险公司很难愿意付出大量的人力去开展业务，在大部分农村，农业保险还未铺开。因此，现在应实施政府主导的政策性农业保险，由政府给予保费补贴，按商业保险模式来进行运作，重点开展和农业相关的自然灾害、流行性和爆发性的虫害等相关的保险业务，并把保障"三农"权益，促进农村土地流转作为主要目的。

（四）各主体积极参加保险

按照政府引导、市场运作、农民自愿的原则，鼓励农户、农业专业合作社、龙头企业等经营主体通过共保经营、互保合作等方式参加农业保险，可通过保险公司和各级政府部门采取多种形式扩大对农业保险的宣传，海报、讲座、电视、广播等都是比较好的形式。一方面要让农民了解农业保险的作用、意义,从而来积极参与农业保险。另一方面还要让农民懂得投保、索赔、防灾防损等保险知识,防止农民走向不信任保险和依赖保险的两个极端。同时,加强法制宣传,杜绝道德风险和逆向选择,要让农民知道农业保险并不是乱摊派、乱收费等思想误区。当农业公司等经营主体在经营发展上出现问题,不能及时支付流转费用时,保险公司将会代替农业公司为农户支付流转费等,使参保主体迅速恢复生产,降低农业风险,从而增加经营主体的收入。

第五节　土地信托的保障条件:农民生活保障机制的建立

一、农村社会保障相关文献综述

(一) 失地农民社会保障文献综述

综观我国理论界有关失地农民问题研究,以及国内学者对我国近几年失地农民问题研究的具体情况来看,主要体现在三个基本方面:一是对当前中国失地农民社会保障存在问题进行罗列,二是对失地农民社会保障存在问题的原因进行分析,三是对解决失地农民社会保障问题对策的研究。

国内不少学者对失地农民社会保障存在的问题进行了系统的论述。石琴(2010)把重庆大学城作为一个案例,通过研究发现失地农民社会保障的一系列问题:其一,农民失去土地之后,社会保障的经济基础逐渐缩减直到缺失;其二,失地农民自身对社会保障缺乏必要的信心;其三,失地农民的养老保险以及失业保险没有保障。具体到失地农民的养老保险制度方面,每个地区的养老保险制度都不统一,缴费程度以及缴费比重都不够合理等。

在失地农民社会保障问题出现的原因分析上,不同学者提出了不同的看法。但是总结起来,我们可以分为以下几个方面:其一,失地农民问题产生的总根源。多数学者都认为传统的城乡二元结构是造成失地农民问题的总根源。其二,失地农民问题产生的直接原因是土地征用制度。万朝林(2004)在其文章中认为,当前法律制度的不完善和错位是导致失地农民权益得不到有效保障的重要原因。李一平、朱明芬(2006)认为土地市场存在的垄断性是失地农民权益受到损害的主要原因。周清(2009)在其文章中深入分析了土地产权制度和土地征用制度的弊端，认为土地征用制度存在的缺陷是造成失地农民问题的直接原因。

对解决失地农民社会保障问题对策的研究现状。通过对相关资料的研究和分析，理论界对于失地农民社会保障问题的解决对策主要体现在两个方面：（1）创新当前的土地制度，从制度层面来解决失地农民的社会保障问题。葛永明（2002）从提高失地农民利益补偿层面提出要解决失地农民的社会保障和就业安置问题。钱杭（2004）认为要让农民在土地承包过程中具有完备的产权。党国英（2005）认为在新的发展形势下，要把土地分给农民。（2）从社会保障的角度来提高失地农民的利益。吴次芳、鲍海君（2002）认为，失地农民和城市一般居民的情况是不同的，两者的社会保障不能够也不应该相同，为了保障失地农民的合法权益，应该设立专门的失地农民社会保障基金，优化失地农民的社会保障体系；朱明芬（2003）指出，针对当前工业化背景下农民的土地被征收，政府应该不断建立健全养老保险制度。陈颐（2007）认为，随着城镇化进程的不断加快，农民的土地被征用，应该得到相应的经济补偿，并且应为其经济补偿建立完善的社会保险。

（二）土地流转与农村社会保障制度文献综述

冷崇总（2008）认为农地使用权的流转的重要环节就是削弱土地的社会保障功能。耿永志（2010）主要研究了土地流转参与农村社会保障制度建设问题，分别从土地流转参与社会保障应坚持的主要原则、主要方式及所需条件分析和以"新农保"为例的具体参与模式分析三方面来论证。

二、土地的社会保障价值

土地具有社会保障价值是指以土地作为生存手段对于社会稳定和社会公平所具有的重要价值。以土地作为社会保障手段，是一个经济体在完善的社会保障体系建立之前的普遍现象。从阶段上看，这一现象跨越了从传统农业社会、到前工业社会再到工业化阶段的很长时期。当然，在不同时期，土地作为社会保障替代的重要性和内涵也有所差别。一般规律是随着经济发展水平的提高和社会保障体系的完善，土地的社会保障价值会逐步降低。

科技部 2004 年 6 月至 2005 年 2 月对西部 11 个省份开展的《社会与经济发展监测调查》（即《西部大调查》）发现：68.4% 的失地家庭表示，失地使他们陷入更糟的经济困境，给其生产生活带来巨大影响。因此农地不仅仅承载着我国农业的延续与发展、维持着农民的基本生活，同时还承载着一定的农村社会保障功能。土地的社会保障价值至少体现在失业保险、养老保险和最低生活保障三个方面，派生功能还有养育、子女教育等方面。

首先，土地具有强大的失业保险功能。姚洋（2000）认为我国农村普遍存在的隐性失业之所以没有因为经济周期波动（如2008年国际金融危机）造成社会动荡，一个重要原因就是土地对失业人口的吸纳和保障，因而农地是维护社会稳定的重要因素。

其次，土地具有重要的养老保险功能。在农村养老保险尚未全面建立或完善之前，除了自我储蓄、"养儿防老"（很大程度上也依赖于土地）等手段之外，土地为农民养老提供了基本保障。当然，随着我国养老保险覆盖面的扩大和水平的提高，这一功能可能会相对弱化。

最后，土地作为农民基本生存权的一种保障，还具有最低生活保障的功能。在相当长的一段时期内，以土地为基础的农业收入，是农民收入的重要来源。尽管这种农业收入占比在不断下降，但在一些相对落后地区，它仍是农民收入的主要来源。在城乡收入差距持续扩大的背景下，土地为农民提供了基本的生活来源。

耕地的社会保障价值具有重要意义，有些学者甚至认为，社会保障价值是我国农地价值的最重要组成部分。例如，蔡运龙（2006）研究了东、中、西部三个典型城市的耕地价值，得出的结论是：社会保障价值占耕地资源价值的60%以上。江平教授在《农村土地立法三难题》中指出对于农民而言，土地就是其最大的社会保障，特别是农村的孤寡老人等弱势群体，当他们丧失了劳动能力不能耕种土地时，除了土地流转收入再没有其他收入，在当前农村社会保障体系不健全的情况下尤其突出。

三、土地社会保障功能牵制土地流转

一个地方生产力发展水平的高低决定了土地对农户的收入功能不同。生产力发展水平高的地方，土地对用户的收入功能表现就相对弱；生产力发展水平低的地方，土地对用户的收入功能表现则会相对强。在经济发达地区，农地并不是农民收入的唯一来源，反而是非农收入才是农民的主要经济来源。原因在于经济发达地区的第二、第三产业比较发达，乡镇企业以及其他类型的企业较多，农户通过劳务支出来增加收入水平就有可能实现，当非农收入占农民总收入的比重较高时，土地要素在增加农民收入的贡献中地位就不够突出。农民如果能够从非农产业取得较为稳定的收入且就业难度较低，就会显著削弱土地对

农户的社会保障功能，农户可以不依靠农地就能够获得稳定的收入和可靠的社会保障。这样，该地区农地承包经营权的流转就会活跃。

然而，河南省等农业大省的第二、第三产业不够发达，农户收入仍以农地经营性收入为主。农民的收入水平较低、非农收入比重很低，绝大部分收入来源于农地经营，土地对农户的保障功能较强，农民的保障大多来源于农地，甚至除了农地没有其他收入来源和就业机会，土地甚至是农民的命根子，大家对土地效用的认识差异不大，造成土地流转规模小，速度慢。

对两个不同经济发展水平地区的农民而言，土地的经济功能和保障功能差别是非常明显的：农地的经济功能和保障功能相对较弱的发达地区，有利于该地区农地承包经营权的市场流转，而河南省等农业大省由于其他收入来源的缺乏，农地的经济功能和保障功能非常强，农民对于土地的认知和感情比较深厚，不愿意轻易将土地转让或流转给其他人，从某种程度上抑制了农地承包经营权的流转程度。农业大省的农地承包经营权的流转状况明显落后于发达地区。

四、农村社会保障功能不全制约土地信托

在农村，土地一方面作为生产要素承担着农村经济发展的重任，另一方面，作为农民赖以生存的生活资料，担当着社会保障和失业保障的功能。对于政府来说，土地的社会保障功能很重要，如果政府强制推行土地集中，进行大规模的土地流转经营，必将造成农民失去土地，对社会稳定造成威胁。对于大多数农户来说，土地的社会保障功能也是第一位的，大多数农民还是主要依靠土地收入解决看病、上学、养老等问题，普遍把土地作为最基本的生活保障来对待。

近年来，为了适应农业规模化经营发展趋势，农村土地承包经营权流转制度迅速发展，然而流转的顺利进行需要以健全的社会化服务体系作为载体。土地通过流转，使得很多农民实现了农转非的身份转变。虽然各地都在积极探索和实施农民身份转变后的农村社会保障制度，但步伐缓慢，取得的成效不是很大。以河南省为例，通过实地调研，我们发现农民对土地的依赖程度很高，虽然当前广大农村已经实行了最低生活保障、新型农村社会养老保险、新型农村合作医疗、大病救治补贴、教育"两免一补"等许多惠民措施，河南省也实施了许多惠民补贴措施来增加农村社会保障，但由于农村社会保障体系处于初步建立阶段，总体来说农村社会保障存在基础薄弱、覆盖面窄、资金积累少、

保障水平低、限制因素多等问题，具体见图2-2。

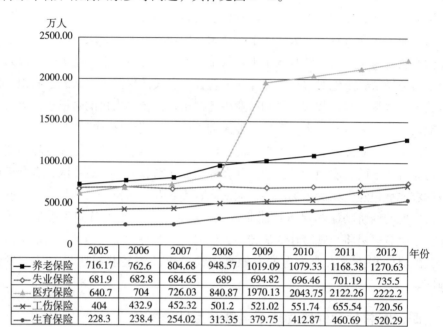

万人	2005	2006	2007	2008	2009	2010	2011	2012
■ 养老保险	716.17	762.6	804.68	948.57	1019.09	1079.33	1168.38	1270.63
◇ 失业保险	681.9	682.8	684.65	689	694.82	696.46	701.19	735.5
△ 医疗保险	640.7	704	726.03	840.87	1970.13	2043.75	2122.26	2222.2
× 工伤保险	404	432.9	452.32	501.2	521.02	551.74	655.54	720.56
● 生育保险	228.3	238.4	254.02	313.35	379.75	412.87	460.69	520.29

注：2009年起由原来城镇职工基本医疗保险人数加入城镇居民医疗保险人数，因此2009年的医疗保险人数呈剧增趋势。

图2-2　河南省2005—2012年参加各类保险人数趋势图

由图中可以看出，虽然参加养老保险、失业保险、养老保险、工伤保险、生育保险等的人数呈逐年增加态势，但对于10543万人的常住人口基数来说，覆盖率程度已经可见一斑，2012年参加医疗保险人数无论横向对比还是纵向对比都是最多的，但参加医疗保险的这2222.2万人仅仅占常住人口的21.08%，而这还是城镇和农村共同参加医疗保险的人数，城乡二元结构使得农民在社会 保障中处于弱势地位，而农村收入少且人口基数大，综合分析来看，河南省农村的社会保障覆盖率太低（如图2-3、图2-4所示），农民的养老保障问题得不到彻底解决，不少农民担心土地流转出去虽然暂时取得了较高收益，但由于务工经商收入不稳定，以后的生活、养老等长远问题得不到保障，不愿将土地流转出去。他们宁可粗放经营，甚至不惜使土地荒芜、闲置乃至浪费也不肯轻易离开土地，即使其中一部分农民愿意参与土地流转，也仅仅与承租者签订短期合同，不愿意与承租者签订长期合同，因此，造成大多数流转土地的合同期都在 3 ～ 5 年，土地流转的整体增速也比较缓慢。

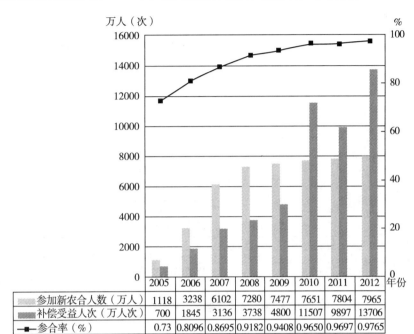

	2005	2006	2007	2008	2009	2010	2011	2012
参加新农合人数（万人）	1118	3238	6102	7280	7477	7651	7804	7965
补偿受益人次（万人次）	700	1845	3136	3738	4800	11507	9897	13706
参合率（%）	0.73	0.8096	0.8695	0.9182	0.9408	0.9650	0.9697	0.9765

图 2 - 3　2005—2012 年河南省新型农村合作医疗情况图

由此可见，土地是大部分农民就业、生存保障和社会福利的唯一依靠。但就如何保障承包经营权流转后的"失地"农民的生活，我国还未建立起相对完善的保障体系。

首先，我国农村的社会保障标准低、费率低，保障范围覆盖面窄。依靠土地作为社会保障的来源十分有限，参保人数少，基金运行难度大，不能向城镇的社会保障看齐。特别是对于"失地"农民的保障制度还有待建立与完善，未形成统一、有效服务农村实际的社会保障制度。农村社保的享受对象大部分是失去劳动能力的五保户、残疾人，未大范围将实现土地流转后的农户纳入其中。在当今广大农民仍把土地看作"活命田"、"保险田"的情况下，特别是在农民实现承包经营权流转后，在非农就业岗位和收入不稳定及没有社会保障的情况下，承包经营权流转的社会保障存在供求矛盾。这极易造成农村社会矛盾和不稳定因素产生和加剧，阻碍农村经济健康有序地发展和社会的安定团结。

其次，我国农村土地承包经营权流转与农民社会保障相结合的土地换保障

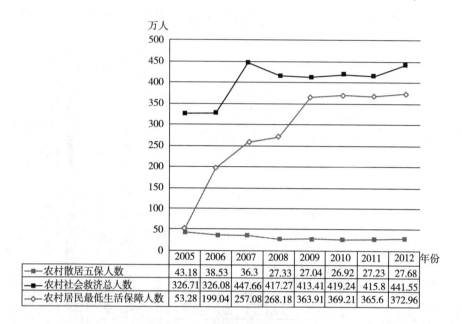

	2005	2006	2007	2008	2009	2010	2011	2012
农村散居五保人数	43.18	38.53	36.3	27.33	27.04	26.92	27.23	27.68
农村社会救济总人数	326.71	326.08	447.66	417.27	413.41	419.24	415.8	441.55
农村居民最低生活保障人数	53.28	199.04	257.08	268.18	363.91	369.21	365.6	372.96

图 2 – 4　2005—2012 年河南省享受补助、救济人员情况图

制度有待建立。截至今日，我国政府都没有出台针对农村土地流转的相应社会保障政策。实现土地流转后，"失地"农民的就业安排、医疗和养老保险并未得到全面的安排和保障，农民的参保需求不能得到很好的满足。而农民进城务工后，当前城市又不能解决其住房、就业、医疗、子女教育、社保等各方面的保障，这也造成了农民不敢流转或不敢交出承包经营权。农村的土地资源不能得到有效合理的配置，造成"有人无田可种"与"有人有田不种"并存的不正常现象，影响农民的切身利益。

这阻碍了农村土地利润最大化目标的实现，阻碍了农村土地市场化发展进程，高级形式的土地流转受到阻碍。

五、弱化土地保障功能，建立农村社会保障体系

旧形式下，我国实行城乡二元的户籍管理制度，农民进城务工不可能获得城市居民享受的社会养老保险和医疗保险制度；而农村的社会保障体系长期缺位，土地不单是生产资料，更是生活资料，农民将土地作为生老病死的基本保障和最后保障，土地承担着生存、养老、就业等多重保障。若农村土地承包经营权实行信托，农民便有可能处于无地可种的窘境，由此可见，土地承包经营

权信托对我国农村社会保障制度的要求比较高。如果要真正促进土地承包经营权信托的实现和完善，就必须要逐渐减轻甚至消灭土地的社会保障功能，国家和各级政府都应努力实现这一目标，建立并完善农村的社会保障体系。这样才能真正保障农民的生活，解除广大农民的后顾之忧，让农民积极参与土地流转信托。

在新形势下，从纵向上看，我国的农村社会保障制度取得了不小的成绩，新型农村合作医疗在全国范围内推广，新型农村养老保险也在逐步向全国推行，但横向比较，我国的农村社会保障制度还非常不健全，很多保障制度还缺乏稳定性和长期性，保障的力度相对较小。农村土地承包经营权流转要与农村社会保障体系工作协调进行。改革的关键在于扩大覆盖面，不单是养老保险实现全覆盖，其他各种险种也应该根据农民的需要丰富完善，从而建立能适应新情况需要的城乡一体化社会保障制度体系。新的统筹城乡的社会保障制度体系的建立与完善，不能走城乡二元分割的老路，必须在统筹城乡发展的理念指导下进行。因此，各级政府在加强农村社会保障体系建设过程中，要坚持以农村最低生活保障为基本，以社会保险尤其是养老保险、大病救助等为主体，实现保险全覆盖，逐步弱化农民对土地的依赖性，解除农民的后顾之忧，为农村土地流转创造良好的外部环境。根据我国现有的社会保障体系并结合实际情况，应建立多层次的社会保障体系，依法建立健全农村社会保险制度，及农村社会救济、社会优抚和社会福利制度。建立承包经营权流转与农民社会保障相结合的承包经营权换社会保障制度。积极稳妥地推进农村最低生活保障制度建设，最低生活保障制度可以避免农民因过度穷困而被迫流转自己的土地，消除农民的后顾之忧。同时，大力发展多种形式的农村合作医疗、社会保障基金等制度，逐步建立起覆盖全体农村居民的社会保障体系。

（一）加强和完善相关配套建设

要大力加强和完善农村社会保障制度的一系列相关配套建设，及时出台相应的具体社会保障政策。要加快农村社会保障的立法步伐，健全相关法律体系，使农村社会保障各项措施都有法可依。我国在社会保障立法工作上，应把农村社会养老保险吸收到综合性的社会保障法律法规中，依靠法律的强制性来推动农村社会保障制度健康有序的设立。要建立相应的评估应对机制，加大对农户的承包经营权流转的指导，为土地流转后的农民提供必备的生活保障，合理安排土地流转后农民的就业及再就业，注重增强农民离开土地后的安全感和适应市场化发展的承受力，进而从根本上解决农民将自己的土地承包经营权转让后的后顾之忧。

（二）增加保险覆盖范围

在适用对象上，应扩大参保范围，提高保障水平，建立全面覆盖的社会保障体系。对从事农业劳动的农民应以鼓励和提倡为主，提高国家对农民参保的补贴水平。对从事个体经营的农民，参照城镇个体经济组织社会养老保险的办法纳入保险，由税务部门代收代缴。要降低对流转土地农民的参保年龄限制，各成年农民都可以参加社会保障。对外出打工的流动农民，从城镇化发展需要和进城农民工市民化的角度，改革现行的城市社会保障制度，将附着在城市户籍制度上的各种福利割裂开来。要把进城就业的农民工纳入流入市地的社会保障体系中，参照流入市城镇企业职工基本养老保险办法，并借助现代先进的信息技术，逐步实现省内、省际和全国的社会养老保险的转移支付，保障农民工社会养老保险的连续性，同时农民工子女上学和受教育的问题，农民工业余文化生活水平提高的问题，农民工进城就业再培训的问题等，都应该相应地得到解决。

（三）积极推进各种保险险种的落实

在保障作用上，不仅要为农民提供基本的生活保障，还要为流转土地的农民提供养老福利、再就业补助、医疗保险等。

1. 健全和完善最低生活保障制度，实现失地农民的"生有所依"

对于失地农民而言，建立最低生活保障制度非常有必要。最低生活保障作为社会保障制度的重要环节，能够为失地农民的最基本生活提供一个保障。由于受到各地经济发展水平以及其他因素的制约，不同地区的最低生活保障水平的标准也不一样。农民是个弱势群体，他们的最低生活保障常常被忽视，而成为一个边缘群体。例如，1999年，国务院颁布的《城镇居民最低生活保障条例》将农民排除在外，农民无法享有与城市居民同等的社会保障。失地农民可以说是弱势群体中的弱势群体，他们失去土地以后，生活面临着更多的困难。这就需要健全和完善失地农民最低生活保障，维持其正常生活。

（1）为失地农民提供最低生活保障制度是体现社会公平的底线。对农村人均纯收入低于最低生活标准的家庭给予救助，保障失地农民的基本生活。公平底线以下的部分是保障公民基本权利所必须的部分，是公民生存所必须的基本条件，也是政府和社会必须保障的公民权利。最低生活保障制度的建立可以形成国民最低收入供给，维护公民基本的生存条件，由于中国各地经济发展水平和地方财政能力存在较大差异，所以在制定失地农民最低生活保障方面应该综合考虑各方面的因素，结合当地农村的基本运行状况、失地农民的生活习惯以及面临的其他一些问题，探索一套既符合社会保障特征又能够有效解决失地农民问题的最低生活保障制度。

（2）合理界定失地农民最低生活保障对象。以最低生活保障线为依据来合理界定失地农民最低生活保障。必须明确，并不是所有的失地农民都可以成为最低生活保障对象。最低生活保障制度为生活陷入困境的部分人员提供救助，有生活能力却想不劳而获的人不在保障范围之内。失地农民群体的情况各不相同，有些失地农民，除了土地经营之外还有其他的收入来源；有的失地农民主要依靠政府补偿和安置来维持自己基本的生活；有的发达地区失地农民所得补偿金额较大，而且农民素质相对较高，完全可以自谋生计。对于上述几种失地农民，就没有必要为其提供最低生活保障。而有的失地农民失去了土地就意味着失去了收入的全部来源，失去了基本的生活资料，生活陷入困境，这些人多是老年人、残疾人或者体弱多病者，他们没有稳定的经济来源，没有能力赡养老人和抚养孩子，对于这部分失地农民，国家应该做到应保尽保，使其享受最低生活保障。

（3）科学确定最低生活保障标准。最低生活保障应确保失地农民能够获得生存所需要的基本物质，不同地区受经济发展水平不同的影响，最低生活保障标准也有不同，所以最低生活保障的确定应该从维持基本生活、地区人均收入以及地方经济发展水平的多方面综合考虑制定合理的标准。最低生活保障线，目前在中国还没有一个统一的标准，一般都是把贫困线作为依据，最低生活保障标准是按照人均纯收入与生活费用相比较的方法来确定的。保障标准不能够低于失地农民的基本生活需要，但是也要防止标准过高而使失地农民产生依赖倾向。针对不同地区的经济和财政情况，结合当地居民的实际消费水平，确定合适的保障线，而且保障标准还应该随着经济发展而定期进行调整。

（4）设立多种资金筹集机制。落实保障资金是建立和完善失地农民基本生活保障制度的关键。受中国经济发展水平制约，国家和地方财政力量还不足以承担全部失地农民的社会保障，尤其是对经济欠发达地区，地方的财政力量非常有限。所以要做好失地农民的社会保障，就要进一步完善资金筹措机制。首先，保障基金由政府、集体、个人共同筹集。在土地出让过程中，政府获得巨大的增值收益，所以政府出资比例应该高于集体和个人；集体可以从土地补偿费中列支保障基金；失地农民则可以利用征地补偿费进行缴纳。各级政府应该注意增加对低保资金的投入，加强基本生活保障金的管理和运营，以确保失地农民的切身利益，确保保障基金的保值增值。其次，建立基金监督和管理机制，任何单位和个人不得转借、挪用和挤占失地农民最低生活保障金。再次，建立失地农民社会保障专项基金。失地农民的问题，是一个政治性问题、社会性问题，但更是一个经济性问题，没有足够的社会保障专项基金，失地农民的养老保险、失业保险、医疗保险等都无从谈起。对于社会保障专项基金，笔者认为应当由国家财政拨款，而非为农民土地补偿金的转换。最后，实现保障基金的投资多样化。保障基金投资方式多样化可以降低基金的运营风险，还可以充分体现基金的收益性，实现基金顺利保值增值。加大保障基金的监管力度，设立基金监管机构，保证基金的安全运行。

2. 健全和完善养老保险制度，实现失地农民的"老有所养"

新型农村社会养老保险即"新农保"，是国家当前一项重要的惠农政策。农村社会养老保险自20世纪80年代起便开始进入探索阶段，从1986年民政部"七五"计划中关于"抓紧研究建立农村社会保险制度，并根据各地经济发展情况，进行试点，逐步实行的发展目标，一直到1992年《县级农村社会养老保险基本方案》的出台，再到1995年《关于进一步做好农村社会养老保险工作意见》的出台，农村社会养老保险从来没有停止过探索。新型农村养老保险是相对于之前的旧农保而言，"新"主要体现在农保缴费模式上，过去的老农保主要都是农民自己缴费，实际上是自我储蓄的模式；新农保则是采取个人缴费、集体补助和政府补贴相结合的筹资渠道，特别是中央财政对地方进行补助，直接补贴给农民。目前我国新型农村社会养老保险处于试点阶段。

（1）多渠道、全方位地筹集养老保险基金。就中国目前的经济发展水平来看，国家没有足够的财力为失地农民提供养老保障基金，失地农民本来生活就不宽裕，失去土地后更没有剩余资金投入养老保障。关于保障基金的来源，其一，被征地单位所获征地补偿费中的一部分；其二，土地出让金净收益和土地储备增值效益中的一部分；其三，政府按照一定比例划拨的财政补助；其四，保障基金投资收益以及社会各界捐款筹集的资金。在具体的工作过程中，针对一些条件较好的失地农民，可以选择参加商业保险，更全面地保障农民的合法权益。

（2）失地农民的社会养老保险要分清对象，区别对待，采取不同的养老保障模式。例如，对已经转入城镇户籍并且已经在城市中找到稳定工作的失业农民，应该将其划入城镇职工养老保险中来。失地农民养老保险的门槛不能太高，降低缴费标准，扩大养老保险覆盖面。随着经济发展水平的提高，养老保险金的缴纳和发放标准都应该及时进行调整，这样才能够充分保障失地农民分享经济发展成果的权利。另外应该注意保证失地农民养老保障水平与经济发展水平相适应。例如泰安市泰山区将养老保障缴费档次分为不同标准，最低档次的缴费标准为 3000 元，农民可以根据村集体经济以及自身承受能力来选择不同的缴费档次。

（3）完善监管制度，保障失地农民社会养老保险基金的高效运作，促进基金管理的规范化和法制化。《土地管理法》规定，禁止侵占、挪用被征土地单位的补偿费用，及时公布土地补偿费用的收支情况，强化监督机制，确保合理规范使用补偿基金。设立专门负责养老保障基金管理和运行的监管委员会，督促养老保障基金各项管理规章制度的完善，同时保障基金的营运机构还要接受监管委员会的监督，保证监督管理机构的公正性、权威性、独立性。另外还要充分借鉴国际经验，确保养老基金的保值增值。国际上大多数国家将社会养老保障基金交给多家非政府运营机构或者是银行来运营，在确保基金安全的情况下，失地农民的社会养老保障基金也可以交给这些机构，并且引入竞争机制，以顺利实现养老保障基金增值。

（4）健全和完善失地农民养老保障制度的法律法规。社会保障法律的完善是一个国家具有成熟社会保障的标志之一。在西方国家，他们在社会保障方面都有着严格的法律规范。在中国，失地农民养老保险社会保障项目、资金筹资渠道、失地农民保障金领取金额等都没有统一标准，而且也缺乏纠纷调解机制，也没有相应的法律法规对此予以规定，所以中国应该加大失地农民社会保障改革，推动相关法律法规建设。

新型农村养老保险制度的建立和完善能解决农民老有所养的问题，农村养老保险体系越完善，社会保障功能发挥越充分，土地的保障功能就越弱化，农民对于农地的依赖程度就会降低，土地承包经营权流转就能顺利实施。

3. 健全和完善医疗保险制度，实现失地农民的"病有所医"

中国农村经济发展水平低，农民收入低，医疗卫生条件差，在农村"因病致贫、因病返贫"的现象非常普遍。面对高额的医疗费用，农民往往无计可施。失地农民的生活就更加困难，医疗状况就更加不乐观。很多农民失地后找不到正规就业部门，无法享受城镇医疗保险。再加上失地农民所得补偿费较低，当农民遇到重大疾病时，束手无策，生活更加贫困。据调查，河南省新型农村合作医疗制度基本上做到了全覆盖，2013 年末参合率达到 98.34%，但是大部分农民都认为看病难、看病贵的问题依然存在，而且和城镇基本医疗保险相比仍有较大差距，因病致贫、因病返贫现象仍有发生，实地调研发现大病医疗开支是导致农民贫困的重要原因之一。因此河南省新型农村合作医疗应和城镇基本医疗一样，建立大病医疗保险社会统筹制度，在全省范围内推广实施，并根据各地区的经济发展状况，形成多层次的保障体系作为新型农村合作医疗的有力补充，增加农民就医保障，同时也应把卫生防疫工作重点逐步转向农村，制定相应的管理制度，从生活环境入手，引导农民养成良好的卫生习惯和关注自身健康，成立有农民代表参加的农村合作医疗监督机构，定期公布新型农村合作医疗基金的筹集、管理和使用情况，让老百姓缴费安心、放心，看病省心。国家层面，应该因地制宜，根据地区经济发展情况，为失地农民建立起可靠的医疗保障制度，解决农民"看病难"、"看病贵"的问题。积极推进医疗保障制度建设，将农民纳入社会保障体系中，切实减轻农民医药负担。完善基层医疗卫生服务体系，建立国家基本药物制度，降低药品价格。不断提高公立医疗机构服务水平，解决城镇职工医疗保险与新型农村医疗合作制度的衔接问题。同时，要合理利用医疗卫生资源，强化对失地农民医疗卫生的投入，满足广大人民群众的医疗卫生需求。

（1）建立覆盖失地农民的社会医疗救助体系。在完善体系的过程中，医疗救助资金的来源可以采取政府、集体经济组织、土地开发商、农民个人一起筹资的办法，大力引导企业以及其他慈善机构，进一步充实失地农民医疗救助基金。实行投资主体多元化，按照互助共济、规范管理的原则为失地农民提供所需的医疗救助服务。同时有条件的农民可以选择参加商业医疗保险，解决失地农民因病致贫的后顾之忧。

（2）积极致力于建立新型的医疗合作制度。传统的合作医疗在运行、管理等方面存在诸多弊端，而且筹资机制不畅。农村合作医疗组织应该以满足农民利益为首要目标，采取有效措施，完善医疗合作卫生制度。新型农村合作医疗制度应该加强农民的风险意识和共济意识，遵从保险的基本原理，发挥互助共济的功能，将少数人的不幸分摊给多数人来承担。从观念上，要注意纠正失地农民的"受益"观念，而是要强化"效用"功能。要加快合作医疗立法，新型合作医疗制度是以农民为主体和依托而建立的以大病统筹为主的合作制度，必须遵守合作组织的基本原则。不断创新合作医疗的筹资、运行、监管机制，制定科学、严密的管理制度和监督制度，确保合作医疗资金的正常运行、合理使用，确保新型农村合作医疗制度的顺利推行。

（3）积极探索失地农民医疗保障工作新机制。建立国家、集体、个人共同投入，共担风险的机制，合理设置失地农民医疗保障体系的账户，一个是集体账户，另一个是个人账户。以乡镇为单位建立集体账户，把政府、征地企业、个人以及集体筹集的一部分资金存入集体账户，主要用来解决失地农民大病风险医疗问题；以家庭为单位建立个人账户，保障本户的基本医疗支付，如果个人账户有余额，可以自动转入到下一个年度的账户额度中。应该坚持因地制宜的原则，确定个人账户的年人均筹集标准，建立多层次的、可靠的医疗保障制度。

（4）关于失地农民医疗保障的具体实施办法。其一，对于不满 16 周岁的在校学生可以参加学生商业医疗保险。其二，男满 60 周岁，女满 55 周岁的失地农民，可自行一次性缴纳 15 年的医疗保险费，政府为这些丧失劳动力的失地农民办理住院医疗保险。其三，那些处于贫困状态的失业农民，政府可以为其提供社会医疗救助服务。其四，具备劳动能力的失地农民，政府应该积极鼓励他们去城镇就业，参加城镇职工的基本医疗保险。中国东部和南部一些发达城市还为失地农民提供了"双保"模式，失地农民可以同时参加农村新型合作医疗保险和城镇职工医疗保险制度，这样失地农民既可以享受大病保险，又可以享受门诊报销。失地农民可以根据自身情况选择其中一种保险方式。

（5）不断加大失地农民医疗保障制度的宣传力度，使医疗保险惠及每位失地农民。《中共中央关于深化医药卫生体制改革的意见》中指出，三年内，基本医疗保障要覆盖全体居民，90% 以上的居民要参与到医疗保障制度中来。由于失地农民受自然经济影响，缺乏市场经济的风险意识和共济意识，再加上失地农民不了解医疗保险制度，所以导致了失地农民的参保率不高，失地农民参保率越低越不利于风险的有效分散。所以应该不断加强宣传力度，增强失地农民对参与医疗保险重要性的认识，转变思想，积极参与医疗保障，降低疾病风险。

4. 完善农村社会救助制度

2011 年 11 月 29 日，中央扶贫开发工作会议在北京召开。时任国务院总理温家宝在会上宣布，中央决定将农民人均年纯收入 2 300 元作为新的国家扶贫标准。该标准比原标准（1 196 元）提高了 92%，而这一标准也更接近国际标准，为国际标准的 79%。2011 年 12 月 6 日，财政部官员在国新办《中国农村扶贫开发纲要（2011—2020 年）》新闻发布会上宣布，2012 年，中央财政用于农村扶贫开发方面的综合扶贫投入将继续保持大幅度增长，其中财政专项扶贫资金增幅将达 20% 以上，同时中央财政将进一步强化扶贫资金使用管理绩效理念。但这些措施还是远远不够的，需要继续完善农村社会救助体系，逐步建立农村社会医疗救助制度，尤其是要加大对农村的大病久病困难户的医疗救助的力度。

随着农村经济的崛起，农村土地承包经营权流转加速发展，更要有针对性地保障"失地"农民的合法权益，减弱土地的社会保障功能，赋予农民更多、全方位保障的工作任重而道远。建立健全农村社会保障制度，对促进农村土地承包经营权的流转，实现农村经济的全面发展与繁荣有着重大作用。

第三章 土地信托内在机理及模式探析

第一节 土地信托的基础理论及功能

一、土地信托的基础理论

（一）交易费用理论

首先把"交易"作为比较严格的经济范畴建立起来并作了明确界定和分类的是早期美国的制度经济学家康芒斯。康芒斯在 1934 年发表的其经典之作《制度经济学》一书中，启发性地将社会生活中人与人之间的关系定义为交易。

随后，科斯在 1937 年《企业的性质》一文中第一次引入正的交易费用来解释企业的存在和规模，在科斯看来，价格机制的运行并非没有成本，这是因为：（1）要获得准确的市场信息，企业需付出代价；（2）由于市场当事人之间是有冲突的，为克服冲突就需要谈判、缔约并诉诸法律形式，这样要建立企业间有序的联系就需要支付费用。交易费用概念的提出，其直接目的是论证企业存在的必要性。这种必要性在于：如果没有企业制度，每个要素所有者都用自己的要素来生产产品并直接参加市场交易，那么市场交易者的数目将非常之大，交易摩擦将极为剧烈，从而交易费用也会惊人的高，甚至使交易中止。企业就是为了减少市场交易费用而产生的经济组织，它是价格机制的替代物，通过形成一个组织，并允许某个权威（企业家）来支配资源，就能节约某些市场运行成本。因此，交易费用的节约是企业存在以及替代市场机制的根本原因。推而广之，企业规模的限制因素也是交易费用。科斯进一步表明：企业本身就会产生一种组织费用，诸如行政管理费用、监督缔约者（工人）的费用、传输行政命令的费用等，也可以说这是企业内部的交易费用。科斯在该文中写出"当企业扩大时，对企业家的功能来说，收益可能会减少，也就是说，在企业内部组织追加交易的成本可能会上升。自然，企业的扩大必须达到这一点，即在企业内部组织一笔额外的交易的成本等于在公开市场上完成这笔交易所需的成本，或者等于由另一个企业家来组织这笔交易的成本。"1960年科斯又在《社会成本问题》一文中引入零交易费用理论用来批评庇古关于国家干预污染损害的思想，科斯使经济学从零交易费用的新古典理论世界走向了正交易费用的现实世界，从而使经济学能够更好地解释实际运行中的经济活动。

　　之后，威廉姆森在《资本主义经济制度》中对交易的刻画和交易费用的度量，进一步丰富和发展了交易费用理论，增强了其对现实世界中经济组织和经济现象的解释力，其基本逻辑是：以交易为最基本的分析单位，根据是否存在资产专用性①（A）以及是否有相关保护措施（M），将交易分成三类，并分别对应不同的价格（P），具体如图3-1。

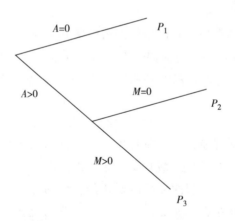

图3-1　威廉姆森的成本分析逻辑图

　　图3-1中各节点对应的价格分别为P_1、P_2、P_3，且$P_1 < P_2 < P_3$，越是专用型资产（$A > 0$）风险越高，其价格就越高，除非得到某种保护措施（$M > 0$）的保护。可以把A理解为风险程度，把M理解为风险贴水。无论是最终产品、中间产品，还是人力资本和特许权定价，都遵循这个基本规则。

　　威廉姆森将所有的经济活动都视为一种交易，所有的交易都是一种契约。

---

　　① 资产专用性是指用于特定用途后被锁定很难再移作他用性质的资产，若改作他用则价值会降低，甚至可能变成毫无价值的资产。

由于人都有有限理性和机会主义，再加上资产专用性，这就会导致契约的不完全。为了支持不完全契约，需要将资产专用性、价格和保障措施综合考虑，根据资产专用性、交易频率和不确定性这三个维度将契约分为不同的类型：（1）不存在专用性投资的标准契约，无论交易频繁与否及不确定程度如何，都属于古典契约，适合通过市场来完成；（2）资产专用性程度较高、交易频率较高、不确定性较高的交易属于某种关系型契约，主要依靠统一治理，通过科层来完成；（3）处于两者之间的属于新古典契约和另一种关系型契约，分别对应于第三方治理和双方治理，通过除市场和科层之外的混合形式来完成。混合形式包括质押、互惠、特许权和管制等。根据交易费用最小化原则，不同性质的交易或契约对应于市场、混合形式或科层这三种不同的治理结构。

威廉姆森将交易费用分为两部分：（1）合同签定之前的交易费用，即为草拟合同、就合同内容进行谈判以及确保合同得以履行所付出的费用；（2）签定合同之后的交易费用，包括不适应费用、讨价还价费用、启动及运转费用等。马修斯与威廉姆森的观点相似，他认为交易费用包括事前准备合同和事后监督及强制合同执行的费用。交易费用是一种机会成本，很多行为会导致交易费用的出现，这些行为包括：（1）寻找价格，潜在买者和卖者及有关他们的环境和信息；（2）为弄清买者和卖者实际地位而进行的谈判；（3）订立合约；（4）对合约对方的监督；（5）对方违约后寻求赔偿；（6）保护产权不受侵犯。

科斯、威廉姆森等新制度经济学家运用交易费用这个分析工具，以交易为基本研究单位，将交易费用与治理结构模式相结合，提供了产权合约安排的量化尺度。该理论把经济学的方法应用于研究制度的运行和演变，采用新的角度分析经济活动，创立了一种全新的理论范式，打破了传统经济学研究的界限。交易费用理论成为经济学中一个重要的研究工具，用来解释及研究经济学现象，具有重大意义。

（二）委托代理理论

提到产权的流转，必定会涉及流转所涉及的当事人和机构，牵涉到双方代理和委托的关系。代理理论主要涉及企业资源的提供者与资源的使用者之间的契约关系。按照代理理论，经济资源的所有者是委托人，负责使用及控制这些资源的经理人员是代理人。当经理人员本身就是企业资源的所有者时，他们拥有企业全部的剩余索取权，经理人员会努力地为自己而工作，这种环境下，就不存在什么代理问题。但是，当管理人员通过发行股票方式，从外部吸取新的经济资源，管理人员就有一种动机去提高在职消费、自我放松并降低工作强度。显然，如果企业的管理者是一个理性经济人，他的行为与原先自己拥有企业全部股权时将有显著的差别。代理理论还认为，委托人拥有的信息永远没有代理人多，而且双方所拥有的信息是不对称的，这样就影响到了委托人不能对代理人实行监控。

土地信托中委托人与受托人的关系实质上是委托代理关系，主要涉及土地这种生产要素的提供者——委托人和土地的使用者——受托人之间的契约①关系，假如受托人本身拥有土地资源，受托人经营土地所得收益全部归受托人所有，受托人拥有全部的剩余所有权，这种情况下受托人就会兢兢业业为自己工作，此时，不存在代理问题。但是当土地的所有权、承包权、经营权分开时，土地的所有权归国家或集体所有，承包权归农民所有，受托人仅仅拥有土地的经营权，这时受托人的目标函数就与委托人的目标函数相偏离，受托人是理性经济人，他为了追求自身利益最大化，可能就会改变土地用途或者进行短期经营行为等，造成土地受损，委托人的权益得不到保障，这与自身拥有土地承包经营权的情况大相径庭。同时，由于我国农民在知识、技术等方面处于弱势地位，土地信托中信息不对称现象非常严重，农民无法对受托人的努力程度实施全程监控，不能对受托人经营土地的效果进行准确及时的评价，这时就有可能产生"逆向选择"或者"道德风险"问题，农民合法的土地利益在现实中往往受到极大的损害。

除了本章节所论述的交易费用理论和委托代理理论外，我们前面还对土地产权理论、土地规模经营理论、农业保险理论等加以研究，这里不再赘述。

二、土地信托的功能

通过对已有文献的梳理我们可以看出目前理论界对农村土地承包经营权信托的内涵并未达成统一定论，对土地信托的流转客体等也存在争论，因此为了更深入地探究问题的核心，我们从分析农村土地承包经营权信托的功能开始。

（一）土地信托的功能表现

1. 土地信托是以农村土地承包经营权为信托财产的一种信托方式

在第一节的文献综述，国内很多学者都坚持农村土地承包权不变，将使用

---

① 为什么是契约关系，下文将会深入探讨。

权委托给受托人的观点，而有的学者认为应将土地承包经营权作为信托财产交付给受托人。这就出现了信托财产到底是土地的使用权还是承包经营权的分歧。而且，法学界有些学者提出将农村土地承包经营权分离为承包权与经营权的观点，他们认为农村土地承包经营权可分离为承包权与经营权，从而与所有权构成三权分离，在流转时土地承包经营权人保留承包权，将土地的经营权转移给第三方。基于此，有学者提出农村土地承包经营权进行流转时仅需将土地经营权单独剥离出来进行流转，而无须将土地承包经营权完全进行转让。一种有益尝试是可以将土地承包权看作是农民是否有权进行土地承包的一种资格，这种资格不属于财产权利，将其称为权利能力更为贴切，但根据《物权法》规定，土地承包经营权不归属于物权权利。虽然目前我国一些地区发布的政府意见中，已明确指出了承包权与经营权的分离，如浙江嘉兴[①]、重庆梁平[②]等，但这些政府性文件的法律效力远不及《物权法》，因此此观点在法律方面仍不具有支撑性。综合分析，我们认为此类理论将土地承包权理解为一种获取权利的资格，并与经营权分离虽更有利于发挥土地承包经营权对农民生活的保障，但在法律未明确之前不能断然施之。因此，本研究中我们仍将土地承包经营权作为一种完整的财产权利作为信托财产进行信托。

2. 土地信托是一种土地承包经营权的流转方式

随着农业产业化的发展，城市化进程的加快，进城务工的农民越来越多，农村土地闲置率上升，为加强农村土地的利用效率，促进农业规模化、集约化生产，农村土地承包经营权流转便应运而生。我国的家庭联产承包责任制决定了农村土地的所有权属于集体或国家，承包经营权属于承包人，承包人可依法、自愿进行土地承包经营权流转，从而在不改变农村土地所有权的情况下，将土地的实际使用权与收益权转移给接受流转的个人或组织。根据不同的流转方式决定了土地承包经营权是否进行了实际转让，若采取转让的流转方式，土地承包经营权可能就会进行实际上的转让；若采取出租、转包等流转方式，土地承包经营权有可能就不进行实际上的转让，但这种方式下，流出方不得对流

---

① 浙江省嘉兴市人民政府办公室《关于加快推进农村土地承包经营权流转的意见》（2007 年 7 月 24 日）第二条"推进土地承包经营权流转的基本原则"中提出鼓励农村集体土地的所有权、承包权、经营权相分离：稳定承包权，搞活经营权，规范土地承包经营权的流转。

② 重庆市梁平县人民政府《关于加快农村土地流转促进规模经营的意见（试行）》第一条"指导思想、总体目标和基本原则"中：在不改变土地所有制关系的前提条件下，实行土地所有权、承包权和土地经营权相分离，创新流转机制，探索有效形式，放活土地使用权。

入方的农业行为加以干涉。在土地信托中，农民将土地承包经营权作为信托财产转移给受托人之后由受托人对土地进行管理，这就达到了将土地承包经营权从原持有人手中流转到其他个人或组织手中的效果。因此，土地信托实质上是一种土地承包经营权的流转方式。

综上分析，我们得出土地信托的实质是以土地承包经营权为信托财产通过设立信托的方式将土地承包经营权进行流转的一种土地流转方式。

（二）土地信托的功能优势

根据现行的法律法规，目前我国土地承包经营权流转方式主要有出租、转包、转让、互换及土地承包经营权入股合作社等，一般地，这些流转方式都有一定的局限性，而土地信托可以弥补它们的不足。现将各种流转方式大致分析如表3-1所示：

表3-1　　　　　　　　　土地流转方式比较

流转方式	流转主体	流转范围	收益归属	流转效果
信托	土地承包经营权人与土地信托机构	较广	土地承包经营权人或其指定受益人	土地承包经营权名义上转移给土地信托机构；承包方享有监督、撤销土地信托机构的权利；信托期限届满土地承包经营权交回承包方
出租	土地承包经营权人与其他个人或组织	较广	承租方	土地承包经营权不变
转包	土地承包经营权人与本集体经济组织内部其他成员	较窄（仅在本集体经济组织内部）	受转包方	土地承包经营权不变
转让	土地承包经营权人与其他个人或组织	较广	受让方	受让方取得土地承包经营权
互换	土地承包经营权人与本集体经济组织内部其他成员	较窄（仅在本集体经济组织内部）	互换后的承包方	互换双方取得原属于对方的土地承包经营权
入股	土地承包经营权人与土地合作社等	较窄（取决于土地合作社等）	土地承包经营权人按入股的土地承包经营权为限分红	土地承包经营权转变为土地合作社等的股份

1. 土地信托与转包方式比较

转包是指承包方将部分或全部土地承包经营权以一定期限转给同一集体经济组织的其他农户从事农业生产经营，转包后原土地承包关系不变，原承包方继续履行原土地承包合同规定的权利和义务，受转包方按转包时约定的条件对转包方负责。承包方将土地交他人代耕不足一年的除外。在这种模式下，受转包方与发包方并无直接合同关系，受转包方与原承包人之间发生直接的权利义务关系，而原承包人与发包方发生直接的权利义务。一般情况下，除非原承包人怠于向受转包方行使权利而需要发包人行使代位权，发包人无权直接要求受转包方对自己履行义务。

通过转包方式进行流转，虽然在小范围内解决了部分农民不愿亲自耕种的问题，也可以获取一定的转包费，但弊端也比较明显。（1）转包只能在同一集体经济组织内部进行，这大大限制了土地流转对象的范围，这很可能使得一大部分拥有资金与技术的主体被排除在外；（2）转包后土地的收益不再归土地承包经营权人所有；（3）转包的土地承包面积一般较小，经营相对分散，不利于粮食作物的规模化经营；（4）运作不规范，大部分农民采用口头协议，基本上都没有签订转包合同；（5）出租由于受粮食价格变化等因素，出租土地的时间都比较短，一般情况下都是3～5年，这些都不利于承包者的规模经营，不利于大量农用设施的投入。

与以转包方式进行土地承包经营权流转相比，土地信托不局限于本集体经济组织内部，流转范围更广。

2. 土地信托与出租、转让方式比较

出租是指承包方将部分或全部土地承包经营权以一定期限租赁给他人从事农业生产经营。出租后原土地承包关系不变，原承包方继续履行原土地承包合同规定的权利和义务。承租方按出租时约定的条件对承包方负责。这种流转方式已经开始由自发性、分散性的单个农户流转转向大规模的、有组织性的土地流转。现在，有很多农村地区由村集体出面，将愿意出租的农户的分散的承包地通过各种方式联结成片，再由村集体组织出面同承租人谈判，统一出租。

转让是指承包方有稳定的非农职业或者有稳定的收入来源，经承包方申请和发包方同意，将部分或全部土地承包经营权让渡给其他从事农业生产经营的农户，由其履行相应土地承包合同的权利和义务。转让实际上是指承包方放弃承包经营权，原承包土地由受让方取得。但是在现实生活中，这种流转方式是极为罕见的。而且在对转让的限制条件中，"稳定的非农业收入"没有统一的标准，难以在现实中操作。

与以出租及转让方式进行土地承包经营权流转相比，土地信托、出租及转让这三种方式都可以向本集体经济组织外的个人或组织进行流转，流转范围较广。但与转包流转方式类似，出租及转让方式下，土地承包经营权人也仅能够获取租金或转让费，仍然无法获得承包土地后的收益。出租方式下存在以下缺陷：（1）自发性、分散性的出租行为，土地流转规模一般比较小，无法形成规模效益。其虽然解决了个别农户土地抛荒的问题，但不利于农业生产向集约化农业转变，阻碍农村经济的现代化进程。（2）如果是由村集体或政府部门统一对外出租，则容易滋生腐败问题。虽然村集体或者政府部门名义上是土地出租的服务部门，是联系出租人与承租人之间的桥梁，但在整个流程的运行中，是由承租人先行向集体组织或政府部门支付租金，再由集体组织或政府部门将租金支付给出租人。这样则会出现一个问题，即出租人有可能不清楚承租人到底支付了多少租金给集体组织或政府部门，这无疑为政府部门或集体组织开辟了一条"财路"。（3）受限于承租方愿意承租的时间长度等。转让方式下，土地承包经营权人一旦将土地承包经营权转让给受让方，便失去了该权利，但由于我国目前农村社会保障体系不健全，土地承包经营权人将该权利转让给受让方将可能使自己的生活与生存面临较大的风险，且转让由于缺乏监督与管理，遇到特殊情形易产生纠纷。

3. 土地信托与互换方式比较

互换是指承包方之间为方便耕作或者各自需要，对属于同一集体经济组织的承包地块进行交换，同时交换相应的土地承包经营权。这种流转方式必须重新签订承包合同，否则很容易引发土地纠纷。而且这种流转方式只适用于个体之间的土地调整，由于流转效率低，其对解决全国性的土地抛荒问题没有意义。

以互换方式进行流转虽然可能在一定程度上解决了目前我国承包土地细碎的问题，但其弊端也比较明显。（1）流转范围仍然只限于在集体经济组织内部，造成土地流转效率低下；（2）土地承包经营权进行互换式流转之后，互换后的承包方将对因互换所取得的承包地上已有的负担负责，实际中可操作性较低；（3）互换基本上都是自发形成，在实际中，很容易产生纠纷。

与以互换方式进行土地承包经营权流转相比，土地信托不局限于本集体经济组织内部，流转范围更广。

4. 土地信托与入股方式比较

入股是指实行家庭承包方式的承包方之间为发展农业经济，将土地承包经营权作为股权，自愿联合从事农业合作生产经营；其他承包方式的承包方将土地承包经营权量化为股权，入股组成股份公司或者合作社等，从事农业生产经营。这样使得农民与土地的关系发生了变化，他由一块土地的承包者，变成了一家机构股份的所有者，从而将自己从土地的捆绑中解放出来。

与以入股方式进行土地承包经营权流转相比，土地信托的流转范围更广，不局限于本集体经济组织内部。虽然土地承包经营权人将持有的土地承包经营权入股合作社等后，可以享有股东权利，并以其持有的股份为限进行分红，但土地承包经营权人从本质上已失去了土地承包经营权，此时土地承包经营权因入股行为转变成土地合作社等享有的财产权利。具体情况而言，土地承包经营权人可获取的收益可能完全直接由土地合作社等的运行结果而决定。虽然《农村土地承包经营权流转管理办法》第十九条规定："承包方之间可以自愿将承包土地入股发展农业合作生产，但股份合作解散时入股土地应当退回原承包农户。"，但却并没有明确"解散"是否包括合作社或土地公司破产的情形，若没有包括，作为入股土地合作社等而已转变为土地合作社等的财产的土地承包经营权从理论上来讲应当纳入破产清算财产进行破产清算以向债权人进行偿债，这样一来，入股方不仅完全丧失了土地承包经营权，还可能面临其他债务。因此以入股方式进行土地承包经营权的流转对土地承包经营权人而言风险较高。

5. 综合分析比较

通过以上比较我们知道，土地承包经营权可以依法采取转包、出租、互换、转让或其他方式流转，这些方式在一定程度上促进了规模经营，但也存在许多问题，主要表现在：（1）政府角色"缺位"。在传统流转模式中，主要是农户和农业企业或农业大户两个角色在起作用，政府尽管成立了土地流转中介服务机构，但只能做些信息服务、矛盾调解的工作，没有以经济角色的定位介入流转流程之中。因此，企业对与千家万户打交道的难度、对毁约风险的担忧和农户对外来或本地农业企业投资商的不信任等因素交织在一起，导致土地流转工作进展艰难；（2）流转不规范。农户自行流转的多，村组组织和靠产业引导流转的少；口头协议无序流转的多，签订了正式书面合同的少；合同条款模糊的多，约定规范明确的少，导致流转不规范、土地纠纷难调处。在另外的一份调查材料中也证明了上述两点，材料显示，在多种土地流转形式中，以农户与农户之间的流转为主，流转面积约占总流转面积的90%。在转包、出租、互换、转让、入股等方式流转中又以转包为主，占总流转面积的70%以上。

以流转是否履行报批、备案或办理土地使用权证书变更登记程序为标准，土地流转可分为批准流转、备案流转、登记流转和自行流转。其中以自行流转为主，占总流转面积的95%。

而以信托方式进行土地承包经营权流转，有以下优势：（1）流转范围较广。土地信托模式改变了土地仅限于集体经济内部使用的限制。（2）专业机构管理。土地交由专业的信托机构进行经营管理，有利于提高土地的利用程度，也可通过信托机构这一平台促进土地承包经营权的进一步流转，土地承包经营权人或其指定的受益人还可继续获得土地收益。（3）信托财产有保障。作为信托财产的土地承包经营权须转移给信托机构，只是名义上的转移，因为土地承包经营权人作为委托人对信托机构拥有监督权，并可随时解任信托机构而收回土地承包经营权，且当信托期限届满时土地承包经营权作为信托财产本身也将无条件地返还给委托人或其指定的受益人。即虽然因土地信托制度使得以信托方式进行土地承包经营权流转的过程中须将土地承包经营权转移给信托机构，但土地承包经营权所带来的实际收益仍归属于原土地承包经营权人或其指定的受益人。所以将土地承包经营权进行信托，委托人不需要担心将土地承包经营权转移给了信托机构，因为委托人或其指定的受益人在信托终止后会再次取得土地承包经营权。（4）权利主体与利益主体相分离。土地承包经营权的权利主体与利益主体相分离是农村土地承包经营权通过信托方式进行流转与其他方式进行流转最大的不同，也正因为如此，农村土地承包经营权信托的委托人或受益人可获取土地收益但也不用亲自对土地进行经营与管理。（5）提供融资支持。通过信托模式运作，可以充分利用信托的融资能力和融资功能，为规模农业和现代农业的发展提供有力的融资支持。（6）中介服务组织规范流转。土地信托中的中介服务组织，在具体的操作中，管理和方法较为科学，签订的流转合同，规范了流转双方的权利和义务，使农村土地进行有效、安全、合理的流转，有利于农业规模化和产业化经营。

第二节　土地信托运作机理

一、土地信托组织形式及契约设立

农村土地流转信托契约的核心内容在于明确各方当事人的权利与义务，并通过当事人权利与义务的合理分配，使之建立起一种有效的均衡，以确保农村土地信托保护机制的有效运作，实现土地保护的目的。农村土地流转信托制度的主体包括委托人、受托人及受益人三方当事人。

（一）土地信托委托人及其权利义务

委托人基于对受托人的信任，将自己合法所有的财产或权利委托给受托人，再由受托人根据委托人的意愿管理信托财产，以求为受益人取得最大利益或完成委托人的特定目的，这是所有信托设立及运行的过程与目的。显而易见，信托的设立是始于委托人对受托人的信任，因此委托人是整个信托主体法律关系及信托成立的关键，我国农村土地承包经营权信托当中的委托人也不例外。

1. 委托人的范围界定

（1）委托资格界定

根据我国《信托法》第七条①及第十九条②的规定，委托人应当对确定的可作为信托财产的财产或财产权利拥有合法的所有权或处置权，且同时还应是具有完全民事行为能力的自然人或机构，二者缺一不可。对应可得，我国农村土地承包经营权信托当中的委托人应是既合法拥有农村土地承包经营权又具有完全民事行为能力的个人或单位。

首先，农村土地承包经营权信托的委托人应当是具有完全民事行为能力的个人或单位。在信托法律关系中，委托人因对受托人的信任而自愿将财产置于受托人的管理之中是信托设立的初始环节及关键所在，因此只有具有完全民事行为能力的主体才能真正完全表达自己的真实意思，使得信托得以顺利设立而避免出现中途因行为人民事行为能力有限或无民事行为能力而被主张撤销设立信托的行为或被主张行为无效。

其次，我国农村土地承包经营权信托的委托人应当拥有土地承包经营权且承包地的使用权正处于委托人的实际掌控之中，二者须同时具备。若土地承包经营权人已将承包地出租或转包给他人，即承包地的使用权（确切地说是经营权）已经转移给第三方，此时土地承包经营权人将其拥有的土地承包经营

---

① 《信托法》第七条规定："设立信托，必须有确定的信托财产，并且该信托财产必须是委托人合法所有的财产。本法所称财产包括合法的财产权利。"

② 《信托法》第十九条规定："委托人应当是具有完全民事行为能力的自然人、法人或者依法成立的其他组织。"

权设立土地信托将侵害出租人或转包人合法使用承包地的权利，除非事先与出租人或转包人解除出租或转包关系，收回承包地的使用权；同时，承包地的使用权人亦不能设立农村土地承包经营权信托，因其根本不享有对应土地的承包经营权，而仅仅是从土地承包经营权人处有偿或无偿获取了承包地的使用权，若允许其设立农村土地承包经营权信托，将侵害土地承包经营权的真正所有人对承包地的处置权且产生信托纠纷。因此，通过以上分析，我们认为在农村土地承包经营权信托中，委托人对土地承包经营权的合法持有且实际掌控承包土地是农村土地承包经营权信托得以成立的基础，若委托人没有持有土地承包经营权且没有实际掌控承包地的使用权，便无法将作为信托财产的土地承包经营权转移给受托人进行管理，信托便失去了设立的基础。

（2）委托人资格界定时需说明的两个问题

①村民委员会或村集体经济组织是否是适格的委托人

在土地信托实际运作中，可能还会存在村民委员会或村集体经济组织是否是适格的委托人这样的疑问。在研究中，不少学者也针对此问题提出了不同的看法。吴兴国（2003）在其研究中指出村委会不能作为农村土地承包经营权信托的委托人，因其是农村土地承包经营权的发包方，若为委托人，则可能存在侵害农民或其他符合法律法规规定的个人或组织取得农村土地承包经营权的合法权利。邬晓波、王秀兰（2004）通过研究美国及日本的土地信托模式，对我国农村集体土地信托模式作了探讨与定义，他们认为土地的承包经营者才是土地信托的委托人，这可以理解为作为发包方的村民委员会或村集体经济组织等不是农村土地承包经营权信托的委托人。但也有不少学者主张，因村委会或村集体经济组织统一管理农村土地，一方面可以降低农民的交易成本，避免农民因为无知而遭受不应当遭受的损失；另一方面，因为对土地实施的大规模科学化管理经营而有利于实现土地的最优化利用。所以毫无疑问地具有成为农村土地承包经营权信托中委托人的资格。然而我们认为，对于村委会或村集体经济组织等是否能够成为农村土地承包经营权信托中适格的委托人这一问题，应当在区分不同情形的基础之上得出结论。

一方面，村委会、村集体经济组织或村民小组作为农民集体所有的土地或国家所有依法由农民集体使用的农村土地的发包方时，不应当成为农村土地承包经营权信托的委托人。与吴兴国（2003）认为的村委会不能成为农村土地承包经营权信托的委托人的原因一致，若允许村委会、村集体经济组织或村民小组作为农村土地承包经营权信托的委托人将其管理的实际上为农民集体所有的土地或国家所有依法由农民集体使用的农村土地设立信托，当村集体的负责人徇私舞弊，利用订约机会寻求自己的利益，而损害广大农民利益时，农民没有任何监督制约机制，以防止个别领导人滥用权力。一旦受托人没有能力管理经营好农村的土地，或者虽有能力，但未遵守诚实履行义务的道德规范和法律规范，那么，遭受损害的是广大的处于弱势地位的农民，承包经营权流转的目的不能实现，反而可能导致降低农村土地可持续生产能力，并最终使农民利益受到损失。而且这也剥夺了土地承包经营权人的自主决定权。土地的流转信托实际上是对财产的一种处分，应当由农民自主行使处分权，村集体直接作为委托人致使农民没有机会表达是否将土地委托他人的意愿，没有机会选择自己信任的受托人，甚至对村集体选择的受托人一无所知。这严重违背了民法上的自由处分原则。因此，村委会或村集体经济组织不应当成为农村土地承包经营权信托的委托人。

另一方面，如果村委会或村集体经济组织在确保本集体经济组织内的每一成员都已经取得了相应的土地承包经营权的基础上，以集体经济组织内剩余的还未发包的农村土地或预留地的使用权人的身份设立农村土地承包经营权信托，这与委托人应当享有土地承包经营权的条件在本质上是一致的，因此成为委托人是合理的，同时还能促进剩余未发包土地及预留地的流转，加强农村土地的有效利用，对农村经济有着积极作用。

②二次信托中的委托人

由于农村土地信托的特殊性，受托人在接受信托财产后，在征得委托人同意的情形下，可能将土地承包经营权再转移，构成二次信托。二次信托是指在一次信托的基础上再设信托。这样，一次信托的受托人担任二次信托的委托人，他不仅要承担一次信托受托人的义务，也享有二次信托委托人的权利，因此，他兼有双重权利和义务。如图3-2所示：

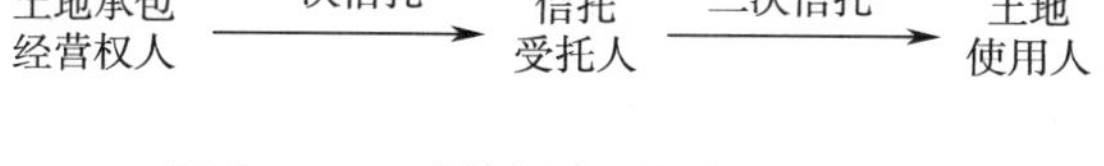

土地承包　　^{一次信托}　　信托　　^{二次信托}　　土地
经营权人　——————→　受托人　——————→　使用人

图3-2　二次信托中委托人、受托人

2. 委托人的权利及义务

（1）委托人的权利

①知情权

土地承包经营权人将其合法享有的土地承包经营权作为信托财产设立信托

后，将由受托人行使土地承包经营权，土地承包经营权人作为委托人将不再直接管理其承包的土地。赋予委托人知情权将使得委托人能够有效充分地了解作为信托财产的土地承包经营权被受托人运用和管理的实际情况，并及时了解信托事务的管理情况。因此知情权的确立可使委托人对受托人的信托管理行为实施有效监督，确保信托财产的安全，避免受托人的管理行为背离委托人的信托目的。就知情权的具体内容来看，我们认为委托人除了有权及时了解到信托财产的管理及处分等情况外，还应有权查阅自己作为委托人设立的土地信托对应的信托账目及其他文件，以有效对受托人进行监督。因此，作为委托人的土地承包经营权人尽管丧失对农地经营管理的掌控权，但仍然享有《信托法》赋予的以监督受托人为目的的一些权利，在这些权利中，知情权是最基础性的权利，其他权利均为建立在知情权基础之上的权利。

②调整请求权

我们认为农村土地信托中委托人的请求权应包括损害赔偿的请求权、恢复原状的请求权及撤销信托行为的请求权。当委托人将作为信托财产的承包土地经营权交付给受托人之后，受托人就应当根据委托人的信托目的，为受益人的最大利益对土地进行有效合理的管理，并不得改变土地的农业用途，而如何实现信托财产的价值最大化，主要取决于信托财产的管理方法。若受托人在信托期间擅自改变土地的农业用途或因违背信托目的，不当处理信托事务而致使土地承包经营权遭到损害的，委托人有权要求受托人将土地恢复原状并赔偿相应的损失。信托期间，若受托人违反与委托人的约定及信托目的，在未经过委托人知晓并同意的情况下将土地承包经营权进行出租或转包等，委托人可向法院请求将受托人的无权行为予以撤销。

③对受托人的解任权

《信托法》第二十三条规定："委托人享有解任权。"解任权的行使须具备法律规定的条件：①受托人违背信托目的处分信托财产；②受托人管理运用、处分信托财产有重大过失。具备此任何要件之一的，委托人可行使解任权。当受托人违反信托目的，不当处置信托事务导致土地承包经营权受损或因管理运用信托财产有重大过失时，委托人有权依照与受托人签署的信托文件的规定将受托人解任，或向有管辖权的人民法院提出解任受托人的申请。

（2）委托人的义务

委托人义务主要有在信托成立时将土地承包经营权转移至受托人管理及支付信托报酬的义务。

①土地承包经营权转移的义务

根据信托原理，受托人应以自己的名义为委托人管理信托财产，因此在土地信托中，委托人具有将作为信托财产的土地承包经营权在信托成立至信托终止期间转移给受托人的义务，且为保障信托财产的独立性，根据《信托法》第十条①的规定，土地信托设立完成时应当将信托财产履行法定的登记手续。由前面第二章土地信托的基础条件分析得知，虽《信托法》规定设立信托应将信托财产办理信托登记，但是我国目前并没有真正实施信托登记，现行法律法规中也没有明确登记机关、登记范围及登记程序等，因此缺乏实际操作性而未能真正实现信托登记。因此实践中缺乏对委托人履行转移土地承包经营权义务的监督机制，所以为保证土地承包经营权信托的健康稳定发展，我们认为应当就此问题在相关法律法规中将信托登记的具体程序进行细化使之具有实践可行性，从而使委托人能够切实履行转移土地承包经营权的义务，保障信托财产的独立性。

②支付信托报酬的义务

委托人应当严格按照与受托人签署的信托合同中约定的应由委托人向受托人支付信托报酬的义务（无须支付信托报酬的除外），同时当受托人在履行信托事务的过程中垫付有关费用或因委托人及受益人利益处理信托事务而导致自己利益受到损失的，委托人应对受托人进行相应的补偿。

（二）土地信托受托人及其权利义务

土地信托中受托人的理财能力、管理能力、资信状况及是否勤勉忠实等都与信托目的及委托人与受益人的利益有着直接影响，因此受托人的选择及资质在土地信托中极为重要。

1. 受托人的资格条件

首先，根据我国《信托法》第二十四条②的规定，农村土地承包经营权信托中的受托人应是具有完全民事行为能力的自然人或法人。同时，若受托人是机构的，还应当符合相关法律及行政法规的要求，如受托人是公司形式的，则

---

① 《信托法》第十条规定："设立信托，对于信托财产，有关法律、行政法规规定应当办理登记手续的，应当依法办理信托登记。未依照前款规定办理信托登记的，应当补办登记手续；不补办的，该信托不产生效力。"

② 《信托法》第二十四条规定："受托人应当是具有完全民事行为能力的自然人、法人。法律、行政法规对受托人的条件另有规定的，从其规定。"

应当满足《信托公司管理办法》第八条①规定的设立信托公司须具备的条件。

其次，我们认为受托人因受托管理农民的土地承包经营权，还应当拥有良好的资信状况、社会声誉与参与市场竞争的实力。土地承包经营权是对农民生活的基本保障，若受托人没有良好的资信状况与声誉，将难以避免地出现受托人利用管理土地承包经营权之便谋取自身利益，而最终损害委托人的利益。同时，若受托人没有参与市场竞争的实力，便无法整合市场上众多优质资源，更无法达到通过土地信托促进我国农业市场化，增强农业竞争力的目的。此外，若自然人担任农村土地承包经营权信托的受托人，即使其拥有良好的资信状况与充足的市场竞争力，但由于其以个人身份作为信托受托人，本身行为就缺乏组织机构的监督与约束，且自然人的道德风险的把控难度非常之大，因此，我们认为自然人成为土地信托的受托人是不适合的。综合以上分析，土地信托的受托人应由拥有良好口碑及竞争力的组织担任，这样才能更好地为农民创造收益，更好地对土地承包经营权进行保护。

在我国农村土地承包经营权信托的早期实践中，土地信托机构在作为受托人时或多或少带有官方的性质，比如前文中所介绍的浙江绍兴的县、镇、村土地信托体系等可以看出，这些土地信托组织多数都带有政府行政的色彩。不可否认的是，在土地信托推行初期，这种可能带有行政引导色彩的土地信托机构有利于土地信托的运行，但是我们认为土地信托机构应当接受市场化的选择，政府应当站在监管者的角度引导土地信托机构，并确保我国土地政策的正确有效运行。这样才能推进土地信托机构市场竞争力的提升，进而提高其土地信托事务的管理能力，最终为土地信托的委托人及受益人更好地服务。

2. 受托人的权利及义务

（1）受托人的权利

首先，我们应该肯定受托人在土地信托法律关系中的关键地位，因为土地

---

① 《信托公司管理办法》规定：设立信托公司，应当具备下列条件：

（一）有符合《中华人民共和国公司法》和中国银行业监督管理委员会规定的公司章程；

（二）有具备中国银行业监督管理委员会规定的入股资格的股东；

（三）具有本办法规定的最低限额的注册资本；

（四）有具备中国银行业监督管理委员会规定任职资格的董事、高级管理人员和与其业务相适应的信托从业人员；

（五）具有健全的组织机构、信托业务操作规程和风险控制制度；

（六）有符合要求的营业场所、安全防范措施和与业务有关的其他设施；

（七）中国银行业监督管理委员会规定的其他条件。

信托一旦成立，委托人只需交付信托财产即其享有的土地承包经营权，受益人只需享有受益权即可，然而对受托人而言必须通过自己对信托财产的经营与管理，才能使信托目的得以实现。因此确保受托人享有以下权利，才能促进其更好地对信托财产进行有效管理。

①享有土地经营管理的权利

受托人在农村土地承包经营权信托成立之时就应当取得土地经营管理的权利，这也是受托人处理农村土地承包经营权信托事务的基本权利。此项权利包括在一定期限内有权占有并使用作为信托财产的土地承包经营权，可获取其经营所得的收益，并可在与委托人签订的合同及法律法规许可的权限范围内对信托财产实施一定的处置行为。受托人因管理信托事务所得的收益及亏损均应归属于信托财产，并最终归于受益人。

②独立处理土地信托事务的权利

在农村土地承包经营权信托当中，土地承包经营权人将其持有的土地承包经营权作为信托财产转移给受托人后，受托人便有权在法律法规许可及合同约定的范围内，以其自己的名义对作为信托财产的土地承包经营权进行管理。委托人不应当对受托人处理信托事务进行过多的干涉，而应当信任自己选用的受托人，否则将导致信托事务处理的效率低下，最终受到影响的仍是自己或受益人。

③获取信托报酬的权利

当受托人遵守信托目的和信托职责，恰当处理信托事务，并为受益人赢得利益时，受托人有权获得信托报酬。根据我国《信托法》第三十五条①的规定，受托人可以依据信托合同的约定取得相应的信托报酬。信托合同是有偿合同，受托人依约处理信托事务，为受益人创造利益的同时有权收取报酬。受托人的报酬应当在信托合同中约定，受托人依照合同约定的数额收取。同时，为了保障受托人获取信托报酬权利的顺利实现，在土地信托中，若信托终止受托人未获得应取得的信托报酬时，应当赋予其将土地承包经营权经营管理所得收益拥有留置权。

④优先受偿的权利

受托人在土地的经营管理过程中，因为需要以自己的财产，而非信托财产

---

① 《信托法》第三十五条规定："受托人有权依照信托文件的约定取得报酬。信托文件未作事先约定的，经信托当事人协商同意，可以作出补充约定；未作事先约定和补充约定的，不得收取报酬。"

支付信托事务管理中的必要费用，或者向信托财产的债权人偿还债务，那么，在受托人与委托人（受益人）之间形成债权债务关系，受托人为债权人、委托人（受益人）为债务人，受托人可以用信托财产受偿，当信托财产负担更多其他债务时，受托人因管理信托事务而产生的对信托财产的债权可优于其他债权，即受托人的债权在信托财产上优先受偿。

（2）受托人的义务

在土地信托中，受托人对土地承包经营权有着直接的控制，因而对受托人义务的强调非常重要，同时，受托人义务的有效履行也是促使农村土地承包经营权信托的目的及委托人与受益人利益得以实现的重要保障。

①信托终止时返还信托财产的义务

在土地信托终止时，受托人应当根据信托文件的约定将信托财产即土地承包经营权及信托期间产生的收益一并交由受益人。根据信托原理，在信托法律关系中，受托人交付信托财产及收益应当是最基本的义务。土地承包经营权人设定农地信托的目的在于通过信托为受益人创造利益，因此，受托人本着实现信托财产价值最大化的原则，为实现受益人利益最大化而尽职尽责地管理信托财产、处理信托事务，并依据信托合同的约定以管理信托财产所赢得的利益向受益人支付。受托人向受益人支付的利益应当在农地经营所得的范围内，受益人提出超出经营所得的范围利益的，受托人有权拒绝。因自然灾害等不可抗力的事由导致盈利减少或无盈利的，可以免除受托人向受益人支付信托利益的义务。

②诚实管理的义务

土地权信托的受托人的善良管理义务要求其将信托财产即承包土地视同自己的自有财产一样去经营管理，并在经营管理过程中恪守诚实、诚信与谨慎。我国《信托法》对受托人的忠实义务进行了详尽的规定。农地信托的受托人应当遵照《信托法》第二十五条①的规定尽其诚实义务。具体内容包括：第一，受托人应以受益人利益最大化为信念处理信托义务，不得利用信托财产为自己谋取利益。如果在管理信托事务中为自己谋取了不当利益，应当将所得利益归入信托财产；第二，受托人应当诚实守信，恪守诺言，诚实对待委托人、受托人，以及实施信托管理行为的相对人，因未遵守诚信义务而给相对人或受

---

① 《信托法》第二十五条规定："受托人应当遵守信托文件的规定，为受益人的最大利益处理信托事务。受托人管理信托财产，必须恪尽职守，履行诚实、信用、谨慎、有效管理的义务。"

益人造成损失的，应当以自己的财产，而不是以信托财产承担赔偿责任；第三，受托人应当谨慎、恰当管理信托事务，未尽谨慎注意义务而给受益人造成损失的，应当以自己的财产承担赔偿责任。受托人能否认真履行上述义务将直接影响到信托目的的实现。在实践中，诚实管理义务的履行与否很难界定，一般而言应依据信托的目的及信托期间社会的一般标准加以综合判断。

③分别管理自有财产与信托财产的义务

根据我国《信托法》第二十九条①的规定，受托人应当将其自有财产与信托财产进行严格区分，分别管理，否则会导致信托财产流失，严重侵害委托人与受益人的利益。

④告知的义务

委托人享有知情权，相对应的受托人的义务便是告知义务，受托人应当将农地的耕种、产量、销售、收支等一系列情况每年定期向委托人和受益人报告，如委托人询问时，如实向委托人说明。为了更清晰地说明信托事务的具体情况，受托人应当将信托事务管理的所有细节记录在案，以便随时供委托人或受益人查阅、复印。

⑤不改变土地农业用途的义务

根据法律规定，我国农村土地承包经营权流转后不能改变土地的农业用途，因此作为农村土地承包经营权信托的受托人更应当确保受托土地的农用性质不变，合理有效地对受托土地加以利用、管理与经营。

⑥接受监督的义务

对应委托人对受托人的监督权利，在土地信托中，受托人应当履行接受包括委托人及监管部门的监督的义务，在农村土地承包经营权信托的存续期间，委托人有权了解土地承包经营权的管理与经营情况，并有权查阅相关资料，要求受托人对信托事务的处理情况作出说明等，受托人均应当接受。

⑦保密的义务

受托人对农地经营管理的所有事项所做的资料和情况汇总等受托人负有对外保密的义务，不得向无关的他人泄露，但是，土地承包经营权的发包人向受托人了解信托财产及信托事务管理等事项，受托人向发包人解释、说明的，不属于保密义务的违反。

---

① 《信托法》第二十九条规定："受托人必须将信托财产与其固有财产分别管理、分别记账，并将不同委托人的信托财产分别管理、分别记账。"

（三）土地信托受益人的选择

根据我国《信托法》第四十三条①的规定，受益人是享有信托受益权的自然人、法人或其他组织，委托人可以是受益人，也可以指定其他人为受益人，且在农村土地承包经营权信托中，受益人通常就是委托人自身，此时受益人与委托人的权利义务是重合的。但是，由于法律没有限制，委托人仍有权利赋予任何人为信托受益权人的资格。在农村土地信托中，受益人是指土地承包经营权人指定的享有因管理土地承包经营权所生利益的人。依信托法原理，农村土地信托的受益人应由土地承包经营权人在信托合同中指定，其范围既可以是自己或家庭成员，也可以是自然人、法人或者依法成立的其他组织；既可以是以自己为唯一受益人，又可以和他人一起成为共同受益人；既可以将土地信托机构列为共同受益人之一，也可以不予其受益权利。实践中，鉴于农村土地实行家庭承包制的目的及土地承包经营权是农民赖以生存的基础，我们认为应当将以家庭承包取得的土地承包经营权设立农村土地承包经营权信托的受益人范围设立为土地承包经营权人本人必须是受益人之一，既可是唯一受益人，也可是共同受益人。但通过招标、拍卖以及公开协商等方式取得农村土地承包经营权而设立农村土地承包经营权信托的，其受益人可不受上述限定。

（四）土地信托客体的确定

农村土地信托的客体主要是指土地承包经营权，土地承包经营权是一种用益物权，具有用益物权的一般特性，包括土地承包经营者享有的对其所承包的农业用地占有、使用和收益的权利；也是我国一种特有的用益物权，是由农村集体所有和国家所有，依法由农民集体使用的在土地上进行耕作、养殖或者畜牧等农业活动的权利。

二、土地信托的运作机制

（一）土地信托的交易成本优势

前面章节论述了土地信托的功能优势及现实意义，若引入信托制度后，能够有效降低土地流转当事人的交易成本，则证明了土地信托的成本优势。这

---

① 《信托法》第四十三条规定："受益人是在信托中享有信托受益权的人。受益人可以是自然人、法人或者依法成立的其他组织。

委托人可以是受益人，也可以是同一信托的唯一受益人。

受托人可以是受益人，但不得是同一信托的唯一受益人。"

样，土地信托制度作为一项更好的制度选择在推进农村现代化、土地高效流转方面将发挥重要作用。

前面分析过，信托业务是一种以信用为基础的法律行为，一般涉及三方面当事人，即投入信用的委托人，受信于人的受托人，以及受益于人的受益人。信托业务是由委托人依照契约或遗嘱的规定，为自己或受益人的利益，将财产上的权利转给受托人，受托人按规定的条件和范围，占有、管理、使用信托财产，并分配其收益。信托业务效率的高低通过信托合同的签订及效果来体现，具体可从两方面来论证。（1）信托合同签订前，潜在的交易双方的谈判成本越低，信托合同本身的效率越高；（2）通过与传统交易模式中的合同法理论相比较，论证信托机制的引入会提高合同的效率，降低交易成本。具体到土地信托，与一般的信托业务不同的是，一般意义上的信托业务的信托财产以债券、土地、房屋、银行存款等有形财产居多，而土地信托中的信托财产为土地承包经营权这种无形资产，无形资产的交付具有不能直接交付信托财产或者权属证明的性质，这也是前面土地确权部分我们得出需要将土地承包经营权确权到户、登记公示结论的出发点，而其落脚点仍然是减少土地纠纷，保护土地信托各方当事人的利益，尤其是处于弱势地位的农民的权益。

在论证土地信托具有交易成本优势之前，这里，我们将区分两个大家容易混淆的概念。

首先，土地承包经营权证和土地信托登记凭证之间的区别。农村土地承包经营权证是农村土地承包经营权的物质载体及法律凭证，具体包括名称、编号、发证机关、承包期限、承包土地信息等，集体经济组织的成员均可依法享有该权利，是农民拥有土地承包经营权的权利证明，不能把该权利证明作为参与交易的标的物；而土地信托登记凭证在不转移土地承包经营权证的情况下，有利于保护原承包人的权益，同时也证明了土地信托各方当事人参与其中的事实。

其次，契约和合同的区别。按照《现代汉语词典》的解释，契约是指"依照法律订立的正式的证明、出卖、抵押、租赁等关系的文书"；合同是指双方当事人基于对立合致的意思表示而成立的法律行为，为私法自治的主要表现，意指盖印合约中所包含的合法有效承诺或保证。一般而言，合同是指私法上的法律行为，可分为债权合同、物权合同及身份合同等。我国的法律体系下，合同具有相对性，双方无信托关系，因此在委托人委托信托财产到受益人得到财产收益的过程中，须订立多个合同以约定合同双方权利义务，同时订立新合同再次确定三方当事人权利义务，但订立合同从准备阶段开始，依次经历谈判、签约、执行、监督、救济等阶段，每个阶段都分别产生交易成本，因此合同法下的缔约成本和公示成本很大；但信托契约是以信托财产这一事物订立的，可以同时规范各方当事人的权利义务，这就可以大大降低缔约成本和公示成本。单从订立合同或契约的成本来讲，信托契约更有缔约和公示成本优势。

上面是从订立合同或契约的缔约和公示成本角度来论证信托契约更有效，下面从产权明晰角度来论证引入信托机制能够提高效率，降低交易成本。

我们假设 A、B、C 三方当事人，若 A 作为委托人将自己的财产委托给受托人 B 管理，并将收益分配给受益人 C，可通过签订合同或者设立信托两种方式取得上述效果。但采用合同方式，则需签订多个合同才能达到上述效果，且各个合同存续期内的财产权的归属不明晰，有可能出现财产主体空白或者多个财产主体的情况，这无疑会增加其交易成本；若采用信托契约的方式，信托三方当事人之间的法律关系及其权利义务都会受信托契约的约束，此时，信托业务的委托人将逐渐淡出信托关系，实际上的信托关系只是在受益人与受托人之间存在，此时产权完成了转移，即信托财产的产权从委托人手中转移给了受托人，三方当事人的权利义务及财产权属都得到了明确的界定。

具体到土地信托，通过前面分析我们知道，土地信托的受益人一般为委托人，这里我们假设委托人自己是受益人。土地承包经营权权属明晰是各方当事人利益得到保障的基础，若采用合同方式，则不能够判定土地承包经营权是否转移给了受托人，对于委托人而言，由于委托人仍然持有土地承包权，他就有可能参与管理土地，或者中止管理活动，这无疑会干扰受托人经营管理土地，降低土地产出收益，损失双方利益；对于受托人而言，由于没有对土地的支配权，就可能会出现道德风险和逆向选择风险，受托人自己的信用和土地产出收益也都会有一定的损失；对于第三方而言，若土地承包经营权属不明晰，参与土地流转的第三方承担的风险相对较大，进行交易的动机就会减小。综合来看，采取传统交易中的合同方式，使得土地承包经营权属不明晰，从而损害各方当事人的利益。这里，我们用盈利矩阵来论证这一结论。

我们假设合同双方转移土地承包经营权的成本为 C_1，委托人与受托人只有其中一方公示财产转移情况时的收益为 P_{U1}，双方都公示财产转移情况时的收益为 P_{P1}，管理财产收益为总收益与转移财产成本之差。当委托人与受托人都不公示财产转移情况时，土地承包经营权属不明晰，参与土地流转的交易风险很大，可以认为双方收益为零，此时 C_1 也为零。可得到如表 3－2 所示的双方盈利矩阵。

表 3-2 合同法下交易双方的盈利矩阵

委托人	受托人	
	公示	不公示
公示	$(P_{P1} - C_1, P_{P1} - C_1)$	$(P_{U1} - C_1, P_{U1})$
不公示	$(P_{U1}, P_{U1} - C_1)$	$(0, 0)$

由表 3-2 可知，在未引入信托机制的合同法下，双方都公示财产转移情况并不一定是唯一的纳什均衡状态。比如当 $C_1 = 2$，$P_{U1} = 3$，$P_{P1} = 4$ 时，其中一方公示，另外一方不公示财产转移情况则成为纳什均衡状态，且该均衡状态不唯一。如表 3-3 所示：

表 3-3 合同法下交易双方的盈利矩阵举例

委托人	受托人	
	公示	不公示
公示	$(2, 2)$	$(1, 3)$
不公示	$(3, 1)$	$(0, 0)$

引入信托机制后，土地承包经营权属非常清晰，能够有效避免上述合同法中的各种风险。采用信托契约方式，若其中一方不公示财产转移情况，则说明其可能存在道德风险，这会给信托交易带来损失，不公示财产转移的一方需承担责任，且该责任成本为违约成本与损害赔偿成本之和，其中一方不公示产生的收益则需承担违约责任，可知责任成本一定大于或者等于一方不公示产生的收益，假设责任成本为 C_r，一方公示财产转移情况时的收益为 P_{U2}，双方都公示财产转移情况时的收益为 P_{P2}，且 C_r 大于或等于 P_{U2}，同理合同法，当委托人与受托人都不公示财产转移情况时，土地承包经营权属不明晰，参与土地流转的交易风险很大，可以认为双方收益为零，此时 C_2 也为零。双方盈利矩阵如表 3-4 所示：

表 3-4 信托契约法下交易双方的盈利矩阵

委托人	受托人	
	公示	不公示
公示	$(P_{P2} - C_2, P_{P2} - C_2)$	$(P_{U2} - C_2, P_{U2} - C_r)$
不公示	$(P_{U2} - C_r, P_{U2} - C_2)$	$(0, 0)$

由表 3 - 4 可知，信托契约下的责任成本 C_r 大于或等于一方公示财产转移情况时的收益 P_{U2}，双方都公示财产转移情况是唯一的纳什均衡状态。比如当 $C_2 = 2$，$C_r = 4$，$P_{U2} = 3$，$P_{P2} = 5$ 时，双方都公示财产转移情况是唯一的纳什均衡状态。如表 3 - 5 所示：

表 3 - 5　　　　　　　　信托契约法下交易双方的盈利矩阵举例

委托人	受托人	
	公示	不公示
公示	(3, 3)	(1, -1)
不公示	(-1, 1)	(0, 0)

在物理意义上的外界经济环境相同的情况下，将传统交易下的合同法与信托契约法的缔约成本和公示成本进行比较，及交易双方盈利矩阵的分析，我们发现，引入信托机制改变了博弈双方的盈利结构，双方都公示财产转移情况明晰了土地承包经营权属，降低了交易成本，保护了交易各方当事人的利益。可见，引入信托制度有效避免了传统交易下合同法的不足，是一种更好的制度选择。

（二）土地信托主体的动态博弈

1. 不完全信息有限动态博弈模型

在土地信托中，委托人与受托人都是理性经济人，他们在一定的约束条件下都追求自己利益和效用的最大化，双方在土地信托的过程中无疑会存在动态博弈的过程。

在这个博弈的过程中，根据自身利益最大化原则，委托人会有两种选择：委托，不委托；受托人也有两种选择：受托，不受托，在受托的情况下又可延伸出两种选择：努力，偷懒。

对于委托人而言，在不委托的情况下，委托人选择自己经营土地，假设此时委托人的收益为 P_{e1}；在委托的情况下，委托人选择将土地委托给他人经营管理土地，假设此时委托人的收益为 P_{e2}。若委托人自己经营土地，由于没有专业化的知识和设备，且治理土地成本较高，国家对土地治理也比较有限，从长远来看，土地遭受破坏的程度会加大，这更加大了土地的治理成本，这时委托人自己经营土地的收益就会小于委托给他人获得的收益，即 $P_{e1} < P_{e2}$，委托人就会选择委托土地；若委托人自己经营土地，并拥有专业的知识和设备，且土地质量较好，土地治理成本较低，委托人自己经营土地的收益就会大于委托

给他人获得的收益，即 $P_{e1} > P_{e2}$，委托人就会选择自己经营土地。

对于受托人而言，如果委托人不进行委托，假定受托人从事其他业务获取的收益，即其机会成本为 u，此时委托人、受托人的收益向量为（P_{e1}，u）。如果委托人进行委托，受托人会有两种选择，即受托，不受托，若受托人选择不受托，则委托人、受托人的收益向量仍为（P_{e1}，u）；若受托人选择受托，则受托人对土地进行经营管理仍然有两种选择，即努力，偷懒。

受托人对土地进行经营管理，土地就会产生产出收入，土地的产出收入主要由土地信托后的效果及其产生的经济和社会效益组成，在忽略外界风险和自然因素的情况下，土地的产出收入主要由受托人的努力程度及外界其他不确定因素决定，设土地产出收入为 Q，h 为衡量受托人努力程度的变量，Q 是 h 的因变量，即土地产出收入的大小主要由受托人的努力程度 h 决定，f 代表由于外界不确定因素引起的产出变化，假设该变量符合标准正态分布，即 f 为均值为零，方差为 δ^2 的正态分布随机变量，则土地产出收入 $Q = h + f$。因此，

$$E(Q) = E(h + f) \quad Var(Q) = \delta^2 \tag{1}$$

委托人将土地信托给受托人，各方当事人签订信托契约，契约规定受托人经营管理土地取得的报酬，该部分报酬包括受托人可获得的土地产出份额与潜在的隐性收入两部分，其中隐性收入是由于受托人经营管理土地产生的社会效益，及国家对此进行的补贴及减免收入等，我们用 P_c 表示受托人取得的信托契约收益，$\alpha(Q)$ 表示隐性收入，β 表示受托人获得的土地产出因子，βQ 表示受托人获得的土地产出份额，则受托人取得的信托契约收益

$$P_c = \alpha(Q) + \beta Q \quad (0 \leq \beta \leq 1) \tag{2}$$

当 $\beta = 0$ 时，受托人不能获得任何土地产出份额，也不用承担因产出变化带来的风险；当 $\beta = 1$ 时，受托人可获得全部的土地产出收入，当然，也需承担全部的产出变化带来的风险。在实际土地信托中，受托人受托经营管理土地，需对土地进行治理，该治理过程一般比较长，受托人从土地上获取的产出收益很小，尤其是贫瘠的土地，几乎不能获得土地产出收入，我们近似认为 $\beta = 0$。

此时，委托人的收益应为土地产出收入减去信托契约中约定的受托人的收益，我们假设委托人为风险中性者，委托人的收益为 P_e，则

$$P_e = Q - P_c = Q - \alpha(Q) - \beta Q \quad (0 \leq \beta \leq 1) \tag{3}$$

而受托人获得的实际收益并不是信托契约收益 P_c，且小于 P_c，这是因为受托人在对土地进行经营管理的过程中需付出一定的人力、物力、财力等成本

支出，同时需承担一定的风险，我们假定受托人付出的成本支出为 $C(h)$，风险成本支出为 $R(\beta)$，其中成本支出 $C(h)$ 与努力程度相关，我们令 $C(h) = ah^2/2$，a 为成本支出系数，成本支出系数越大说明受托人由于努力耗费的成本支出越大，即同样的努力 h 带来的负效用越大；风险成本支出 $R(\beta)$ 与 β 相关，由于 β 服从标准正态分布，这里我们令 $R(\beta) = b\beta^2\delta^2/2$，其中 b 是风险成本支出系数，同时受托人的实际收益为 P_d，则

$$P_d = P_c - C(h) - R(\beta) = \alpha(Q) + \beta Q - ah^2/2 - b\beta^2\delta^2/2 \quad (0 \leq \beta \leq 1)$$

$$(4)$$

从前面所知，委托人的收益为 $P_e = Q - P_c = Q - \alpha(Q) - \beta Q$，受托人实际收益为 $P_d = P_c - C(h) - R(\beta) = \alpha(Q) + \beta Q - ah^2/2 - b\beta^2\delta^2/2$，当 β 趋于 0 时，委托人的收益为 $Q - \alpha(Q)$，受托人实际收益为 $P_d = \alpha(Q) - ah^2/2$，也就是说，土地越贫瘠，委托人获得的收益越大，但受托人越努力，受托人可获得的实际收益越小，受托人就会选择不努力，当受托人完全偷懒时，委托人、受托人的收益向量为 $[Q - \alpha(Q) - \beta Q, \alpha(Q) + \beta Q - b\beta^2\delta^2/2]$；只有当受托人取得的实际收益大于其机会成本，即 $P_d > u$，受托人才会选择努力，此时委托人、受托人的收益向量为 $[Q - \alpha(Q) - \beta Q, \alpha(Q) + \beta Q - ah^2/2 - b\beta^2\delta^2/2]$。具体见图 3 - 3，其中第 1 阶段的主体是委托人，第 2 阶段和第 3 阶段的主体是受托人。

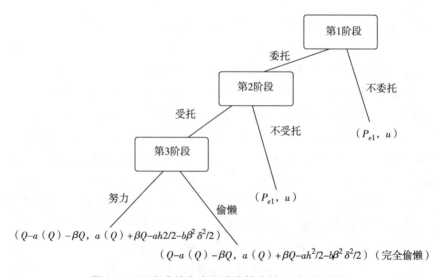

图 3 - 3　不完全信息有限动态博弈的二叉树分析图

在不完全信息情况下，委托人不能观测到受托人的行为，只能观测到相关变量，这些变量由受托人的行动和其他外生的随机因素共同决定，在本模型中，委托人能观测到的变量为土地产出收入 Q。因而，委托人不能使用"强制合同"来迫使受托人选择委托人希望的行动，需要引入激励兼容约束机制。于是委托人的问题是选择满足受托人参与约束和激励兼容约束的"激励合同"使自己的期望效用最大化。当信息不完全时，最优分担原则应满足莫里斯——霍姆斯特姆条件（Mirrlees – Holmstrom condition）。莫里斯（Mirrlees，1974）和霍姆斯特姆（Holmstrom，1979）引入"一阶条件法"（the first – order approach）证明受托人行为是一个一维连续变量时、信息不完全时的最优合同。我们这里运用莫里斯和霍姆斯特姆的"一阶条件法"来研究土地信托中委托人和受托人的效用最大化问题。

我们用 M 表示受托人行为选择的集合，h 表示集合中的一个子集，由莫里斯和霍姆斯特姆的"一阶条件法"可知，h 是代表努力程度的一个一维变量。为了分析方便，我们假设 h 有两个取值，即努力和偷懒，其中 H 代表受托人努力经营土地，L 代表受托人的偷懒行为，设受托人努力工作的分布函数和密度函数分布为 $F_H(Q)$ 和 $f_H(Q)$，且 $F_H(Q) \leqslant F_L(Q)$，这是因为受托人努力经营土地肯定比偷懒更容易取得土地的高产出。成本方面，受托人越努力，其付出的成本支出越大，即 $C(H) > C(L)$，其中 $C(H)$ 代表受托人努力时的成本支出，$C(L)$ 代表受托人偷懒时的成本支出。而委托人关心的不是受托人的成本支出，而是受托人的努力程度，即 $h = H$，为了使受托人积极努力地经营土地，委托人需放弃完全信息下的帕累托最优的"强制合同"，而选择在激励约束机制下的自身效用最大化。

前面提到，不完全信息下，委托人的问题是选择满足受托人参与约束和激励兼容约束的"激励合同"使自己的期望效用最大化，我们假设委托人设计的"激励合同"的受托人的报酬为 P_c，根据委托人能够观测到的土地产出 Q 对受托人的土地经营效果进行评价，根据评价结果对受托人进行相应的奖惩。假设委托人为风险中性者，受托人为风险规避者，他们的 VNM 期望效用函数[①]分别为 $v(Q - P_c)$ 和 $u[P_c - C(h) - R(\beta)]$

委托人的期望效用等于期望收入，即

---

① VNM 效用函数的实际意义是当消费者面临不确定性时，我们能依靠效用函数最大化来分析消费者的行为选择。

$$E[v(Q - P_c)] = E(Q - \alpha(Q) - \beta Q) = -\alpha(Q) + E[(1 - \beta)Q] =$$
$$-\alpha(Q) + (1 - \beta)h \quad (0 \leq \beta \leq 1) \tag{5}$$

受托人的期望效用等于期望收入，即

$$E[u(P_c - C(h) - R(\beta))] = \alpha(Q) + \beta h - ah^2/2 - b\beta^2\delta^2/2 \quad (0 \leq \beta \leq 1) \tag{6}$$

则受托人接受委托的参与约束条件（IR）为

$$\alpha(Q) + \beta h - ah^2/2 - b\beta^2\delta^2/2 \geq u \quad (0 \leq \beta \leq 1) \tag{7}$$

不完全信息情况下，委托人不能观测到受托人的努力程度 h，此时受托人选择自己的效益最大化，对式（6）进行求导，可得

$$h = \beta/a \quad (0 \leq \beta \leq 1) \tag{8}$$

即受托人的激励相容约束（IC）为 $h = \beta/a$，此时委托人的问题是选择参数 α 和 β 来实现自身效用的最大化，即

$$[\max_{\alpha,\beta} E(V) = -\alpha(Q) + (1 - \beta)h] \tag{9}$$

同时满足 $\alpha(Q) + \beta h - ah^2/2 - b\beta^2\delta^2/2 \geq u \quad (0 \leq \beta \leq 1) \quad (IR)$

$$h = \beta/a \quad (0 \leq \beta \leq 1)(IC)$$

将参与约束 IR 与激励相容约束 IC 代入目标函数，并进行一阶求导可得

$$\beta = 1/(ab\delta^2 + 1) \tag{10}$$

显然，$\beta > 0$，即受托人获得的土地产出因子大于零，相应地，受托人需承担一定的风险，且 β 是 a、b、δ^2 的递减函数。完全信息下，受托人的努力水平可观测，$\beta = 1$ 时受托人的努力水平最高为 $1/a$；不完全信息下，受托人的努力水平不可观测，$\beta > 0$，也就是前面提到的帕累托最优风险分担和帕累托最高努力水平都无法达到。

此时受托人的最高努力水平为 $h = \beta/a = 1/a(ab\delta^2 + 1) < 1/a$ \qquad (11)

即不完全信息下受托人的最高努力水平低于完全信息下受托人的努力水平。当委托人不能观测到受托人的努力情况时，受托人将选择 $h < 1/b$，从而增加自身的经济效用，他会把责任归为外界不确定因素 f，以此来逃避委托人的指责，即存在"道德风险"问题。

2. 完全信息有限动态博弈模型

同不完全信息的情况下一样，土地信托中的委托人与受托人都是理性经济人，他们在一定的约束条件下都追求自己利益和效用的最大化，双方在土地信托的过程中无疑会存在动态博弈的过程。在这个博弈的过程中，根据自身利益

最大化原则，委托人会有两种选择：委托，不委托，在委托的情况下，受托人也有两种选择：受托，不受托，在受托的情况下又可延伸出两种选择：努力，偷懒。

不同的是，在完全信息有限动态博弈模型中，受托人的行为（即努力，偷懒）是可以被观察到的，此时激励约束相容机制不起作用。委托人可以根据观测到的受托人行为对其进行奖惩。此时，帕累托最优风险分担和帕累托最高努力水平都可以达到，委托人可以使用"强制合同"来迫使受托人选择委托人希望的行动。我们假设信托契约为标准契约，即收益固定，不随受托人的努力程度及其他外界因素变化。委托人可以观测到受托人的努力水平 h，此时激励相容约束（IC）不起作用，只要是满足参与约束（IR）的标准信托契约，委托人即可获得固定收入，与受托人的努力程度无关。

这里，我们将土地分为肥沃的土地和贫瘠的土地两种情况讨论双方博弈的过程。

（1）肥沃土地下的动态博弈

同不完全信息下的动态博弈一样，委托人面临委托或者不委托土地，也就是向受托人提供一个信托契约，若委托人选择自己经营土地，假设此时委托人的收益为 P_{e1}；若委托人选择将土地委托给他人经营管理土地，假设此时委托人的土地收益为固定收益 P_{e2}，需满足 $P_{e2} + M > P_{e1}$，委托人才会将土地委托给受托人，其中 M 为委托人从土地中解放出来从事其他工作（包括职业农工、进城务工、自己创业及国家的经济补偿等）获得的收入，这部分收入对委托人是否委托土地的决定起着关键作用，如果委托人将土地委托给受托人后能够迅速从事其他工作并获得较大的收入，则他们将土地委托出去的动机就比较大；如果委托人不能够容易地获取其他收入，则他们委托土地的动机就会降低。对于受托人而言，如果委托人不进行委托，假定受托人从事其他业务获取的收益，即其机会成本为 u，此时委托人、受托人的收益向量为（P_{e1}，u）。如果委托人进行委托，受托人会有两种选择，即受托，不受托，若受托人选择不受托，则委托人、受托人的收益向量仍为（P_{e1}，u）；若受托人选择受托，则受托人对土地进行经营管理仍然有两种选择，即努力，或偷懒。

受托人对土地进行经营管理，因为土地是肥沃的，受托人治理土地的成本比较低，只要注意种植方法，土地就会产生产出收入，土地的产出收入主要由土地信托后的效果及其产生的经济和社会效益组成，在忽略外界风险和自然因素的情况下，土地的产出收入主要由受托人的努力程度及外界其他不确定因素决定，设土地产出收入为 Q，h 为衡量受托人努力程度的变量，Q 与 h 呈线性关系，f 为衡量外界不确定因素的变量，假设该变量符合标准正态分布，即 f 为均值为零，方差为 δ^2 的正态分布随机变量，则土地产出收入 $Q = h + f$。因此，

$$E(Q) = E(h + f) \quad Var(Q) = \delta^2 \tag{12}$$

委托人将土地信托给受托人，各方当事人签订信托契约，契约规定受托人经营管理土地取得的报酬，该部分报酬包括受托人可获得的土地产出份额与潜在的隐性收入两部分，其中隐性收入是由于受托人经营管理土地产生的社会效益，及国家对此进行的补贴及减免收入等，我们用 P_c 表示受托人取得的信托契约收益，$\alpha(Q)$ 表示隐性收入，β 表示受托人获得的土地产出因子，βQ 表示受托人获得的土地产出份额，则受托人取得的信托契约收益

$$P_c = \alpha(Q) + \beta Q \quad (0 \leq \beta \leq 1) \tag{13}$$

当 $\beta = 0$ 时，受托人不能获得任何土地产出份额，也不用承担因产出变化带来的风险；当 $\beta = 1$ 时，受托人可获得全部的土地产出收入，当然，也需承担全部的产出变化带来的风险。在实际土地信托中，受托人受托经营管理土地，需对土地进行治理，该治理过程一般比较长，受托人从土地上获取的产出收益很小，尤其是贫瘠的土地，几乎不能获得土地产出收入，我们近似认为 $\beta = 0$。

此时，委托人的收益应为土地产出收入减去信托契约中约定的受托人的收益，我们假设委托人为风险中性者，委托人的收益为 P_e，则

$$P_e = Q - P_c = Q - \alpha(Q) - \beta Q \quad (0 \leq \beta \leq 1) \tag{14}$$

而受托人获得的实际收益并不是信托契约收益 P_c，且小于 P_c，这是因为受托人在对土地进行经营管理的过程中需付出一定的人力、物力、财力等成本支出，同时需承担一定的风险，我们假定受托人付出的成本支出为 $C(h)$，风险成本支出为 $R(\beta)$，其中成本支出 $C(h)$ 与努力程度相关，我们令 $C(h) = ah^2/2$，a 为成本支出系数，成本支出系数越大说明受托人由于努力耗费的成本支出越大，即同样的努力 h 带来的负效用越大；风险成本支出 $R(\beta)$ 与 β 相关，由于 β 服从标准正态分布，这里我们令 $R(\beta) = b\beta^2\delta^2/2$，其中 b 是风险成本支出系数，同时受托人的实际收益为 P_d，则

$$P_d = P_c - C(h) - R(\beta) = \alpha(Q) + \beta Q - ah^2/2 - b\beta^2\delta^2/2 =$$
$$\alpha(Q) + \beta(h + f) - ah^2/2 - b\beta^2\delta^2/2 \quad (0 \leq \beta \leq 1) \tag{15}$$

从前面所知，委托人的土地产出收益为固定收益 P_{e2}，当受托人给予委托人信托契约中约定的固定收益 P_{e2} 时，剩下的土地产出收入都由受托人获得。所以给予委托人约定的经济收益后，我们认为 $\beta1$，此时受托人的收益为 α (Q) $+ h + f - ah^2/2 - b\delta^2/2$，当受托人努力经营土地时，其收益为 $P_H = \alpha_H$ (Q) $+ h_H + f_H - a_H h_H^2/2 - b_H \delta_H^2/2$；当受托人偷懒时，其收益为 $P_L = \alpha_L$ (Q) $+ h_L + f_L - a_L h_L^2/2 - b_L \delta_L^2/2$。

受托人是理性的经济人，其决策原则肯定为 $P_H > P_L > u$，即只有当

$$\alpha_H(Q) + h_H + f_H - a_H h_H^2/2 - b_H \delta_H^2/2 > \alpha_L(Q) +$$
$$h_L + f_L - a_L h_L^2/2 - b_L \delta_L^2/2 > u \qquad (16)$$

时，受托人才会接受委托并努力经营土地，式（16）也是受托人努力的激励相容约束（IC）。

由于信托契约规定了委托人的固定收益，因此委托人不会去关心受托人经营土地的努力程度。这样，在没有外部监督的情况下，由于存在土地使用年限较短、土地产出收益一般较少等问题，根据自身效益最大化原则，受托人可能会选择改变土地用途，或者进行短期经营行为，这都会在一定程度上破坏土地的农业用途及产出效率，这时，就需要政府部门介入，对受托人进行外部监督，以规范受托人的土地利用行为，保证土地的农业用途，从而保障各方利益。

在政府的外部监督下，受托人一般会选择努力经营土地，若经营土地的效果符合政府的奖励或者补贴政策，政府会给予其一定的奖励，相反，若受托人经营土地的效果极差，政府也会给予一定的惩罚，假设奖励为 m，惩罚为 n，则受托人的激励相容约束（IC）为 $P_H + m > P_L - n > u$，即

$$\alpha_H(Q) + h_H + f_H - a_H h_H^2/2 - b_H \delta_H^2/2 + m > \alpha_L(Q) +$$
$$h_L + f_L - a_L h_L^2/2 - b_L \delta_L^2/2 - n > u \qquad (17)$$

因此，在政府的外部监督下，只要政府的奖励 m 和惩罚 n 合理，受托人也会选择接受委托，并努力经营土地，获得土地高效收益，同时也保护了土地的高效农业用途。

具体见图 3-4，其中第 1 阶段的主体是委托人，第 2 阶段和第 3 阶段的主体是受托人。

（2）贫瘠土地下的动态博弈

同肥沃土地的动态博弈一样，委托人面临委托或者不委托土地，受托人有受托和不受托两种选择，在受托的情况下，受托人还可以选择努力或者偷懒。

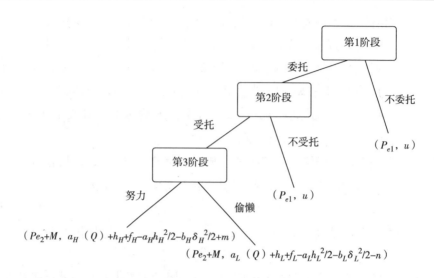

图 3－4　完全信息有限动态博弈的二叉树分析图（土地肥沃）

但同前面不同的是，肥沃土地的委托人一般为农户，而贫瘠土地，如"四荒"等，一般不是由农户经营，而是由国家或者集体拥有。因此，贫瘠土地下的动态博弈分析中，我们认为国家或者集体是该土地信托模型中的委托人。国家或者集体将土地委托给受托人，受托人对土地进行经营管理，但由于土地比较贫瘠，治理成本相对较高，同时收益却不能确定，且需要长期经营才能看到成效，而成效中很大一部分为社会效用，很难取得经济效用，因此，该条件下的博弈为不确定性的动态博弈。

　　委托人选择委托或者不委托土地，也就是向受托人提供一个信托契约，若委托人选择自己经营土地，此时他的收益很可能为 $-P_{e1}$，这是因为土地沙漠化、环境污染等造成的损失大于土地本身的产出收入，即使没有社会负效用，也会因为较大的治理成本较小的土地产出收入，使得自身入不敷出；这样，委托人会选择将土地委托给他人经营管理土地，从而获得一定的经济收益。对于受托人而言，如果委托人不进行委托，假定受托人从事其他业务获取的收益，即其机会成本为 u，此时委托人、受托人的收益向量为（$-P_{e1}$，u）。如果委托人进行委托，受托人会有两种选择，即受托，不受托，若受托人选择不受托，则委托人、受托人的收益向量仍为（$-P_{e1}$，u）；若受托人选择受托，则受托人对土地进行经营管理仍然有两种选择，即努力，或偷懒。

　　若受托人努力经营土地，我们假设委托人的收益为 P_{e2}，则 $P_{e2} > 0$，在没有外部监督及奖惩机制的情况下，受托人对贫瘠土地投入的成本 $C(Q)$ 肯定大于受托人的经济收益 P_d，假如受托人也未能获得较高的声誉价值，受托人肯定不会努力经营土地，而选择偷懒。

受托人在经营土地的过程中存在两种理念，一是长期经营理念，即受托人坚持经营土地的社会效用，对土地进行长期投资；二是短期经营理念，该理念下，受托人更加关注土地的经济效用，土地质量一旦稍有提高，受托人就会立刻放弃对土地的投资。长期经营理念下，虽然对土地进行长期投资会有效保护土地，且随着时间的推移土地保护的成效会逐渐显现，但长期投资无疑会增加受托人的经营成本，他获取的社会效益和经济效益的总和远小于其长期的投入成本，假设此时委托人的收益为 $-P_{e3}$，受托人收益为 $-P_{d1}$；短期经营理念下，受托人也会投入一定的成本，但时间较短，成本相对来说较小，当土地质量提高后，为了弥补前期投入成本，并获取后期较高的经济收益，受托人可能会改变土地的农业用途，使得土地进一步恶化，损害双方利益，假设此时委托人收益为 $-P_{e4}$，受托人收益为 $-P_{d2}$。采用倒推法可得该博弈下的最优纳什均衡为（委托，不受托），委托人与受托人的收益向量为（$-P_{e1}$，u）。具体见图 3-5，其

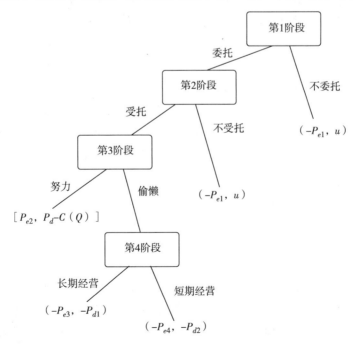

图 3-5　完全信息有限动态博弈的二叉树分析图（土地贫瘠，无监督机制）

中第 1 阶段的主体是委托人，第 2、第 3、第 4 阶段的主体是受托人。

若存在政府外部监督及奖惩机制，委托人是否委托与受托人是否受托与没有监督及奖惩机制一样，委托人的收益都有可能小于零，因此对于委托人来说，受托人受托经营土地对委托人是有利的。

受托人受托经营土地会选择努力或者偷懒，如果受托人选择努力，我们假设委托人获得的收益为 P_{e2}，受托人在经营土地一段时间后取得一定的土地产出收入 P_d，同时付出较大的成本支出 $C(Q)$，该成本支出远大于受托人的经济收益 P_d，国家为了鼓励受托人继续经营土地，会对受托人进行一定的奖励 m，包括经济奖励和名誉奖励。因此，受托人的激励相容约束（IC）为

$$C(Q) - P_d + m > 0 \tag{18}$$

此时，受托人才有可能接受委托，并努力经营土地，而决定受托人是否接受委托的关键因素是国家的奖励 m 要足够大，使得受托人有利可图，因此，国家一定要设置好奖励机制，鼓励受托人接受委托并努力经营土地，保护土地，保障土地信托各方当事人利益。

如果受托人选择偷懒，对土地经营一段时间后可能会取得一定的土地产出收入，但委托人的收益 P'_e 可能较小；受托人由于偷懒可能会造成土地的长期负效用，比如土地恶化、环境污染等问题，这时国家为了防止或者阻止该行为的进一步发生，会对该行为进行一定的惩罚 n，假设受托人的土地经济收益为 P'_d，成本支出为 $C(Q)'$，则受托人最终收益为 $P'_d - C(Q)' - n$，且最终收益一定小于零，这时受托人就会选择不受托。

综合来看，引入政府外部监督及激励机制，该模型下的最优纳什均衡为（委托，努力），委托人与受托人的收益向量为 $[P_{e2}, C(Q) - P_d + m]$。

因此，在政府的外部监督下，只要政府的奖励 m 和惩罚 n 合理，受托人也会选择接受委托，并努力经营土地，获得土地高效收益，同时也保护了土地的高效农业用途。

具体见图 3-6，其中第 1 阶段的主体是委托人，第 2 阶段和第 3 阶段的主体是受托人。

（三）土地信托介入及退出机制

1. 土地信托的设立

信托制度作为一种外部财产转移与管理制度，信托核心的法理构造就表现为信托财产的独立性，周小明在其论著《信托制度比较法研究》中指出"信托一旦有效设立，信托财产即从委托人、受托人、受益人的自有财产中分离出

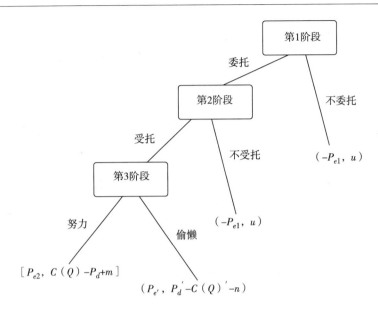

图 3 – 6　完全信息有限动态博弈的二叉树分析图（土地贫瘠，存在监督机制）

来，而成为一独立运作的财产"。正是基于这种独立性，委托人在丧失信托财产的同时也使委托人自身以及受托人、受益人的债权人对信托财产丧失了追索权，受托人就成为法律名义上的所有人，管理、处分信托财产。也就是说，信托财产处于信托关系的核心地位，委托人不将信托财产转移给受托人，信托无法成立，而受托人不能取得信托财产的管理、处分权，信托受托人的活动和受益人的利益直接会失去依托，所以，信托的生效以信托财产的转移为必要条件。我国《信托法》虽然没有明确规定信托财产的转移是信托设立的必要条件，但其第十四条规定"受托人因承诺信托而取得的财产是信托财产"。如果没有财产的转移，受托人就不可能取得财产。

综上所述，信托的成立必须具备三个条件：信托的三方当事人、信托的目的和信托的意思表示。信托的生效包括以下要件：①当事人具备相应的权利能力和行为能力，具体到土地信托中就是指委托人是土地承包者，其有权对承包地的使用权进行处分，受托人是具有经营能力的经营主体；②委托人将信托财产转移给受托人，具体到土地信托中土地承包者必须把土地承包经营权转移给受托人；③信托当事人设立土地信托的意思表示真实；④信托不违反法律、法规或社会公共利益，包括信托目的合法、信托财产合法等内容；⑤信托依法经相关部门登记，土地信托就应由土地主管部门进行登记，并向社会进行公示。

2. 土地信托的变更

土地信托的变更主要是指信托契约所载事项的变更。

（1）信托契约当事人的变更

一般情况下，土地承包经营者将土地承包经营权设立信托的期限是长期稳定的。但是，若农村人口变动，土地信托的委托人也会发生变更。比如农业人口转化为非农业人口、出嫁等，他们的土地承包经营权通过集体组织调整而转移给了他人。此外，我国法律规定土地承包经营权可以依法进行继承、流转，土地承包者死亡，其土地承包权可以由他的法定继承人继承，继承人因而成为新的委托人或受益人。当发生上述情形时，就必须及时变更信托契约中的内容。

农村土地信托的受托人往往将某一区域的多数委托人的土地承包经营权进行集中管理或处分，这关系着众多受益人的利益，受托人的稳定显得极为重要。但是，由于法定事由或者不可抗事由，造成受托人的职责终止，或受托人违反信托处理信托事务，致使信托财产发生损失的，受托人已经在委托人心目中失去了信任，如果不更换受托人，信托将无法继续，受益人的利益也不能得到应有的保障，这种情况下就需要更换受托人，需要由新的受托人取得信托财产，负责为受益人继续管理、处分信托财产，承担原受托人在原信托契约中的权利义务。

（2）信托目的的变更

信托一经设立，原则上其目的是不得变更的。鉴于农村土地承包经营权信托的目的是在不改变农地使用权性质的前提下，为受益人的利益最大化而设立的信托，所以除非遇到特殊情形，否则不得改变其信托目的。但是，当信托财产处于城郊接合处时，城市的急剧发展使得农地已不可能再继续进行农业耕作，如果仍不变更其信托目的就会导致信托财产损失，这时应征得委托人和受益人的同意，变更信托目的。但变更的信托目的不得违反法律法规的规定，否则无效，因为信托目的的变更可能涉及土地用途的变更。

（3）信托收益分配的变更

在土地信托设立时，委托人对两个或两个以上受益人的收益分配通常在信托契约中明确表示。但是，如果出现必须进行收益分配变更的情况，例如在受益人为多数时，其中一个受益人的生活发生重大变故，委托人想在信托收益方面对其有所偏重，则可通过变更信托收益分配来实现，委托人的这种变更权利可以在信托契约中予以约定。

3. 土地信托的终止

信托的终止就是信托契约的终止，信托终止的事由也是信托契约终止的事由。我国《信托法》第五十三条①明确规定了信托终止的情形，我国农村土地信托契约发生以下法定情形或者特殊情形应终止。

（1）信托期限届满

鉴于农村土地承包经营权的时间性限制，农村土地信托契约中有关信托存续的时间不得超过30年，也就是说当信托期限届满时，无论信托目的是否实现都应当终止信托，解除信托契约。但是，土地承包经营权在信托期限到来之前，又自动延续的，则可在此前提下变更信托期限；约定不能自动延续的，信托终止。

（2）违反信托目的

委托人以承包经营权设立信托，其目的就是实现其预想的愿望，而受托人在管理或处分土地使用权时，违反信托目的，丧失了委托人对其信任，在这种情形下，当委托人不想再进行信托的话，那么在受托人赔偿了受损的信托财产之后，信托便告终止。

（3）信托目的已经实现或无法实现

信托目的是委托人设立信托的最终追求，如果信托目的已经实现，也就实现了委托人的愿望，则意味着信托可以终止；如果委托人设立信托的目的无法实现，信托就失去了存在的意义，信托也应当终止，当事人应解除彼此之间的信托关系。

三、土地信托运作流程设计

根据各当事人的相互关系，在土地流转信托模式中，农村土地的承包者基于对受托人的信任，将土地承包经营权委托于土地信托服务机构，由信托机构将其拥有的土地承包经营权在一定期限内转让给其他单位和个人经营或者自主

---

① 《信托法》第五十三条规定："有下列情形之一的，信托终止：

（一）信托文件规定的终止事由发生；

（二）信托的存续违反信托目的；

（三）信托目的已经实现或者不能实现；

（四）信托当事人协商同意；

（五）信托被撤销；

（六）信托被解除。"

经营，并将由此而获得的收益分配给受益人。现将信托在土地流转中的基本运作流程具体说明如下：

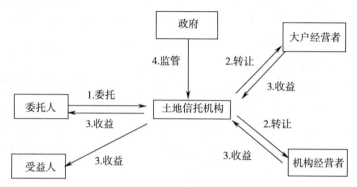

图 3 - 7　土地信托基本运作流程

如图 3 - 7 所示，农村土地信托运作流程大致可以分为以下几个步骤：

（一）农户将土地承包经营权委托给信托机构

1. 农户的土地流转需求

随着改革的不断深入和市场经济体制的建立，家庭承包责任制也暴露了一些问题。随着社会的发展，农民意识到单靠自己的一亩三分地是不能发家致富的，需要找寻出路，于是许多农民开始外出打工，凭借自己的勤劳与智慧在外地占据一席之地，导致家里的土地荒芜，即使家里留有人手，也都是老年人和儿童居多，他们的能力有限，无法对土地进行精耕细作，导致土地产出不高。因此，他们有意愿将自己闲散的土地交给专门的经营机构，并定期得到收益。

在农民有土地流转需求的前提下，还要对委托人的资格进行审查，主要是确认该委托人是拥有土地承包经营权本人（农户），还是村民小组或村民委员会，否则没有委托资格；同时要认定委托期限是否在土地承包期内等。

2. 信托机构的自身优势

信托机构的介入可以打破土地流转瓶颈，促进土地高效、快速流转。第一，信托的本质是所有权和受益权的分离，而在土地流转信托中，信托机构基于持有土地权利并开展经营，同时向受益人分配受益的方式实现了土地经营权与受益权的分离。信托公司在此过程中承担相应的事物管理职能，这也是信托公司开展土地流转信托业务的基础的制度安排与保障功能。第二，通过设立土地流转信托的方式实现土地归集的目的，进而为规模化、集约化、专业化生产创造有利条件。一方面可通过改变土地功能，增加单位面积土地的效益；另一方面则可通过规模化、集约化生产的方式，提高劳动生产率，进而实现单位面积土地效益增值目的。信托公司在此过程中承担了生产的管理与监督职责，这也是信托公司开展土地流转信托业务的最直接经济功能。第三，信托机构能够为农业企业提供融资（基础设施、农业机械等方面），以利于规模生产和降低成本。第四，政府可以将土地流转的收益风险转嫁给信托机构。第五，土地信托业务还可以衍生出现金资产托管业务，未来农民的收益可以作为信托基金，让信托机构托管产生资本收益。综上所述，信托机构具有资金、技术等优势，能够胜任土地承包经营权这一委托。

3. 信托机构与农户达成土地信托协议

有土地流转需求的农户根据自身需要和实际情况详细设定托管土地的情况，包括土地类型、土地位置、托管面积、流转年限、经济关系处理要求等，农户通过与信托机构签订土地信托契约的形式，将土地委托给信托机构经营管理，土地承包经营权转移。契约中明确规定双方的权利和义务、成本及利益分配方式和风险承担机制等内容。

（二）信托机构受托经营管理土地

1. 信托机构规划整理土地

由于从农户手中取得的是分散的、小规模的土地，这些土地不利于集约化经营，因此，信托机构在接受农户委托的土地后，为了达到规模效应，首先需要制定合理的产业规划方案，将租入的土地进行统一规划，把分散的土地整理成具有一定规模的方田，从而增加有效耕地面积，优化土地利用结构，为土地集中连片、专业化规模经营创造条件。

2. 信托机构寻求经营主体

信托机构毕竟不是专门经营土地的机构，其在农田的管理、技术等方面不具有优势，信托机构经营土地会分散信托机构的资产管理注意力，不利于信托机构的专项管理，信托机构需要对整理过的土地通过各种流转形式（租赁、入股或者自行经营等）转让给其他土地经营者，如种田能手、专业合作组织等，来代替他们经营土地。两者的结合集土地、资金、市场、技术和管理经验等优势，可以实现生产要素的最佳配置，提高农业产量。

（三）信托机构委托经营主体经营土地

筛选符合条件的经营主体，信托机构再择优选择其中一个或多个经营主体并与之签订协议，两者就土地的转让方式及收益分配情况达成一致，土地承包经营权再次转移。信托机构在农户和经营主体之间牵线搭桥，并发挥自身优势，突破土地流转发展瓶颈，使农村土地资源得到最优化配置。

1. 经营主体的土地流转需求

前面论述信托机构找寻经营主体，来实现土地的高效产出，而经营主体一般具有丰富的土地管理经验，有土地流转需求，但缺乏资金、土地等生产要素。

2. 信托机构对经营主体进行审核

信托机构能够提供给经营主体所需求的土地、资金等要素，两者有结合的需求。但土地是非常宝贵的资源，土地承包经营权是非常神圣的权利，信托机构对土地的处置是非常谨慎的，选择到合适的经营主体的成功运作的必备条件，不能盲目对接，在选择上必须考虑各方面因素。

信托机构可以通过广播、电视、简报、互联网等多种形式，向社会发布土地承包经营权出让信息，并对需要土地的种养大户和工商业主资信、资本、经营能力和土地投资项目的前景等方面进行严格、细致的审核，确保农户的利益与土地保护目标的实现。

3. 信托机构与经营主体达成土地信托协议

选择合格的受让者之后，信托机构充当与经营者交易的一方，代表农户的利益去和经营者谈判转让的方式和收益分配形式，适当给予土地经营者一些信贷、技术、物资方面的支持，并且实时监督其经营过程。

（四）土地流转信托的服务监管

农村土地按照信托模式流转后，为保证土地流转信托的委托人、受托人和受益人等各方当事人的利益，土地流转信托的监管是必不可少的，应包括以下三个方面的内容：政府监管、社会监督和行业自律，其中以政府监管为主，社会监督和行业自律起辅助作用。

在农村土地流转信托的监管中，地方政府有准确的定位，发挥正常的管理和服务职能，能够保护委托人和受益人的利益，弥补社会监督和行业自律的不足。农村土地流转后，政府应该首先依据《农村土地承包法》的相关规定对土地进行监管，关注流转的土地是否被改变了农业用途，流转期限是否限定在承包期内。由《农村土地承包法》可知，耕地的承包期为30年，草地的承包期为30~50年，林地的承包期为30~70年，土地应该在相应的法定流转期限内流转。政府应制定相关法律法规，为农村土地流转信托创造公平有效的法律法规；根据当地农业产业发展规划的需要，积极引导、扶持土地信托服务机构，促进业务的正常开展；严格审批土地信托机构的市场准入，检查其运行、退出和清算是否合法，并对其违法经营行为实施处罚；建立土地流转契约登记与托管、土地流转仲裁机构等，对土地信托行为进行有效监管；建设土地流转信托市场软硬环境、提供信息服务；加大执法力度，依法查处土地信托中的违法行为，控制及规范土地流转信托市场等。总之，政府应尽其所能为土地流转信托创造稳定的政治经济环境，促进土地健康、高效流转。

　　社会监督可由土地流转信托的委托人和受益人向土地信托机构了解其信托财产的经营管理、处分及收支情况，并要求土地信托机构作出相关说明，以保证信托财产受到合法合理的处置。同时，社会上的其他任何单位和个人也能够对土地信托机构实行社会监督。

　　而行业自律是指在一些土地流转信托很盛行的地方，由当地土地信托机构自发建立相应的土地信托行业组织以此来监督其成员单位是否遵守了行业规范，这样一来，可以提高土地信托机构的服务意识和管理水平，有效促进我国农村土地流转的信托业快速、健康地发展。

　　以上是土地信托基本运作流程，若在土地信托运作中加入土地信托服务中介、保险公司等组织，以增加服务、保障功能，可以进一步优化土地信托运作流程①。如图 3 - 8 所示：

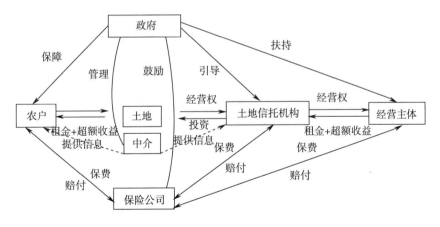

图 3 - 8　土地信托运作流程完善图

---

①　该土地信托运作机理中暂且默认农户本身为委托人及受益人。

第三节　土地信托模式探析

近年来，随着农业产业化的发展，已有的土地承包经营权流转方式存在的一些问题与弊端逐渐凸显，农村土地承包经营权信托作为一种新型的流转机制，已在我国一些地区开始实践，且取得了较好的成效，在一定程度上对土地资源利用率的提高以及农民收入的增加起到了促进作用。我们对已经实践的土地信托模式进行探索分析，在此基础上将其进行对比分析，并据此总结经验，供土地信托的下一步研究及实践提供思路。

一、土地信托模式探索

（一）早期"政府主导信托"模式

1. 浙江绍兴模式

（1）研究背景及意义

2013 年绍兴县在全国县（市）社会经济综合发展指数（简称百强县）排名为第八位，是浙江省的经济强县。大量农民转向第二、第三产业，抛荒现象比较严重，造成土地资源浪费，使得农村土地流转需求迫切。同时，要求获得土地承包经营权的工商业主和经营能手越来越多，苦于无地可开发，不少工商业主希望开辟新的投资渠道介入农业，特别是去绍兴县寻包土地的外地农民越来越多。这样，土地承包经营权供需双方都有强烈的流转愿望，土地信托时机成熟。于是绍兴县于 2001 年正式开始探索土地流转信托，该县是我国最早采用信托方式进行土地流转的地区，影响力较大且已成较大规模，因此对绍兴县土地承包经营权的信托体制进行研究具有借鉴意义。

（2）具体操作模式

①实地调研。对全县的土地使用情况做实地整体调研，选取土地流转规模较大的乡镇进行试点。实践中选择了柯桥镇进行试点，除因该镇土地流转规模大流转形式丰富外，还因该镇的农民大多已外出务工，从事非农产业，进行试点较为容易推行。②设立三级土地信托服务体系。为了规范土地流转的发生，绍兴县根据信托服务的理念，创造性地建立了县、镇、村三级土地信托服务体系，县级为土地信托服务中心，20 个乡镇建立了土地信托服务站，774 个行政村的土地信托服务由村经济合作社承担。县级土地信托服务中心负责该县行政

区域内的土地信托事务的管理与协调，镇级负责辖区内的土地信托事务，村级负责村土地流转的日常管理工作，这三级组织责任分层，垂直管理，其中县级土地信托服务中心的基本职能主要包括：供求登记、发布信息、项目推介、中介协调、指导签证、追踪服务和协调纠纷等；镇级土地信托服务服务中心在县级土地信托服务中心与村级土地信托服务中心之间起到连接作用；村级土地信托服务中心由村委会进行负责和执行。③村经济合作社返租农户土地。为了达到规模效应，村经济合作社统一反租农户需要流转的土地，并与农户逐一签订反租合同，负责整理本地区土地资源，实现规模化经营。④村集体对反租后的土地进行统一规划整理。⑤村经济合作社将反租整理后的土地信托给镇土地信托服务站。⑥大户倒包村经济合作社土地。镇信托服务站对要求出让土地承包经营权的村和要求受让土地承包经营权的大户进行配对，协调双方进行直接谈判，协调一致后，村经济合作社与大户签订土地承包经营权承包（倒包）合同。⑦土地信托服务中心跟踪服务。土地信托后，土地信托服务中心定期对土地承包权流转使用情况进行跟踪服务，对土地承包人进行监管，根据土地流转签订流转合同条款，确保土地原有的用于农业用地作用不得改变，如果承包人违背土地流转签订的合同内容，土地信托中介组织进行制止。与此同时，土地信托服务中心对经营承包者的经营情况进行监测，对于在经营中出现的问题和遇到的困难，土地信托服务中心采取措施帮助解决困境。土地信托服务中心还负责对信托双方的纠纷和矛盾进行调解和解决，在法律和政策允许的范围内，及时处理流转双方的矛盾和纠纷，确保土地信托的合法权益。⑧收益分配及协调。土地流转经营一年后，相关利益主体对土地经营收益进行分配，土地信托服务中心协调委托人和受托人交易双方的收益分配。

（3）土地信托后取得的成效

①浙江省绍兴市自2001年2月实行土地信托服务，不到半年时间，全市共有6个县市开展土地信托，范围涉及86个乡镇，流转土地15.8万亩，土地流转率超过40%。土地集中到有能力、有资金、有市场的种养大户和工商业主手中，有50%的农田进行了种养结构的调整，土地产出量增加了5~10倍，从而使土地得以发挥最佳效益。②2011年绍兴市全年新增农村土地流转面积7.63万亩，年末流转土地总面积达到96.70万亩，流转比率达51.4%，其中28个行政村实现全村土地100%流转。③2013年大户承包土地后发展农业规模经营，提高土地利用率、产出率和劳动生产率，据绍兴县农业局调查，粮食、蔬菜等规模经营户的土地利用率比普通农户高35%，劳动生产率高出

40%。④农业规模化专业化经营，农业利润率大幅提高，据农业部门测算，一亩地种杂交水稻的平均利润是 200 元，如果粮食与经济作物结合，效益是种粮食的 2 倍，种蔬菜的效益是种粮食的 5 倍，搞水产养殖和花卉种植的效益是种粮食的 7 倍，种大棚蔬菜的效益更高。⑤农民收入得到切实提高，土地流转中，农民收益占到收益的 60% 以上，余下归村集体。

2. 湖南益阳模式

（1）研究背景及意义

益阳市是传统的农业大市，随着经济的迅猛发展，很多农民已经不再满足于固守土地所获得的收益，纷纷涌向大城市谋生。2007 年之前，益阳全市耕地大规模抛荒，部分乡镇抛荒面积甚至达到三分之一。与此同时，在政策、市场、资源的多重拉动下，各类资本开始抢占农业市场，农业实现规模化、集约化经营的后劲十足。但传统的流转办法，始终难以解决土地承包经营权不稳定、流转程序不规范、执行成本较高等问题，农村土地实现规模经营还相对困难，且时常出现土地"要转的转不出，要租的租不到"现象。鉴于此，2009年湖南益阳开始探索土地流转信托模式。

（2）具体操作模式

①2010 年政府开始主动介入，试点搭建政府平台——土地承包经营权信托公司，通过"政府信托"的方式将农户分散的土地流转集中起来，再以合同方式租赁给农业公司或大户。该土地承包经营权信托公司由政府全资注册成立，负责土地信息收集和发布，做好产业规划、接受农民土地委托、与农民签订土地信托契约，从农户手中获得土地承包经营权，对接受委托的土地进行分类，按照土地的质量和区位调整成片，通过公开招标、竞拍等方式筛选农业经营公司，将整理后的土地委托给那些筛选过的农业经营公司，并对其经营进行监管，同时整合涉农资金、实施相关项目。同时，农民与信托公司签订意向性协议，信托公司在三个月内寻找合适的企业或大户，如逾时未找到合适对象，或农民有疑虑，土地将返还农民手中。双方就租金达成协议后，企业（大户）一次性付清一年租金，信托公司再在每年 3 月和 8 月分两次付给农民。此外，企业（大户）还需向信托公司缴纳每亩 100 元的押金和 10 元管理费。②合理利用与引资招商并重。益阳市通过与农户签订的土地信托契约，把经调整后的连片土地作为引资招商的商品①。由土地信托公司或当地土地管理部门建立土

---

① 在此过程中不得改变土地用途。

地流转信息库，对进行交易的土地进行登记，定期检查土地流转情况和土地使用情况。截至 2011 年底，益阳市通过信托流转的土地达 13 万多亩，引进农资企业 126 家。③选取土地信托成功的地区进行试点宣传。益阳以"先试点、后示范、再推广"的逻辑顺序逐步开展土地信托工作。以沅江市草尾镇为例，该镇在开展土地信托工作中取得了较好的效果，因此益阳市在总结草尾镇土地信托经验的基础上，选择其他县镇地区进行效仿，并根据当地实际情况对信托流转的具体操作流程进行改善。

（3）草尾模式

2010 年湖南省草尾镇启动农村土地流转信托试点工作。经过一年多的探索，该镇对土地流转信托进行了有益尝试，全镇辖 24 个农业村、2 个渔业村、一个社区，总人口 10.8 万人，其中农业人口 8.5 万人，镇域面积 143.5 平方公里，耕地 15 万亩。该镇推行土地流转信托试点工作进展得比较顺利：由政府出资设立土地信托机构，农民在自愿的前提下，将名下的农村土地承包经营权委托给土地信托机构，并签订土地信托契约，农业企业再从政府土地信托公司手中连片租赁土地，从事农业开发经营活动。截至 2012 年 10 月，草尾镇信托流转面积占流转面积的近 43%，"有地无力作，有力无地作"的现象基本得到改变。农民的生活得到了基本改善，根据用益信托网的调查，草尾镇乐园村村民 70 余岁的王大同老人家原本有 4 亩多耕地，过去一家人一起耕种，一年挣不了多少钱。自从参与了镇上信托公司的土地信托项目，全家每年的收入比过去翻了几番。和王大同老人一样尝到土地信托甜头的农民很多，截至 2012 年底，草尾镇农民人均纯收入达 8735 元，比 2011 年增长 20.5%。

（4）土地信托取得的成效

①彻底扭转了大面积土地抛荒局面，2012 年 6 月底，益阳市共流转土地面积 267.7 万亩，其中耕地面积 167 万亩，截至 2012 年底，益阳市土地信托流转 168.7 万亩，草尾镇土地信托面积占耕地面积的 43%；②信托模式有效促进了招商引资，大户敢于投入农业集约化规模化建设，2011 年草尾镇农业投入 1.2 亿元，其中农资企业和种粮大户投入 3000 万元，带动金融机构投资 2000 万元；③农民既可获得稳定的土地信托收益，又可就近在农业基地打工获得劳务收入，成为稳定的农业产业工人，人均收入大幅提高，根据用益信托网，2009 年益阳农民李平国亲自耕种了家里的四亩地，忙乎了一年，到年底结算亏损了 1000 多元；2012 年，他的四亩地全部流转到蔬菜基地，自己也在基地成了"上班族"，他一年纯赚了 3 万多元；④促进城乡一体化建设和社会

稳定，启动建设农村居民集中居住区，土地纠纷数量较信托流转前减少近50%，水电路桥绿化等基础设施和公益事业建设大幅改善。

3. 福建沙县模式

（1）研究背景及意义

福建沙县小吃已经家喻户晓，遍布全国各地，很大一部分沙县农民外出经营沙县小吃，这部分人口约占沙县农村人口总数的30%和农村劳动力的70%，25万人的县城剩余劳动力不到10万人，因此福建沙县土地抛荒现象十分严重，但也开启了土地流转的契机。

（2）土地信托进程

①1996年沙县开始兴起民间土地自发流转现象，但土地流转中也显现出一系列的问题，比如租赁方经营不善时，农民土地租金得不到保证；租赁方担心农民随时收回土地，不敢增加投入，精心耕作。②2006年沙县组织开展土地流转试点，沙县县委、县政府及时成立了县、乡、村三级土地流转服务机构，发挥了中介和桥梁作用，从此沙县农村土地开始了集中连片流转。③2009年11月建成启用全省第一个县级土地流转交易市场。④2011年5月为解决土地流转的资金和受益问题，该县开展农村土地承包经营权流转信托试点工作，由县国有资产经营有限公司注资150万元，成立沙县源丰农土地承包经营权信托有限公司（县级）和沙县金茂农村土地承包经营权信托有限公司（镇级），还在11个乡（镇、街道）设立土地信托分公司，农户可将农地经营权交给信托公司进行流转。这标志着该县土地流转实现了农户自发流转、政府推动流转向企业信托流转的转变。⑤经过近20年的探索，沙县走出一套成型的农村土地承包经营权信托模式。

（3）土地信托操作模式

村民在村委会签字登记，村委会将土地统一委托给信托公司，即农户的土地承包经营权由村委会代表同意委托给信托公司，信托公司获得土地后，在严守"农地农用、农地农有"两条红线的前提下，集中把土地进行整理和开发，再以招标或租赁方式对外发包土地，获得的租金由信托公司统一分配给农户，这不仅保证了农民的收益权，还保证了农用地的高效和有序利用。

（4）土地信托成效

①沙县模式中，沙县的流转面积从2006年的1.63万亩增加到目前的12.98万亩，占沙县全部耕地的65.35%，是全国平均土地流转率的三倍多，其中按土地信托程序流转的耕地3.43万亩，近10万亩的流转耕地纳入信托管

理。②农业机械化水平也得到了提高，达到了 36%。③该县累计有 165 个农业规模经营业主，通过金融部门贷款 1.29 亿元，其中与福建农行联合开展新农村土地信托贷款业务，贷款主体多种多样，包括流转土地的法人、土地流转信托公司等，其中，2013 年 9 月农行福建沙县支行为福建沙县夏茂镇益鑫农业专业合作社发放了 60 万元贷款，用于购买农用无人机，该合作社社员由 2008 年成立之初的 6 人，增至目前的 158 人，流转了土地 5518 亩，分别承包给种粮大户，拥有农机 105 台，实现了育秧、机耕、机插、机收烘干等全程机械化生产，还对外输出农机服务，服务面积达 7.6 万亩。这是农行发放的首笔农村土地信托贷款，也是福建省农户第一次以土地信托经营承包权为担保获得的银行贷款。④县财政贴息 648.5 万元，投入 100 万元，扶持 227 个农民专业合作社，带动农户 1.5 万人，吸引外来务农人员近万人，有效缓解了沙县农村劳动力不足等问题。

除以上介绍的农村土地承包经营权信托实践之外，贵州安龙、广东高州、湖南浏阳、河南安阳等地区都已经通过试点的方式将土地承包经营权采用信托方式进行流转。这些实践中的操作模式基本上都是政府引导或牵头设立土地信托机构，有流转需要的土地承包经营权人在自愿的前提下将持有的土地承包经营权委托给土地信托机构，信托机构将从不同农户手中得到的分散的承包用地进行整合之后再统一采取租赁或其他方式再次流转给有农地需求的农业生产者。就目前实施的情况来看，在这些实践的地区农村土地承包经营权信托的推行已在一定程度上使农民的收益获得增加，土地的使用率得到了提高，农业生产商也从中获得了利益。

（二）新型"商业化信托"模式

1. "委托 + 信托"模式

（1）"宿州模式"

中信信托开展的土地流转信托项目——"宿州模式"，采取的是"委托 + 信托"模式。一方面通过土地流转形成集约化经营，另一方面也通过信托资金的介入对接农业生产经营过程中产生的资金需求和短期流动性缺口。

①研究背景及意义

2013 年 10 月 10 日，中信信托与安徽省宿州市埇桥区政府合作，正式成立国内第一只土地流转信托计划——"中信·农村土地承包经营权集合信托计划 1301 期"，信托计划期限为 12 年，涉及流转的土地面积达 5400 亩，基本地租为 1000 元/亩，贴现率 10%，按照 11 年贴现，规模合计 5400 万元，远期目标为25000亩，流转后的土地将建设成为现代农业循环经济产业示范园，规划为五大板块，涉及20多个子项目，具体包括：现代农业种植及水资源保护工程、现代化养殖、生物质能源和基质肥项目、设施农业和农业物联网、农业科研平台，五大板块形成完整农业循环产业链。

②土地信托操作模式

农民把手中的农村土地承包经营权委托给中信信托，中信信托在保证农业性质不变①的前提下，进行规模化管理，将流转土地统一归集、重新整理后，将零散的农业用地集中出租给现代农业生产经营公司，或农业种植大户，进行集约化经营，形成规模效应，并同安徽帝元现代农业投资有限公司签订服务商契约，由其作为服务商，提供土地使用、科技输出等相关增值服务。再通过信托产品的设计，合理地将集约经营提升的地租收入在农户、土地整理者之间进行分配，具体如图3-9所示：

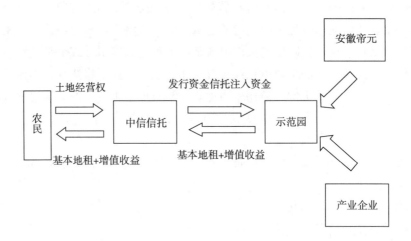

图3-9 中信信托—安徽宿州项目土地信托操作模式示意图

③项目基本交易结构

该土地流转项目，实为结构化集合信托计划，由A类委托人（安徽省宿州市埇桥区人民政府）委托的信托财产和B类、T类委托人交付的资金组成。A类为事物管理类信托，将农民零散的土地流转进行集约化经营，业已成立，B类、T类信托收益权为资金信托，暂未发行。

---

① 农业性质不变，即所有权、使用权、经营权"三权不变"。

④项目基本交易流程

一是为实现土地承包经营权的"转移",由村委会与全体农户签订《农村土地承包经营权转包合同》,朱庙村村委会和塔桥村村委会与朱仙镇人民政府签订《土地流通委托管理合同》,镇政府再与埇桥区政府签订《土地流通委托管理合同》,并作为信托成立的前置条件。最后作为该信托计划的委托人(区政府)与受托人(中信信托)签订《农村土地承包经营权集合信托计划信托合同》,约定双方的权利和义务,并向埇桥区农村土地流通部门办理信托登记备案,埇桥区政府负责利用机动预留地调换农户土地、解决土地纠纷以保证信托财产的完整性。二是在信托计划存续期内,受托人可根据信托计划项下的土地整理投资需求等决定发行适当规模的 B 类信托单位,信托资金参与土地整理投资可自信托土地的地租收入中获得土地整理投资本金和土地整理收益。条件成熟时,也可与商业银行、专业性农村小微贷款机构合作,向参与土地信托的农户提高贷款资金支持。三是当没有找到承租方时,由服务商承租信托项目下的所有土地,因此在项目开发初期,服务商即承租商,如果发生后期实际获得的租金收入不足以支付基本收益的情况时,该类资金缺口由服务商补足;如信托计划仍出现临时资金短缺而无法足额支付 A 类基本收益、B 类预期收益或 B 类投资本金时,受托人可以发行相应规模的 T 类信托单位募集资金提供流动性支持。换言之,在每个 A 类信托单位核算期内,A 类信托财产所产生的地租收入首先用于向 A 类受益人支付基本收益,不足兑付时受托人有权发行相应规模的 T 类信托单位募集资金垫付,这也是该项目一项重要的风控措施。

⑤信托资金两步走战略

信托资金计划分两步走,先做农村土地承包经营权的"财产权信托","资金信托"则结合项目运转、资金需求等情况,择机发行,其份额期限也不同,会根据市场情况,增发相应类型的资金信托单位份额。该信托资金分为两部分:一部分用于流转土地区域内土地整理、农业设施建设,以及现代农业技术推广应用,另一部分解决农户农业用地流转后的收益,以及土地整理方面资金流动性问题等。

⑥土地信托成效

首先,保障农民收入。农民收入为"基本地租 + 浮动收益",不仅保证每年每亩地 1000 斤麦子的"地租"，还决定将土地增值收益的 70%①分给农民。具体为：付给农户浮动性基本地租收入，即每年每亩土地按照 1000 斤国家公布的中等质量小麦最低收购价格结算，且不低于 1000 元。随着资金注入，土地附加值提升，也会增加农民的浮动收入，在扣除相关服务费用、管理费用后，农民可分享的增值部分初步定为 70%，农民若转化为工人，也可获得相应工资收入，有效保护了农民合法权益，使其分享土地增值收益和土地市场化成果。其次，解决帝元农业的融资困境。中信信托将管理的农地经营权设计成信托产品，进行资本化运作，为帝元农业的现代养殖场、设施农业、生物质能源三大项目募集资金。

2. "合作社 + 信托"模式

（1）"无锡模式"

①研究背景及意义

江苏无锡阳山镇桃园村是闻名全国的水蜜桃之乡，其水蜜桃供不应求，一亩桃园的年收入为 1.5 万～2 万元，水蜜桃产业已经成为阳山镇现代高效农业、生态农业及支柱性农业产业。尽管有如此高的种植效益，但愿意从事水蜜桃种植的多为老人，年轻人大都外出务工，据新农保发放数据显示，该地 60 岁以上的有 1270 人，占村总人口的比例超过 1/4②。因此，该村土地流转需求迫切。为提高土地经营效率、实现规模经营，并保证村民能够长期受益，阳山镇决定设立土地信托。2013 年 11 月 7 日，"北京信托·土地信托之无锡桃园村项目"落成，不设定固定信托期限，但不少于 15 年（最短至 2028 年）。

②双合作社设计

项目采取"土地合作社" + "专业合作社"的双合作社设计，首先将拟进行信托的土地经营权确权到村民个人，再由村民以其享有的、已经确权到户的土地承包经营权作为出资，并按照规定依法履行相应的土地评估作价流程，入股成立"桃园村土地股份合作社"③，使土地经营权股份化，土地合作社作为委托人以土地经营权在北京信托设立财产权信托，阳山镇桃园村的 5 位水蜜桃种植能手成立"水蜜桃专业合作社"，北京信托代表桃园村土地信托将土地

---

① A 类计划农户的超额收益相当于增值收益。受托人服务商进行土地整理和基础设施投资，扣除各项本金和费用后形成的超额收益中，70% 归农户，30% 归受托人。

② 该数据为保守数据，因为该数据还未考虑有企业社保等的退休人数。

③ 土地股份合作社依法享有土地经营权，其合作社成员取得惠山区农办发放的土地股份合作社股权证书，享有信托计划受益权。

租赁给"水蜜桃专业合作社",合作社全体股东均为有种植桃树特长的村民,员工也为村民。

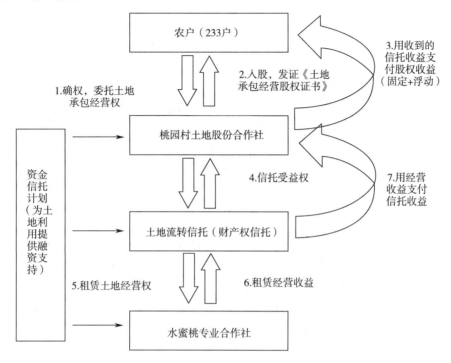

图 3 – 10 北京信托·土地信托之无锡桃园村项目作用机理示意图

③双信托结构

按照北京信托的设计,还将根据相关主体的融资需求,开发资金信托产品,为相关主体提供投融资服务,例如为水蜜桃专业合作社提供前期资金支持,为村农提供财富管理信托服务,从而形成"财产权信托"和"资金信托"平行推进的"双信托结构"。

④土地信托优势

一是相比于引入外界第三方机构,将土地租赁给当地村民发起的专业合作社,能够充分发挥当地种植能手熟悉农村事务、土地特性、种植环境、种植技术、病虫害防治等优势,也能起到谨慎经营、慎重决策的作用,实现土地利用效益的最大化,同时还提前限定了土地使用用途,避免了土地在流转过程中土地使用人出于利润最大化的片面考虑进行土地经营决策;二是土地股份合作社未来还可以以股权对价进行相关产业的投资,使土地股份合作社成为一个经济主体，而不是行政化的组织；三是根据现有法律规定，信托计划不能发行受益凭证，但该模式设计已为未来实现土地流转信托收益权份额并凭证化做好准备，未来农民可以凭借标准化的"土地受益凭证"定期领取收益，还可以进行转让。

⑤土地信托成效

一是农户受益方式为"远期＋近期，直接＋间接"，即第一年到第六年农民享受 1700 元/亩、年的固定收益，第七年到第十五年享受 1700 元/亩、年的固定收益 ＋20%①的盈利分红，同时还享有优先进入合作社工作的机会，不仅使农户取得工资收入，还解决了部分农民就业的问题；二是解决了桃农的断层问题；三是集约化发展水蜜桃新品种，提高各方收益。

（2）"句容模式"

①研究背景及意义

江苏省句容市后白镇是江苏省的新型示范小城镇，2013 年 11 月末，北京信托在该镇成立"北京信托·金色田野土地信托 1～5 号五只土地信托"，受托土地规模达 9928.46 亩，北京信托把土地租赁给专业机构——句容新农公司，整理完毕后的农用地将流转至农业大户、家庭农场、农民合作社及农业企业等多元化的农业生产主体。

②土地信托操作模式

农民以土地经营权作为出资入股土地合作社，再由土地合作社以土地经营权在北京信托设立财产权信托，北京信托再把信托土地租赁给句容市新农公司，新农公司将围绕信托土地开展农地平整与增肥、农田水利设施建设、农产品物流基地建设、销售网络建设、农技服务，为农业生产创造基础条件，并将整理完毕的农用地流转至专业大户、家庭农场、农民合作社及农业企业等多元化的农业生产主体，这些主体可以根据其种植优势及种植意愿在信托土地上开展具体的农业生产活动。

③土地信托优势

一是定位多元流转。不同于现有土地信托将土地租赁给单一专业种植单位的做法，金色田野系统土地信托的最终目的是实现土地面向专业大户、家庭农

---

① 《北京信托·土地信托之无锡桃园村项目》方案中约定，村民享受每年 1700 元/亩的固定收益，受托人（即承包人）获得每年浮动收益的 70%，村民按照流转土地面积获得 20%，信托公司留 5%，村委会留 4%，股份合作社留 1%。

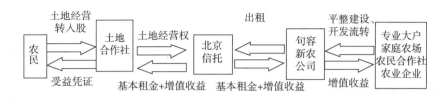

图3-11 金色田野系列土地信托操作模式示意图

场、农民合作社、农业企业的多元流转；二是保持农业用地用途。通过土地信托将农业产业链上的育种、生产、销售、服务等诸多环境结构，深化农业生产分工，将农田水利设施建设、农产品物流设施建设、销售网络建设、农机农技服务工作外包给专业机构——句容新农公司，从而将农业生产者从其不擅长的领域解放出来，最后还是要农业生产流转到各种类型的农业生产者手中，发挥他们农业生产的特长。

④土地信托成效

一是最终将经营权"归还"农业生产者的做法，不仅可以让种植能手更好地发挥本领，而且也可以顾及到那些不愿意脱离土地的农民的意愿；二是开辟涉农金融新路径。该信托将大片土地承包经营权高度分散的土地整理成为了规整的万亩良田，土地的实际使用主体可以规模化地经营种植，并进行精准的市场定位，金融机构对企业未来盈利能力及经营现金流的把握能力大幅提升，进而为金融资本的介入创造了良好的前提条件。

二、土地信托模式对比分析

目前由中信信托、北京信托主导推出的土地流转信托已与早期模式大相径庭，而中信信托、北京信托所推出的土地流转信托模式也不尽相同，虽然这两种模式均通过信托的方式实现了农村土地承包经营权的流转，并且通过配套资金信托的方式保障项目的顺利推进，但通过对比我们发现两种模式存在较大区别。另外，就中信信托、北京信托各自推出的土地信托模式也不尽相同。

（一）"中信信托"模式自身比较

目前中信信托已分别在安徽宿州、山东青州、贵州开阳、安徽马鞍山以及湖北黄冈与河南济源成立了六单项目。中信信托的土地信托项目以平均每月一单的速度发展。

表 3-6　　　　　　　　　　中信信托推出的六单项目基本情况

地点	契约签订日期	土地流转面积（亩）	操作模式	期限（年）	收益方式	农户收益情况
安徽宿州	2013.10.10	5400	宿州模式	12	基本+浮动	1000斤小麦+增值收益70%
山东青州	2013.12.13	1850	山东模式	10	固定+浮动	920斤小麦+分红
贵州开阳	2014.1.23	1021	参照宿州模式	分期	固定+浮动	合计2000元
安徽马鞍山	2014.2.24	26600	参照宿州模式	11	固定	600元
湖北黄冈	2014.3.7	60000	参照宿州模式	10	—①	—
河南济源	2014.4.1	4094.5	参照宿州模式	—	固定	1300元

1. 相同点

（1）操作模式基本相同

总的来说，中信信托开展的土地流转项目均采取的是"事务管理类信托+资金信托"模式，一方面通过土地流转形成集约化经营，另一方面也通过信托资金的介入对接农业生产经营过程中产生的资金需求和短期流动性缺口。中信信托在土地信托中所采用的模式一般都是参照第一单——"安徽宿州"模式。即中信信托与当地政府合作，由当地政府作为委托人，拥有土地承包经营权的农民为信托计划的受益人，中信信托为信托计划的受托人，负责管理该信托财产。同时，在信托计划的实际运营阶段，为了提升土地产值收益，引入第三方服务商，服务商将对土地开发和经营提供服务。

但土地流转信托没有固定的模式，这是因为：①不同地区的土地状况、土地性质不一样，有的地区土地肥沃、集中，有的地区土地贫瘠、分散；不同地区土地适合种植的作物也不一样；②不同地区的地方政府、农民的意愿是不同的；③不同地区的地方政府和农民对金融的理解程度也不相同。所以在模式上也不可能完全相同，不可能完全复制。

因此中信信托的第二单则采取了与第一单不尽相同的"山东青州"模式。"山东青州"模式以农民自发组建的土地合作社为委托人，以土地经营权设立财产权信托。而土地合作社也充当了流转土地的经营主体，而非如宿州项目引

_____

①　由于数据的可得性，暂未找到相关数据，但这对我们的分析影响比较小，可以留作以后研究。下同。

入安徽帝元公司作为服务商。"安徽宿州"与"山东青州"模式最大的不同就是，"宿州模式"中的委托人为安徽省宿州市埇桥区人民政府，"山东青州"模式中的委托人为农民自发组建的土地合作社，相比于全国首单的"安徽宿州"模式，山东青州这一项目的委托人即村里的土地合作社已实现较为成熟且经济效益较好的经营模式。其实"山东青州"模式与北京信托推出的土地流转项目有相似之处。

中信信托与湖北黄冈也是以新模式进行合作的，该项目信托时间为10年，土地流转总规模将达到6万亩，是目前中信信托面积最大的一单。区别是直接引入了服务商，该项目对土地进行运营管理的是中信信托与国有农场共同出资成立的服务公司。另外，土地分为两类，一类是国有农场自主经营的土地，另一类是农户手中的土地，国有农场参与进来也有别于其他几单土地信托。

（2）期限大体相同

目前中信信托推出的土地信托契约期限一般是按照第二轮土地承包合同的剩余期限来签订。

（3）都有中信信托的金融支持

无论是"安徽宿州"模式中的安徽帝元现代农业投资有限公司还是贵州开阳的贵州硒味园，中信信托都给予其金融支持，解决了它们的融资瓶颈，为下一步发展打开了市场。

（4）未改变农业用途

土地资源的稀缺性和重要性要求土地信托的参与者格外谨慎。因此，在18亿亩耕地红线的约束下，为了确保农业公司不改变土地的农业用途，不在土地上违规建造固定建筑物等，中信信托在土地经营开发的过程中会定期派人到现场查看。同时，由于农户和地方政府在对当地土地开发经营的监督方面会更为便利和及时，中信信托表示，为保障农业用地的合法经营，中信信托、当地政府、当地农户等应组成一个多层次的监督体系。

2. 不同点

（1）收益方式不同

中信信托推出的六单土地信托项目中，农户的收益方式一般为"固定＋浮动"的方式，这样确保了农户在得到基本租金以保障基本生活的情况下，还能享受到土地流转方式创新带来的增值收益，这无疑增加了农民参与土地信托的积极性。但安徽马鞍山、河南济源等地的农户收益方式为"固定"，这与区域、经济、人文及土地流转基础①等都有很大关系，土地信托没有一成不变的模式可供复制，应一地一议，根据不同地区的具体情况，确定农户收益方式。

（2）流转面积不同

中信信托在安徽宿州、山东青州、贵州开阳、安徽马鞍山以及湖北黄冈与河南济源的六单土地信托流转面积各不相同，一般在 6000 亩以下，但安徽马鞍山土地信托流转面积为 2.66 万亩，为全国单笔流转面积最大的一单；湖北黄冈土地流转面积总计 6 万亩，是全国土地流转面积最大的一单。

（二）"北京信托"模式自身比较

北京信托是第二家正式推出土地信托项目的信托公司，截止到目前，其所做的四单项目分别在江苏无锡、江苏句容、北京密云及安徽铜陵。

表 3-7　　　　　　　　　　北京信托推出的四单项目基本情况

地点	契约签订日期	土地流转面积（亩）	操作模式	期限	收益方式	农户收益情况
江苏无锡	2013.11.7	160	无锡模式	不少于15 年	远期＋近期直接＋间接	1~6 年 1700 元；7~15 年 1700 元＋20% 分红
江苏句容	2013.11.29	9928.46	参照无锡模式	分期	—	—
安徽铜陵	2013.12.26	4000 余	参照无锡模式	12 年	固定＋浮动	560 元＋分红
北京密云	2014.2.27	1700	参照无锡模式	13	固定＋浮动	1000 元＋60% 分红

（1）操作模式基本相同

江苏无锡的"北京信托·土地信托之无锡桃园村项目"是北京信托于 11月 7 日正式推出的首个土地流转项目。该项目涉及的土地流转面积为 160 亩，采取"土地合作社＋专业合作社"双合作社的设计结构，信托项目时间至少为 15 年。农民遵循自愿原则，以其土地经营权入股土地股份合作社；流转后农用地性质不变，由成立的专业合作社种植水蜜桃，收益方面采取"固定收益＋浮动收益"模式，农户可分享每年每亩 1700 元的土地租金收入，待土地、

---

① 中信信托未介入前，安徽马鞍山大平公司从 2012 年开始介入土地流转项目，按照与村民签订的合同，大平公司每年支付给村民 600 元/亩的租金。租金分为两种，一种是 410 斤水稻，另一种是 600 元现金，两种方式村民可选其一；中信信托介入后，租金和当初签订的流转一样，没有任何变化，信托公司进来之后，只是年限由此前的 30 年变为 11 年。因此，该项目中农户收益为 600 元/亩。

果树培育投入期结束，农户还可按一定比例获得浮动收益。北京信托其他几单基本也是按照此模式推进的，但其优势不尽相同。江苏无锡项目中采取的是"双合作社"即土地合作社和专业种植合作社的模式，更多体现农民发挥种植优势；江苏句容项目中，具有一定实力的企业在租赁成规模的土地之后会开展全局规划，进行土地整理、建设基础设施以及物流仓储中心等，并将土地分包给多元化的经营主体，如种粮大户、家庭农场、小型特色的专业种植合作社，通过培育多样化的经营主体使得整体土地效益得到提高。

其中江苏句容推行的土地信托与此前江苏无锡的土地信托并无太大区别。稍微不同的是，句容新农公司将围绕信托土地开展农地平整与增肥、农田水利设施建设、农产品物流基地建设、销售网络建设、农机服务、农技服务，为农业生产创造基础条件。在此基础上，句容新农公司将根据适时的实际情况将整理完毕的农用地流转至专业大户、家庭农场、农民合作社及农业企业等多元化的农业生产主体，这些主体可以根据其种植优势及种植意愿在信托土地上开展具体的农业生产活动。最终将经营权"归还"农业生产者的做法，不仅可以让种植能手更好地发挥本领，而且也可以顾及到那些不愿意脱离土地的农民的意愿。

安徽铜陵的土地流转信托项目将种植能提炼食用油、精油等产品的牡丹品种，虽然仍采取"固定收益＋浮动收益"模式，首批流转农村土地的农户可获得每年每亩至少与一定重量中晚籼稻国家最低指导收购价格相当的固定收入。但该项目模式与上述几单有些不同，此次北京信托也以农村土地出资，与铜陵当地的政府投资平台、中合供销（上海）股权投资基金管理有限公司共同出资成立了铜陵牡丹产业集团，未来目标是力争将铜陵打造成为"牡丹之都"。

（2）收益方式相同

中信信托推出的四单土地信托项目中，农户的收益方式一般为"固定＋浮动"的方式，这样确保了农户在得到基本租金以保障基本生活的情况下，还能享受到土地流转方式创新带来的增值收益，这无疑增加了农民参与土地信托的积极性。

（3）都有北京信托的金融支持

无论是"江苏无锡"模式中的水蜜桃专业合作社还是北京密云的圣水樱桃合作社，北京信托都给予其金融支持，解决了它们的融资瓶颈，为下一步发展打开了市场。

（4）未改变农业用途

北京信托开展的四单土地流转信托均具备一个统一特点，即市场比较成熟，有一定土地流转基础，而且四单项目均未改变土地性质，流转之后仍然保留原有土地所种植的农作物品种。

因为北京信托意识到不能违反政策推行土地信托，政策要求在不改变土地性质的前提下进行土地流转，如果改变的话，那么定会与现行的土地管理政策有冲突。要保证土地十几亿亩耕地的粮食安全。①土地承包经营权流转一定要注重粮食安全问题，注重对农用地，尤其是基本农田的保护，因为这是基本国策，所以在农用地流转中，一定要防止非农化、非粮化问题，确保农业土地用途不变更；②确保在土地流转中能够通过信托制度提高土地集约化的程度，保证通过科技手段、金融创新的手段来改善土壤的质量，确保耕地的生产力能够有效提升，通过信托方式更好地促进农业规模化的发展。

2. 流转面积不同

北京信托在江苏无锡、江苏句容、安徽铜陵及北京密云的四单土地信托流转面积各不相同，少则一百多亩，多则近万亩。北京信托首单土地信托项目——江苏无锡桃园村项目，规模不大，仅160亩；江苏句容的土地信托由于包含很多期，因此总流转的土地亩数相对较大，为9928.46亩，是目前北京信托面积最大的一单。

（三）"中信信托"模式与"北京信托"模式比较

1. 运作机理不同

中信信托发起设立的"中信·农村土地承包经营权集合信托计划1301期"基本模式为：由农户将农村土地承包经营权委托给当地政府，由当地政府与信托公司签订土地承包经营权信托契约，再由信托公司出租给第三方经营，信托公司在获取收益后转由当地政府向农户进行分配，在项目运作过程中由信托公司提供资金信托支持，并为项目收益的分配提供流动性支持。北京信托发起设立的"北京信托·土地信托之无锡桃园村项目"基本模式为：由农户以土地承包经营权入股农业合作社，农业合作社再以农村土地承包经营权设立财产权信托，并向农户发放土地收益权凭证，再由信托公司出租给专业合作社经营，并根据经营收益向农户分配信托收益。

2. 土地归集方式不同

在流转土地的归集上，中信信托和北京信托虽然都以财产权信托的方式受托农户的土地经营权，但分别采取了不同的方式。在中信信托"服务商＋混合结构化设计"模式中,完成土地确权登记后的农民将手中的土地承包经营权直接委托给中信信托。而北京信托设计了"土地合作社 + 专业合作社"的双合作社模式,先由农民以其土地承包经营权入股当地的土地合作社,再由土地合作社作为委托人,将土地承包经营权委托给北京信托。但北京信托的"双合作社"模式并不是将土地一直租赁给某个种植单位,而是面向专业大户、家庭农场、农业合作社、农业企业,最终实现土地在上述主体间的多元流动。

3. 事务管理功能的实现方式不同

信托公司对土地的归集是实现集约化和规模化生产的必要条件,也是设立土地流转信托的前提。在土地归集过程中,中信信托采取了"委托 + 信托"的模式,当地政府通过受托履行设立信托事项的方式实现了土地的归集,即在政府主导下实现土地承包经营权从农户向信托公司归集;而在北京信托模式中,则采用了"合作社 + 信托"的方式,即通过以土地入股的方式归集至土地合作社名下以实现土地的归集,政府在土地合作社中也发挥了作用。

4. 收益的分配方式不同

在中信信托模式中,由当地政府收到相应收益后再向农户进行分配,无论是信托的设立还是收益的分配,均由地方政府代为履行,本质是一种引入了第三方机构的自益信托模式;而在北京信托模式中,则以农户在土地合作社中享有的股权为基础,向农户分配受益,本质是在土地承包经营权股权化基础上的他益信托,股权是农户获取信托收益的基础。

5. 土地增值的方式不同

在中信信托模式中,农户获得的收益从产生根源上看,来源于改变土地功能的效益增长以及生产的规模化、专业化、集约化带来的劳动生产率的提升;而在北京信托模式中,增值收益的来源主要是基于未改变土地功能的前提下通过生产的规模化、专业化、集约化而实现。

6. 资金支持的介入深度不同

在中信信托模式中,资金信托的介入除了保障项目运行的资金需求外,还为收益的分配提供流动性支持;而在北京信托模式中,资金信托则主要为保障项目的顺利运作。

(四)早期"政府主导信托"模式与新型"商业化信托"模式比较

1. 相同点

(1)都处于探索阶段

尽管各地已经存在不少的实践经验,但是土地信托这一新型农村土地流转模式仍然处于模式的形成和探索阶段。首先，相关法律法规及政策中关于土地信托存在着立法的缺失和不确定性。例如土地应当如何作价委托、参与流转；以何种标准选择土地经营开发公司；对于信托机构、农业经营公司、农民等利益相关方的收益比例是否应当有一定的划分标准；项目出现亏损，风险在各方之间如何合理分配等。

（2）都面临着不确定性风险

在很多土地信托的试点，由于信托契约设计不尽完善，农户本身对于信托制度的风险认识不足等问题，土地承租方违约的风险一旦发生，涉及利益的农户众多，对于信托公司和政府来说都是十分棘手的问题。此外，各地的信托登记制度发展参差不齐，很多地区还没有建立成熟的信托登记模式，不利于农民利益的保障。

2. 不同点

（1）是否引进商业信托公司

湖南、福建一些地区率先开始以信托的方式探索实现土地流转和规模经营，先后出现了土地流转信托的"绍兴模式"、"益阳模式"以及"沙县模式"。但无论是湖南还是福建，早期的土地流转信托虽然突破了农民—企业的传统土地流转模式，以信托契约形式将土地的使用权集中，从而解决土地使用中角色缺位和流转不规范的问题，提高土地使用效率，但并没有真正引入商业信托公司，发挥作用的信托公司并非真正意义上的商业信托公司，而是政府单独成立政府土地信托机构，实际上是依赖政府信用的中介组织，并作为农民土地经营权的受托人参与土地流转。

虽然两种模式下，农民都是将土地的使用权委托给信托公司，由信托公司按照其标准筛选并监督服务商对土地进行经营，并将经营收入中的大部分分配给农民，两者同样能够达到解决土地使用中角色缺位和流转不规范问题的目的，提高土地使用效率，保证农民收益，但相比"政府主导信托"模式，新型"商业化信托"模式显然更有优势，具体分析如下。

从表面上看，早期"政府主导信托"模式与新型"商业化信托"模式的区别仅在于是否引入了信托公司，但是其中实质的区别是土地的使用权是集中到地方政府手中还是集中到信托公司手中，也是利用行政手段还是利用市场手段解决土地流转问题的区别。这样的不同可能产生很多更大的不同。

首先，政府逐步淡出市场是未来我国改革的一个方向，在土地流转这样一个市场化行为中让地方政府过多参与，本身就不符合改革的方向，也很有可能使土地流转信托换汤不换药，重回老路，不能从根本上解决土地流转中的各种矛盾。而信托公司介入土地流转则完全是一种市场行为，各方有完全的自主选择权，因此可让土地流转在更加公平的环境和氛围中进行。

其次，在土地流转这样一个市场行为中，一个行政主体和一个经营主体比较，行政主体更多考虑的可能是政绩，人力、物力、财力及精力等不可能大力度投入到市场经营层面上来，对土地承包经营权增值的监督作用有限。而作为一个经营主体的信托公司则完全不同，因此更有利于追求整体利益的最大化。在这样一种模式中，作为受托人的信托公司既要接受委托人的监督，也要接受监管部门和全社会的监督。地方政府只要在协助信托公司开展土地流转过程中将自身的要求、目标和愿景与信托公司达成共识并监督信托公司的行为，就可以更有效地达成政府角色的目的。

最后，信托介入土地流转将金融元素注入了土地，这不仅在一定程度上解决了我国农村、农民和农业金融匮乏的问题，而且更有利于未来在"三农"领域展开更多的金融创新。

（2）金融支持不同

与绍兴、益阳、沙县等地的土地信托项目不同的是，在中信信托、北京信托等大型商业信托公司参与到土地信托项目中后，农业企业的土地整理、生产开发和产品销售等多个环节都得到了更多的融资、技术、管理、销售等资源支持，尤其是在农业企业的融资方面。

从风险角度来分析信托公司的金融支持。农业是高风险行业，其中最大的风险有两个，一个是天灾人祸，另一个是种的东西卖不出去，粮贱伤民。信托真正的作用就是在维护农民利益的同时，帮助大户规模经营，发挥信托的金融属性，解决大户发展中的资金约束，实现多方共赢。

从融资需求角度分析信托公司的金融支持。一直以来，大多数农业经营主体都面临融资难的困境。农业企业由于规模较小、资产状况与营业状况不佳、可抵押资产较少，一直难以进行贷款融资。但要进行规模化的农业经营，前期用于土地整理和设施建设的大量资金投入是必不可少的。在这种背景之下，信托公司可以依托跨实业和资本市场的优势，综合运用多种手段，服务农业经济发展。土地信托为大规模现代化农业经营提供了条件，有利于农地生产力和农村生产效率的大幅提高，同时增加农民收益。土地信托项目中既有土地承包经营权信托的事务管理信托，还包括用于土地整理投资的资金信托计划和用于补充信托计划兑付的流动性资金需求的资金信托计划。这样，信托公司通过信托产品的设计帮助符合条件的农业经营主体进行融资，就具有重大的意义。

（3）操作模式不同

早期"政府主导信托"模式中，由政府出资设立土地承包经营权信托公司，农民在自愿前提下，将名下的土地承包经营权委托给信托公司，企业（大户）再从信托公司手中连片租赁土地从事农业开发经营活动，承租企业（大户）每年支付土地租金，由信托公司统一分配给农民。而新型"商业化信托"模式中，土地信托公司一般由商业信托公司担任。

（4）支付租金方式不同

在早期"政府主导信托"模式中，农业经营主体将土地租金转交给当地政府，由当地政府分配给农户；在新型"商业化信托"模式中，农业经营主体将土地租金给付给信托机构，由信托机构直接支付给农户，这样就减少了早期"政府主导信托"模式中政府克扣农户地租现象的发生。

（5）标准化程度不同

对比由政府主导的信托组织机构，比如浙江绍兴、湖南益阳、福建沙县模式中的土地信托，从信托契约的签订到经营管理、收益分配等环节，信托公司的"商事信托"都更加科学化、标准化、规范化，为后续的资金信托支持农业发展创造了基础条件，同时也有利于更大范围的土地流转。

三、土地信托面临的问题

虽然我国现有的农村土地承包经营权信托的实践已取得一定的成效，但是不可否认的是，已有的实践仍存在一些问题。

（一）土地信托主体资格不明确，权利义务混乱

农村土地承包经营权是我国特有的财产权利，将其与信托这一从外引入的财产管理方式相结合，首要面对的就是法律关系当中主体的范围界定及权利义务。然而，当前已有的农村土地承包经营权信托实践中，特别是"政府信托"，受托人往往由当地政府牵头组建，有浓厚的行政色彩，从长远来看这对于农村土地产业化市场化发展是不利的，且易造成垄断。同时，如在绍兴的土地信托中采取的土地承包经营权人在进行信托时先将土地反租给村经济合作社再由村经济合作社作为委托人设立信托的方式，将致使土地承包经营权人并未成为信托法律关系的当事人，这也不利于对农户权益进行保护。因此农村土地承包经营权信托的已有实践中显示出的首要问题是各个主体资格不明确，权利义务混乱，这对于农村土地承包经营权信托的长远有序发展是极为不利的。

（二）土地资产定价缺乏科学的评估体系

一般地，政府征用的土地超过一定规模时，土地的征用补偿标准定价是由政府规定的征地补偿价格为依据；对于在一定范围内的土地征用地区，征地补偿的标准是由政府规定补偿价格和当地的纯收入为依据，两者结合的定价标准；没有被征用土地的地区，以土地的农业纯收入为依据进行评估。但是，土地信托在进行土地资产价值评估时，假如参照国家土地征用补偿费和农业年纯收入，而不考虑当地的土地信托市场的定价，很容易导致土地价格低下，转出方的利益受到损失。近几年来，土地价格不断上涨，土地在进行作价后出现上涨情况，流转双方很容易引起纠纷，如何科学地制定出符合市场规律的土地资产评估体系，是目前土地信托迫切需要解决的问题。

（三）缺少风险控制方案，存在收益风险

现有的土地信托的风险控制方法较少。在绍兴模式的发展中，也是笼统地对土地信托风险控制方面进行了简单的描述：土地信托中介组织对流转后土地的经营情况进行跟踪，对土地转入方进行监管，只是对土地信托后的用途不得改变进行监督，但是这些都没有具体的风控方案。益阳市在土地信托的风险防范等规定制度建设方面也比较欠缺，只是对土地信托双方的纠纷和矛盾进行调解和解决。这些模式都没有在风险控制方面形成制度化管理模式，在绍兴和益阳实际的信托流转中，有时会出现转入方资金短缺，种植或者养殖出现了市场低价等问题，这些都是不可预测的经营风险，这样转入方就会损失很大，没有能力或者资金继续进行土地信托，致使转出方的利益得不到保障，存在很大风险。

（四）行政介入过多，转出方权益有可能得不到保障

从绍兴和益阳土地信托的发展及组织结构可知，无论是绍兴建立的三级土地信托服务中心还是益阳成立的土地信托公司，它们都是由政府部门人员参与和推动发展起来的，政府的全面参与，对于土地信托发展前期来说是非常有必要的，这样能推动土地信托的宣传和工作的开展。对于政府来说，它的主要任务是服务土地信托，调节土地信托市场有序开展，但是，随着土地信托的不断发展和壮大，在利益面前，转出方和政府部门人员为了达到各自的利益需求，双方很容易进行交易，政府部门就会对有些土地进行强制流转，或者是压低流转的土地价格，从中取得相应的利益，这些都会损害转出方权益，伤害了转出方对土地信托的积极性，从而不利于土地信托的长远发展。聘任土地信托服务

专门人员来管理土地信托事宜，达到中介服务组织同政府机构之间是一种服务和合作的关系，这样，土地信托才能合理有序的经营管理，达到长远发展的目的。

（五）土地信托监管力度不够，流转程序不规范

目前，我国土地信托大部分存在着流转行为不规范，流转期限短，虽然签订了信托契约，但是条款内容不规范，实质性内容过于简单，流转双方责任和权利不够明确；中介部门人员弄虚造假，不按契约要求发放信托报酬，随意更改信托收益与分配方式等现象；信托中介组织很容易与转入方进行利益交易，在土地信托中偏向转入方一面，这样使转出方利益受到了损失。这些现象都是土地信托缺少监督和管理造成的，没有专门的监管部门，没有科学有效的监管程序和制度，造成了流转程序不规范，出现了很多矛盾和纠纷事件。

通过前面第二章的研究，我们知道土地信托还存在除了以上分析之外的问题：土地产权不明晰，土地确权颁证工作迫在眉睫；土地规模需进一步扩大，实现规模化集约化经营，提高土地产出率；土地信托法律的不完善制约着土地信托的进一步发展，将土地信托合法化是推进土地信托的法律基础；农业保险的缺失使土地信托潜在的各方当事人对土地信托持观望态度，不敢贸然涉足土地信托；农村土地的社会保障功能仍然很强大，这与我国农村社会保障体系不健全有着很大的关系，要想解除农民的后顾之忧，积极投身于土地信托，必须健全农村社会保障体系，弱化土地的社会保障功能。

四、土地信托实践经验总结

通过以上对我国目前农村土地承包经营权信托的探索实践可以看出，农村土地承包经营权信托作为一种新型的土地承包经营权流转方式，在实践中拥有广阔的运行需求。与此同时，农村土地承包经营权信托的积极实践已取得一定的成效，且充分利用了信托的原理发挥了信托财产独立性的功能优势，有效运用了信托平台资源丰富的特点，为其他地区的农村土地承包经营权信托提供了可借鉴的宝贵经验。

（一）明确土地信托各方当事人的权利与义务

明确土地信托各方当事人的权利与义务，可分别在信托设定、信托执行、收益分配、信托终结四个阶段中加以规定。信托设定阶段，信托契约对信托目的、本金、收益、信托期限等均需予以规定。信托目的应是委托人出于对受托

人的信任，将土地交由受托人开发、运营和管理，一旦签订契约，委托人需将土地承包经营权转移给受托人，且契约需指定受益人，委托人也可以是受益人，受益人有权取得土地信托后的收益，同时，契约必须明确规定信托期限、起止日期，契约期满，双方认为有必要延长，可由双方协商确定。信托执行阶段，受托人应尽善意管理的义务，为受益人的最大利益去处理信托事务，在信托期间确因委托人委托的土地出现缺陷而产生损失，契约规定由委托人承担。收益分配阶段，土地信托的受托人应按照土地信托契约将土地收益分配给各方当事人，因为土地信托管理产生的费用，受托人可从信托财产中扣除，委托人及受益人不得阻碍，若由于受托人自身失误导致信托收益无法保证时，具体损失由受托人从其自有财产中进行赔偿。信托终结阶段，信托契约期限届满、违反土地信托目的及信托目的无法实现等原因致使土地信托终结的，应具体情况具体分析，并确定各方当事人在此阶段的权利义务，确保土地信托顺利终结。

（二）建立科学的土地评估定价机制

所有商品的定价都包括两个部分，即自身的价值和交易价值，而交易价值是由自身价值决定的。农村土地信托关键是要建立科学合理的定价机制，构建完善的价格评估体系，设计农村土地信托财产内在价值评价的标准是非常重要的。现有的土地流转价格是双方当事人参考往年收益或者是根据估算得来的，还有的土地受政府影响较大而制定的价格，这些定价不科学、不完善，在土地信托中往往给当事人双方造成价格纠纷，不利于土地信托的顺利开展。建立完善的价格体系，既要考虑土地的自身价值，又要考虑到国家土地政策、市场的供求关系和土地风险预期等条件，制定出具体的参考指标与项目，根据土地的位置、质量、产出量等因素，建立一套完善的价格评估体系，完善的定价机制有利于保障农户的合法收益，维持农村土地的可持续发展。

（三）设计土地信托风控方案，降低各方损失

由于在具体的土地信托运行中，不同情况产生的风险也不相同，需要采取的防范措施也不一样，参考一般风险控制的五个基本方法：风险回避、风险分散、损失控制、风险转移和风险保留。风险回避是指土地信托中介机构接收农户申请后，要根据土地信托契约的要求对土地进行综合实地评估，不符合评估要求条件的，应不予审批通过，避免带来不必要的损失。风险分散是指在信托土地规模或数量较大时，土地不应由一家信托中介公司经营，应该寻求几家进行合作，共同管理和经营，分散风险。损失控制是指损失控制包括事前、事中

和事后三个时间段，在签订信托契约之前应对涉及各方情况有详尽的了解，通过相关评估等预防有可能发生的风险以降低损失的概率，事中和事后则是采取合适地补救措施以减少实际发生的损失。风险转移是指土地信托中介机构与保险公司签订风险协议，在发生风险遭遇损失时，按保险相关契约条款进行损失补偿，将自己的损失降到最低。风险保留是指机构或政府建立土地风险基金，一旦在经营中出现风险情况，损失能够得到及时的资金补偿。

（四）收益分配需进一步凭证化与标准化

当前土地流转信托的收益分配虽实现了土地流转信托农户收益的长期化，并且信托公司作为受托人承担了受益人利益的管理与监督职责。但受制于土地当前信托登记制度的缺失等原因，土地受益权的凭证化与标准化程度不足，从而进一步影响了土地信托受益权的流动性。如中信信托模式中主要以当地政府向农户分配受益，而信托公司仅承担了收益的分配职能，未将受益权进一步标准化与凭证化；而在北京信托模式中虽实现了一定程度的凭证化，但这种凭证化是以土地股权为基础，而并非针对信托法律关系中的信托受益权，且受益权的转让需基于土地合作社股权的转让，而非信托受益权本身独立于信托关系而实现自由流通。

（五）从政府主导向政府与市场并重转变

土地信托作为一种新型的土地承包经营权流转方式，其具体的操作模式、运行机制等都还处于探索阶段。从现有实践中可以看到很多地区的政府对土地承包经营权信托的推行大力倡导，并牵头成立相应的土地信托机构，主动引导土地承包经营权人通过信托的方式进行土地流转。但是政府作为主导者的身份设立土地信托机构并参与到农村土地承包经营权信托中实际上并不利于土地信托机构本身市场竞争力的提高，也不利于土地承包经营权信托的长远发展。

当前土地信托模式中，地方政府是土地归集的主导力量，而信托公司则主要承担制度设计与安排及相应事务管理的职能。对土地信托而言，对土地归集及受托事务管理的主导性应当一分为二地看待：一方面城镇化及农业现代化过程中，在政府主导与推动下存在大量的土地流转需求，需要信托公司提供专业制度安排与事务管理支持，这是信托公司以自身专业服务支持社会经济发展的一种体现；另一方面，土地流转信托作为信托公司的一项业务领域，单纯地承担事务管理职能不足以培育核心竞争力，且对信托公司而言经济效益不足。因而需要信托公司发挥在土地归集中的主导作用，强化信托公司作为经营主体的市场导向，从单一的政府主导向政府与市场并重的方向发展，并逐步向土地银行的业务模式转变，强化信托公司在土地流转信托过程中的主导作用及市场影响力。对应地，政府承担的职能可向两方面转变。一方面，政府可在土地信托中从参与者转化为服务者，可通过制定扶持、引导土地信托有序发展与推广的政策等为土地信托提供宏观方面的指引性支持，而不应直接干预具体的土地信托事务及当事人的信托行为。另一方面，政府应加大其对农村土地承包经营权的监督职能，政府的行政性监督可针对土地信托机构的违法违规经营行为实施相应的行政处罚，这将大大提高对农户权益的保护力度。

（六）设置监管部门，对流转情况进行全面监管

在土地信托中介机构的管理模式中，土地信托中介机构的监管包括内部监管与外部监督相结合。内部要建立明确的监督职能部门，监督职能部门监督各部门工作执行情况，主要包括对信托机构各部门人员在业务决策、经营运作和日常管理中进行监督和规范，防止部门人员弄虚造假，不按契约要求发放信托报酬，随意更改信托收益与分配方式等情况的发生。外部监督主要是指政府有关部门和行业协会监督相结合的方法，政府要建立相关的管理部门，专门负责土地信托的管理与监督，制订出相关的政策和措施，对中介机构的审核要遵循有关的规定，对信托中介机构的财产运作、经营状况进行定期检查，发现问题及时按有关规定进行管理；行业协会负责监督行业健康、有序发展，制订出明确的行业管理规章，定期对行业各中介进行巡察，协助政府部门进行管理。

（七）完善信托机制，搞好中介服务

土地信托制度在我国属于新生事物，农民对其不甚了解，但是该制度能否顺利进行，关系到农业生产能否健康发展和农民的合法权益能否得到有效维护的大问题。但到目前为止，其在我国的发展还很不健全，农民作为委托人在土地信托制度中享有哪些权利以及必须履行哪些义务，立法上的规定仍比较模糊。所以，正如城市房地产业发展的必要基础是城市房地产中介机构一样，农村土地交易市场的形成与土地承包经营权信托的有效运行也需要构建专业分工的土地交易中介体系。

建立土地信托服务机构等中介组织，可以有效实现土地流转供需双方之间的对接，降低土地流转的搜寻成本，使土地从小范围流转扩大到大范围流转；通过信托机构的管理服务，规范了土地流转行为，使土地流转从临时性的私下流转变为经常性的法规式流转等。加强和完善土地信托机构建设，需建立大型

的土地信托数据库，并强化供求登记、信息发布、法律咨询、契约管理、指导签证、跟踪服务、纠纷调解等职能，切实搞好中介服务。

1. 信息提供功能

土地信托服务机构首先要为进行土地信托的委托人和受托人双方提供中介信息，为双方进行信托交流提供一定的便利。土地信托服务机构应将辖区内的土地承包经营权的供求信息进行详细登记，将信托土地的质量、数量、区位、类别等详细信息做好分门别类登记的同时，以多渠道、多角度、多形式向辖区内外发布还要做好接待土地供求双方的咨询，起到桥梁的作用。

2. 评估及协调功能

为切实履行好中介服务职能，对委托人的真实意愿要进行事先的走访，还要对受托人的经营能力进行认真真实评估，绝不能弄虚作假，并将得到的数据提供给土地信托登记主管部门作为备案基础。要协调土地信托双方当事人之间的关系问题，必须保证双方在平等的基础上履行信托合约。在信托服务终止以后，要进行信托土地的跟踪服务和纠纷调处。帮助受托人进行信托土地项目的可行性论证，在委托人、受托人和信托土地所有者三方之间进行利益协调，保证信托服务的质量，实现信托服务的宗旨。

3. 监督的功能

在土地信托制度中，我们一直在强调一个问题就是要切实保证信托土地的用途，这个问题涉及一系列其他的问题，尤其是最终能否保证土地发挥其应有的社会保障功能。所以，在土地信托出去之后，并不意味着土地信托中介服务机构的职能到此结束，还应继续对信托出去的土地的用途进行监督，以保证土地生产能力的持续性，保证信托期限届满以后，土地信托的委托人即土地承包经营权人能够在收回土地以后继续进行农业生产，保证土地资源可持续利用。

（八）制定优惠政策，鼓励土地信托

为了促进土地较大规模流转，应结合实际制订出优惠政策给予支持鼓励。一是政策支持。要出台相关政策文件，鼓励从事农业生产或农产品加工的企业、经营大户，通过土地信托实现土地较大规模经营，帮助他们积极开拓国内外市场，扩大农产品销售渠道，将企业和产业做大做强。二是资金支持。对从事规模化农业生产，实现土地较大规模经营的企业或个人给予经济上的补贴，以此提高他们集约土地从事农业生产的积极性，同时也能给农民更高一些的土地价格；对集约土地从事农业生产经营的企业和个人在贷款上给予贴息支持；积极论证在确保农民不失地的前提下，以一定期限的土地承包经营权，作为抵

押来贷款融资的可行性，并给予法律上的保障，解决农业规模经营贷款难的问题。三是税收支持。明确对土地信托产生的土地租金实行免税；对集约土地进行农业产业化经营的企业或公司免征一定年限的企业所得税，并实行一定比例的退税政策。

除了以上分析，结合前面第二章的研究，还需要通过各种途径明晰土地产权；实现土地规模化集约化经营；完善土地信托法律；将农业保险嵌入土地信托；健全农村社会保障体系，解除农民的后顾之忧等，以推进土地信托顺利、高效进行。具体措施前面第二章已有很详细的探讨，这里不再赘述。

任何新生事物的发展均存在逐步完善的过程，如信托公司资金信托业务的发展也经历了从被动管理型业务向主动管理型业务发展的过程。相应的土地信托业务也势必将由以事务管理为核心的被动管理型业务向以综合经营为核心的主动管理型业务发展，让我们拭目以待。

第四章　土地信托的盈利模式、收益来源及分配

第一节　土地信托的盈利逻辑

盈利模式是一项信托业务的核心和灵魂。没有固定盈利模式的信托业务往往沦为过渡业务，只能为信托机构赢得短暂的影响力，难以保持长久的生命力，无法带来持续的盈利。对于某项具体的信托业务而言，最优盈利模式一经论证并确立，信托机构要做的就只是把该业务模式不断复制、做大、做强、做出规模，以该业务作为依托的核心盈利模式就可以不断实现。因此，对于刚刚出现信托业务创新——土地信托来讲，研究和探讨其盈利模式就显得尤为必要。

与其他金融子行业相比，信托业具有横跨资本市场、货币市场和实体经济市场的能力，在产品研发、设计、探索和尝试方面更占优势。这种灵活性决定了信托业的盈利模式并不唯一。研究土地信托业务的盈利问题，我们需要首先对已有信托业务的盈利模式进行梳理和研究，并在此基础上进一步考察土地信托的最优盈利模式该如何选择的问题。

一、信托业务盈利模式的研究状况

信托业务主要指目前信托机构都有涉足且运营模式较为成熟的银信合作类、政信合作类、房地产信托、证券投资信托、公益信托、艺术品信托等。而盈利模式作为一个大而化之的抽象概念，是从不断重复的众多具体的信托业务中发现和总结出来的。信托业务是信托盈利模式的载体。对盈利模式的讨论离不开对信托业务的讨论。然而，对信托业务的讨论又不能仅仅停留在具体的业务层面，太过具体而浅显就难以抽象到"模式"的高度。因此，对信托业务进行归类就成为研究盈利模式的首要工作。

裴强等（2004）按照各类业务对于信托收益的贡献度，对它们进行了分类。他指出资金信托和财产信托为信托公司核心业务，是信托公司创造稳定收益的来源；投资基金业务与公益信托业务是信托公司重点业务拓展方向，是发展中的信托公司的主要利润增长不可或缺的组成部分；而投资银行业务及其他中间业务则为信托业务的重要补充，为信托公司延伸了创利空间。其中，资金信托和财产信托收取投资收益型，是信托公司稳定的投资回报的主要部分；证券投资基金为主的基金业务和公益信托业务收取高额管理佣金，推动主营信托收入的快速增长；而中间业务通过收取服务费扩大信托公司盈利空间。刘响东等（2006）将我国信托投资公司目前所从事的主要金融业务分为财富/资产管理类信托、公司/项目融资类信托、中间类信托（如职工持股信托、股份代持信托、表决权信托等）。这种分类方法下，三种不同类型的业务分别收取的是佣金、融资利息、投资回报以及管理费等。于立娜（2012）将信托业务按照功能划分为融资类业务、投资类业务以及事务管理类业务。她指出信托公司目前的主要盈利产品有五种，分别是银信合作产品（信托财产保管、信托计划代理收付、资产证券化、银信合作理财产品）、证券投资类信托业务（结构化与非结构化）、基础设施类信托、房地产投资基金、私人股权投资信托业务。其中房地产类信托和银信合作信托中有很大比例是融资类信托，代表了较低的盈利，是目前监管层不鼓励的信托类型。季红等（2005）指出我国的信托行业主要有三种盈利模式，分别是投资管理能力驱动型、融资业务驱动型以及投资银行业务驱动型。在第五次清理整顿后，信托公司正在逐步走出以融资业务和投资银行业务为主的盈利模式，转而以提高投资管理能力作为提高盈利能力的主要手段。根据张春华（2011）的分析，信托行业的盈利模式以股权投资收入为主要收入来源、手续费收入成为重要收入来源、证券投资收入仍然是重要的收入来源，而利息类收入相对处于较低水平。综上所述，目前我国信托业的主要盈利来源有融资利息、投资（股权和证券）收入、佣金及管理费收入等。这三种不同的盈利来源分别代表了三种不同的盈利模式。不同的信托产品可以使用不同的信托盈利模式，同一个信托产品也可组合使用不同的盈利模式组合，形成结构化的盈利模式。

能够为信托机构带来盈利的模式，并不一定成为能够带来持续盈利且具有竞争力的"核心"的盈利模式。李国棋（2008）指出信托产品的开发和设计是信托公司盈利的源泉。他认为信托公司应发挥自身优势，走差异化、专业化的发展道路，在市场细分的基础上，在某一个或某一些投资领域，形成自己的专业化团队和核心金融产品，从而架构属于自己的盈利模式。李廷芳、陈伟忠（2006）认为核心盈利模式的重心在于把信托制度和行业的优势真正化为信托投资公司的比较优势。高英慧（2006）认为构建我国信托投资公司核心盈利模式，除了充分依托信托特有的制度优势外，还应辅之以灵活的业务创新与拓展。她从管理学理论出发，指出企业的核心盈利模式应该具备长期性、竞争性、差异性。李廷芳、陈伟忠（2006）将这些特征进一步具体化为：具备一定的行业优势和竞争力、能带来规模效益、具备一定持续性（期限较长）、所依托的信托产品具有较好的流动性、具有标准化或准标准化产品的特性、开发成本较低、具有较强的复制性同时又因其核心技术和创新性构成进入壁垒等。学者们对于信托行业核心盈利模式的研究为土地信托的发展指明了方向，具有很强的理论指导意义。

二、土地信托盈利模式的分析与优化

（一）基于土地信托服务链的盈利模式分析

借鉴刘响东等（2006）的金融服务链分析方法，我们从信托机构在土地信托服务链中所处的位置和委托代理关系出发，以信托机构的利益取向为依据，研究土地信托的盈利模式。

在土地信托的金融服务链条上，链条左端是土地承包经营权所有者或资金所有者，具有一定数量的不愿自营的土地或充足的闲散资金；链条右端是具有农业规模经营能力及技术或需要大量吸收社会资金进行农业生产的个人或企业。信托公司作为金融中介机构，往往在该链条的某一点或某一段提供金融服务，也可以提供一站式、全链条的服务。即使是在提供全链条服务的时候，信托机构也需要在链条的各区段根据不同的业务规则设计不同的信托产品来完成业务。在服务链的左半部分，信托机构担任土地承包经营权所有者或资金所有者的受托人，为土地及资金增值寻找投资标的；在服务链的右半部分，信托机构担任资产（土地或资金）使用方的受托人，为融资方设计相关金融产品并出售获取的资产（土地或资金）。此外，信托机构还可在此链条中提供其他中间人衍生服务。根据信托实践和思考总结，我们认为土地信托中可能涉及的金融业务主要为以下两大类：

1. 财富/资产管理类信托。是指以土地或资金盈余方的财富管理需求为起点设计信托计划，主要为寻求土地或富余资金的保值或增值而进行管理。土地财产权信托多以信托机构的信息、调研以及风险管理优势为基础，通过筛选合格土地经营者的方式将规模化的土地交由其经营，信托机构负责对其经营活动进行监管，以确保稳定的土地收益。而资金信托多以土地或农业主题的金融产品为投资标的，多采用以分散化投资和资产配置为手段的管理方法。两项业务均体现受人之托代人理财的信托宗旨，一般采取集约化经营模式，收取信托报酬。

2. 公司/项目融资类信托。是指以规模农业经营者的融资需要为起点设计信托计划，信托公司募集信托资金投向是信托成立时已经事先指定的特定农业企业或项目的管理方法。这与资产管理类的资金信托的不同点就在于是先有资金，还是先有项目。公司/项目融资类信托中，信托机构是融资方的利益代理人，内部组织架构和项目决策机制基本围绕项目展开，本质上从事的是融资类或投资银行类业务，收取融资利息或投资回报。

信托机构在这条金融服务链中，分别担当的角色有资产/财富管理人、投资人、资金融出人；所获得的收入分别为信托报酬、投资回报和融资利息。由此可以看出，土地信托走的仍然是与传统信托业务类似的融资类和投资银行类业务的老路，土地信托的盈利模式较为初级。

（二）土地信托盈利模式中存在的问题

盈利模式之所以能成为模式，必然具有稳定性、持续性和可复制性。然而土地信托的盈利模式中存在以下影响其稳定的潜在因素。

1. 土地财产权信托的客户基础不牢固

信托在我国虽然也有几十年的历史，但是信托进入大众视野也只是最近两年的事情。再加上信托业务的私募性质，不允许异地设立机构、不允许公开宣传等制度安排，民众很难接触到信托产品，更别提普遍生活在社会底层、受教育水平不高的农民。而土地财产权信托的客户恰恰是这些具有土地承包经营权、对金融和信托知之甚少的农民。信托理论要求土地财产权信托的运行规则是这样的：土地承包经营权所有者基于对信托公司的信任，把土地经营权交给信托公司来经营，并根据信托契约获取回报。但是，我国目前的情况是，农民对信托一无所知，一些基层的领导干部对于信托的概念也是云里雾里，因此土地财产权信托的这个"信"的基础不存在，"信而托之"的理论基础也就不存在。

土地财产权信托的客户基础不牢固还表现在土地规模流转的谈判成本上。由于土地信托的运营需要土地流转连片、成规模。但是我国的土地分散地掌握在农民的手中，人均不到1亩地，所有的农户都主动参与土地流转的情况非常少见。为了实现流转规模，需要跟农户进行一对一的谈判，这意味着高昂的谈判成本。由于农民对于外来的信托机构缺乏信任，这种具有一定被动性的信托业务谈判成本会更高，成为盈利模式不稳定的关键因素。

2. 农业经营项目融资少，难以实现规模收益

信托机构在融资业务中担任的是资金批发商的角色。既然为资金批发商，其批发的商品——资金就需要"走量"。通常而言，信托产品 100 万元起存，在集合信托计划中，100 万元的投资者还不能超过 30%，信托融资的规模从几千万元到几亿元不等。只有融资达到一定规模，才能保证盈利。但是农业生产需要融资的项目主要有：土地平整、水通、电通、路通、大棚、水泥桩等基础设施建设、机械设备等。这些项目中，除了土地平整、路通工程等基础设施建设需要大笔资金投入外，其他支出都几万元或者几十万元资金即可满足。农业项目如此小的资金需求，信托机构自有资金即可满足，甚至不需要发行集合信托计划。对于信托机构而言，如此小的资金需求量，无法产生规模效益；如果不能使融资业务达到规模效益的业务规模，就不能支撑足够的盈利。

3. 土地信托人才匮乏

土地信托的运营，需要大批既懂信托又懂"三农"的综合型人才。土地信托业务人员既要有将传统信托业务的运营流程应用于土地信托的能力，又要对农业生产、农地产权、农村土地流转市场、土地规模化经营等有充分的研究。长期以来，我国信托机构的发展根据地都在城市，业务对象大都是大资产客户、大公司、大项目。农村市场因为缺乏这样的客户资源和项目资源而长期被信托机构忽略，信托机构缺乏"三农"人才储备。然而，在特定领域开展信托项目，信托机构高度依赖专业的信托人才。土地信托人才匮乏，信托机构就无法对农业经营有充分的了解，因而也将无法对其风险和盈利情况作出准确的把握；无法准确描述信托计划的基本收益风险特征，将不利于投资者作出理性的投资决策。因此，土地信托人才的匮乏成为影响盈利模式稳定的重要因素。

4. 盈利模式无法彰显信托制度的优越性及行业优势

从目前农村的实践看，土地规模流转、集中经营已成大趋势，然而土地资产"非信托不可"的动力不足。信托机构在两种盈利模式中的主要优势表现在：对农民来说，土地资产委托给信托机构管理，可以获得高于直接流转给特定经营者所获得的收益，这意味着信托机构卓越的资产增值和风险控制能力是农民选择土地信托的一个理由；对企业来说，从信托机构融资能够顺带获得一

些金融服务，如业务流程的规范化和优化、专业的咨询服务、管理人员支持等。然而这两项优势又带有天生的缺陷。若要保持吸引农民的优势，就意味着信托机构需要保证"刚性兑付"，为农业经营风险兜底，而"刚性兑付"恰恰是目前信托行业试图打破的一项潜规则。另一方面，农业企业的融资需求不高，通过信托机构融资成本与其他渠道的融资成本相比不具备优势；信托机构能够提供的其他金融服务固然吸引人，但农业企业融资时考虑更多的还是面临的融资成本。由此可见，已有的两种盈利模式既不能突破"刚性兑付"的魔咒，也不能提供低成本的融资，信托的制度优势无从体现。

（三）土地信托盈利模式的优化与创新

土地信托与其他信托相比，会产生更多交易费用（谈判费用、处理土地纠纷费用、处理与基层政府关系的费用等），冒有更大的政策风险，还要突破农业产业弱质性和缺乏专业人才的限制，原有的盈利模式无法保证土地信托在众多信托业务中的竞争力。土地信托业务若想存在下去，需要在盈利模式上有所创新。针对以上问题，土地信托的盈利模式需要进行以下优化：

1. 聘请当地的"土地信托代理人"以稳定土地财产权信托的客户基础。金融服务分工越来越精细化，服务外包的趋势愈加明显。与当地农民进行一对一谈判并不是信托机构的特长所在；这项工作由信托机构所派的业务人员进行，成本会远远高于聘请当地的"土地信托代理人"。土地信托代理人宜选择那些长期生活在农村的当地人，担任过基层干部或在农村地区具有一定的威望的人最佳。他们往往深谙农村地区的风土人情，了解当地农户的基本情况和重要关切，因此在进行土地流转谈判和处理土地流转纠纷上有比较优势。另外，信托机构要在农村建立起信誉，需要依靠数量众多的"土地信托代理人"对当地情况的了解和已建立起的权威和信誉，通过走乡串户、口口相传的方式介绍土地信托的基本原理、对农民的好处以及信托机构的信誉等内容。农民对于信托机构的信任需要通过农民对代理人的信任来进行衔接，这是农村的信任文化。

通过这种方式将不具优势的领域外包出去，不仅有助于信托机构找准定位、专注于自己的优势和特长、发挥自己的比较优势，也能充分调动农村地区的优势人力资源，延伸信托服务链，为信托制度开拓农村市场乃至于我国土地制度改革作出积极的贡献。

2. 多项目集合融资解决融资规模较小的问题。农村地区缺乏大型的农业企业，对于单个资金需求的规模无法达到很大的水平。但是，农村地区的资金需求较为分散，整体的资金需求规模还是较大的。因此，可以通过对这些资金需求进行整合，采取批发贷款的形式进行融资，就可以一定程度上改善融资的规模效应。

3. 储备农业信托人才。信托业务的开展对专业人才的依赖较强。专业人才有扎实的理论基础和系统的知识储备，他们的能力和素质直接关系到业务的顺利开展。农业信托属于新兴的信托业务，有意在该领域有所作为的信托机构应注重农业信托人才的选拔、培养和储备。

4. 理智看待信托本质的回归。社会各界对土地信托寄予厚望，农民希望借此显著提高财产性收入，企业希望借此壮大企业规模和实力，地方政府希望借此盘活农村资产、延伸农村产业链、振兴地方经济，信托机构希望能借此构建新的核心盈利模式，这对于土地信托而言未免期望过重。农村地区经济发展落后，农民受教育水平较低，市场意识的觉醒需要一个过程，在城市市场都无法成为主流的事务管理型信托业务想要在农村地区生根发芽还任重道远。对于信托机构而言，能做的就是处理好已有盈利模式中的基础性信用问题。

第二节　土地信托收益来源渠道

一、土地信托收益、农业的弱质性与传统农业的改造

自 2013 年北京信托和中信信托相继宣布将推出土地信托业务开始，土地信托就备受关注，在赢得掌声的同时，也受到了很多质疑。最大的质疑集中在土地信托的参与各方如何赚钱，即土地信托的收益问题。回顾土地信托的流程，土地和资金通过信托机构流入到农业企业手中，而相应的资金回报也从农业企业手中经信托机构回流给农民和投资者。因此，土地信托收益的根本来源是农业经营收益。对土地信托收益的质疑，本质上是对农地规模经营增值空间的质疑。而对于农地规模经营增值空间的质疑，根本原因在于农业的弱质性。

农业生产不仅是人参与其中的经济过程，也是一个受自然力支配的过程。农业经营收益的高低受到农业弱质性的消极影响。对自然的高依赖决定了农业生产容易遭受自然风险，客观上要求大力提高基础设施建设，才能保证和提高产量和质量；而农业基础设施建设投资回报较低，这主要是因为农业生产具有较低的进入壁垒，具有近乎完全竞争性的市场结构，供给弹性较大而需求弹性

较小；而农业生产的周期性特征决定了供给调整往往滞后于市场，因此农业生产承受的市场风险较大。较大的市场风险就难以保证稳定的农业经营收益。

而事实上，农业经营收益的低下又进一步加重了农业的弱质性。在一个国家启动经济现代化进程后，与其他产业相比，农业预期的比较收益低下，因而缺乏增长或发展的竞争力；这就造成了农业在国民经济中份额明显连续的下降，农业对国民经济增长的贡献日见减少，第二、第三产业的贡献成为国民经济增长的主要源泉。农业成为弱质产业的原因是农业为传统产业，只与落后的传统技术相联系，工业成为与现代先进技术相关联的现代产业。除此之外，农业生产直接依赖于自然条件，生产周期较长，而其他产业的发展不存在这些障碍。由此可见，农业比较收益的低下与农业的弱质性是密切联系、互为因果的。

有学者认为农业并非天生的弱质产业。农业的弱质性是由于在国民经济现代化进程中错失了精细化分工的契机，从而退居次要地位，成为扶持第二、第三产业的支持性、弱势性产业。弱质农业的出现，是由于人们急功近利式的工业化思想偏误以及以牺牲农业为代价的工业化发展的政策偏误的结果，并非农业固有的属性（张文方，1995）。农业作为传统产业，在现代化开始阶段起支持第二、第三产业发展的作用，随后则处于相对滞后的状态；直到第二、第三产业高度发展以后，在第二、第三产业的反哺之下，农业才能最后进入现代化行列。当今大多数发达国家的农业的确曾经历过上述过程。根据王阳（1994）的研究，在发达的市场经济国家，农业已经发展成为与现代工业并重的、科技含量高的、专业化和社会化生产突出的现代发达产业。这充分说明了农业的弱质性并非不可改变的。在农业的众多"弱"项中，有些是本质性的，有些是非本质性的。在对传统农业进行改造时，应看到本质上难以突破的硬性约束（如农作物生产周期以及对自然因素的依赖等），积极突破那些非本质的"弱"项。农业的弱质性理论常常成为学术界要求政府对农业提供保护和支持的有力证据。

农业的弱质性并不是一以贯之、不可改变的。其弱质性更多的是传统农业表现出来的特征。1979年诺贝尔经济学奖获得者、美国经济学家西奥多·舒尔茨认为传统农业可以经过改造成为对经济增长有突出贡献的现代农业。在其经典著作《改造传统农业中》（1964年），舒尔茨对该观点进行了分析。他指出，传统农业停滞落后，不能成为经济增长的源泉，其根源不在于储蓄少或缺少企业家，而在于投资收益率太低，刺激不了人们投资的积极性，结果传统农业就像一潭死水，毫无生机。他表示，改造传统农业的根本出路，在于引进新的生产要素，也就是进行技术创新，以提高投资收益率，给沉寂的传统农业注入活水，让它顺畅地流动起来。通过分析新生产要素的供给和需求，舒尔茨认为新生产要素的供给者掌握着经济发展的"钥匙"；而作为生产要素需求者的农民对人力资本投资则是农业增长的主要源泉。学校教育、培训和健康是人力资本投资的三大途径。在农业现代化过程中，农民必须具有较高的文化素质，否则就会阻碍农业进步。舒尔茨乐观地指出，农业可以成为经济增长的发动机，这已不容置疑。但是，政府必须向农业投资，这不仅要注意投向，还要对农民给予指导和鼓励。

二、土地规模经营的增值渠道

（一）农业的集约化经营

传统农业产出主要依靠土地、气候、土壤以及种子等自然力量，生产方式无序、粗放、效率低下、抵御自然灾害能力较差；土地分散，种植品种各异，不利于大型农机具的使用，阻碍了农业机械化的发展；农民独立分散经营，农民认知水平差异较大和信息获取渠道匮乏，农业科技成果的推广与应用受到了制约。因此，我们需要将粗放式、外延式的农业经营方式转变为集约式、内涵式、质量型、效率型的农业经营方式，而这正是农业改造的起点和基本的改革思路。

马克思在《资本论》中对集约化经营作出过论述："所谓耕作集约化，无非是指资本集中在同一土地上，而不是分散在若干毗连的土地上。"苏联经济学家将其进一步解释为在单位面积内，通过经营要素质量的提高、要素含量的增加、要素投入的集中以及要素组合方式的调整来增进效益的经营方式。简言之，集约是相对粗放而言，集约化经营是以效益（社会效益和经济效益）为根本对经营诸要素重组，实现最小的成本获得最大的投资回报。土地集约化经营的核心思想是精耕细作、精打细算、增加单产。

农业集约经营的发展程度取决于生产力的发展水平，并受社会制度的制约和自然条件、人口状况等因素的影响。农业集约经营在中国有着悠久的历史，可以追溯到封建社会中期。但是直到中华人民共和国成立前，农业集约经营主要是靠在有限的土地上，增加活劳动的投放和采用精耕细作的传统技术。这种单纯劳动集约型的集约经营，劳动生产率很低，单位面积产量的提高也有限。中华人民共和国成立后，随着社会主义经济建设的发展，农业集约经营逐渐转向在土地上增加化肥、农药、农业机械、优良品种等生产资料的投放。但到

20世纪70年代末，活劳动的密集投放，仍然是中国农业集约经营的特点。进入20世纪80年代以后，国家实行了一系列活跃农村经济和鼓励农民致富的政策，农村剩余劳动力出路问题逐渐得以解决，农民的投资力量逐渐增强，农业集约经营发展进程加快，由劳动集约型向资金集约型的转化更为明显。劳动生产率和单位面积产量都有了较快的增长。但是由于中国人多地少，国民经济落后的情况难以迅速得到根本改变，农业集约经营仍需重视活劳动的投放，并且重视提高农业劳动力的科学技术水平，逐步把体力劳动的集约型的农业转变为知识集约型的农业。提高农业集约经营水平的目的在于增加农产品产量和提高农业生产的经济效益。为了推动农业集约经营的顺利发展，需要不断提高农业的科学技术水平和经济管理水平，研究对土地增加投资的最适量和投资的最有效的途径和方法。

土地集约经营不等同于土地规模经营和农业机械化，但土地集约经营离不开两者的发展。土地规模经营能够使集约经营实现规模效益，增产效果更加显著；农业机械的大量引入能够节约劳动力，优化农业生产中的要素配置，提高农业生产效率；而土地规模经营又是引入大型农业机械的前提。三者的结合是现代农业发展的方向。此外，土地集约经营促进农业产业分工。农业生产的精耕细作会使生产过程中的原有需求规模扩大并催生出一批新的需求，这对于促进农业产业分工、延伸农业产业链有着积极的意义。

河南省淮滨县的调研情况显示，规模经营的土地每亩地每年可节约200元，节约了约18%。农业机械除了已经广泛普及的收割设备外，还有农作物播种设备如插秧机、喷洒农药设备如无人植保机、农作物秸秆粉碎设备等等。以无人植保机为例，每台植保机需要两个操作员，每天可完成600亩农地的农药喷洒，而如果换作人工操作，600亩地需要10人同时工作。以每人日均工资100元来计算，使用无人植保机可节省出800元工资。而这800元用来租赁一台植保机工作一天是绰绰有余的。由此可见，农业机械节省出的支出是非常可观的。

（二）农业的专业化运作

传统农业生产的目的偏向于自给自足，而现代农业生产则更多是为市场服务的。根据李嘉图和俄林的贸易理论，如果交易的双方都专注于生产自己有比较优势的产品，以此来换取自己不擅长生产的、有比较劣势的产品，那么通过交换和贸易，双方的福利都会有所提升。这种比较优势往往来自资源禀赋、技术特长以及人才优势等。这为农业生产专业化提供了宏观层面的理论支撑。

所谓的农业专业化运作，本质上是一种商业化运作。以商业化头脑发展农业生产。农业的专业化运作主要包括专业化生产和专业化营销两个方面。专业化生产指专门种植某一种作物或养殖某一种动物。近几年来，全国各地出现的水蜜桃专业合作社、无籽西瓜专业合作社、养猪专业合作社等，都属于农业的专业化生产。

特色农业、绿色农业、生态农业属于目前农业专业化发展的几个主要方面。特色农业是将特定的农业开发区域内特有的名优农产品转化为该区域的"名片型"产品，如新郑的大枣、中牟的大蒜、灵宝的苹果等。特色农业的发展有赖于"人无我有、人有我优"、"物以稀为贵"的特性，也有赖于当地的自然地理环境和种植养殖传统。因此，培养和开发特色农业应因地制宜，不可盲目模仿别人，尊重农民的意愿，循序渐进地进行。特色农业是在农业产品上做文章，而绿色农业、生态农业是从营销概念上做文章。近几年来，随着生活环境的日益恶化，人们（特别是城市居民）越来越重视食品的健康问题。而食品的源头——农业生产过程是否清洁、无污染、无公害、无农药等也成为农产品的卖点。随着生活水平的提高，人们愿意为此支付高于普通产品的价格。消费者消费方式的转变成为绿色农业和生态农业发展的主要动力。因此，发展绿色农业和生态农业也能提高农业生产效益。

同样在调研中发现，农村地区已经具备了将特色农产品销往城市的基本条件。目前，物流网络已经延伸至农村地区，互联网也早于物流网络在农村普及，农村地区的产品可以通过网络平台进行营销，寻找市场，接着通过便利的物流网络运往终端。在河南省，下辖18个地市的商品均可在一天内到达河南的每一个地方。另外，有机农产品具有广泛的客户群体，并非只有高端人士才能消费得起。

（三）农业产业化发展以及产业链的整合

产业革命以来，随着科学技术和社会分工的发展，农业产业的分化加速，与其他经济部门的分工越来越细，经济交往日益增加，农业的生产方式发生了很大的变化。在农业生产的各个环节，原来属于传统农业的许多生产智能从农业中分离出来。围绕农业产业，在农业的产前、产中、产后便形成了一系列独立的、与农业存在密切联系的产业部门。农业（包括农林牧渔）和农业产前环节的生产资料制造和供应业，产中环节的代耕、代播、代收、防疫、土壤改良和技术指导等服务业以及产后环节的农产品加工、保鲜、储存和运销业等，统称为"产业化农业"（许玉芬，2009）。农业产业化发展是集约化经营和农业专业化运作的高级阶段，是现代农业发展的必由之路。在农业产业化发展阶段，经济区域以某种农产品为核心形成主导产业，并以此为基础优化组合各种生产要素，实行区域化布局、专业化生产、规模化建设、系列化加工、社会化服务、企业化管理，形成种养加、产供销、贸工农、农工商、农科教一体化经营体系。

农业产业化发展本质上是建立在农业分工基础上的。因此农业产业化之所以能提高农业经营收益，就在于效率的提高。农业产业化发展，使得农工贸紧密衔接，产加销融为一体，多元化的产业形态和多功能的产业体系得以建立。农业产业链得以延伸、农药化肥种子的批发零售、与农业相关的仓储、物流、农技咨询、机械租赁等服务得以发展。新的产业价值链使得各产业环节分工更加详细、责任明确、信息交流更加方便快捷，从而使效率大大提高。

我国的农业产业化发展可以追溯到 20 世纪 70 年代，而该概念的提出却是 20 世纪 90 年代的事情。农业产业化的提出，引起全国上下的广泛关注，全国掀起了农业产业化理论研究和实践的热潮。经过二十几年的发展，我国机械化发展水平、农业产业体系、农业科技发展、农业龙头企业以及农产品市场化流通等方面都有了长足的发展。从我国三大产业的发展状况来看，农业仍然是经济增长的短板。充分挖掘农业生产潜力，实现农业产业化发展是未来我国农业发展的方向。目前我国还处于农村产业化发展的初级阶段，还存在着集约化程度不高、龙头企业实力不强、农业服务体系不健全、产业发展缺乏整体规划以及政府支持力度不够等问题。由此可见，通过延伸农业产业链、促进农业产业化发展的方式提高我国农业经营效益还存在广阔的空间。

需要注意的是，信托机构不是只靠农业经营收益来赚钱。在从农田到餐桌的全产业链中，农产品至少经历了三个环节——加工、存储、物流。通过对农业产业链的整合，信托公司参与其中，在每个环节都可获得一定的利润份额。此外，凭借其对土地资源的垄断，在与企业进行谈判时也掌握了话语权。围绕土地流转信托所进行的金融创新，也可为信托公司赚取不菲的收入。

第三节　土地信托的收益分配

农民通过将土地资产委托给信托机构管理，财产权能够获得具有竞争力的报酬，共享了农村产业发展的增值；信托投资人将资金委托给信托机构管理，信托机构再投资到农业生产中，为城市资本下乡提供了一种渠道，使城市资本共享了农业发展收益；农村获得资金、人才、知识、信息等，促进并带动农村经济发展。土地信托是对各个参与方都有利的一种土地流转创新。具体参与各方如何收益以及收益多少，这是土地信托的收益分配机制所要解决的问题。

一、土地信托收益分配的初步构想

土地信托的参与人主要有农民、农业经营主体、信托投资人、信托公司和地方政府五方利益主体。由于地方政府在土地信托中的角色是提供公共服务，是否参与土地增值收益的分配存在争议，所以在我们的土地收益分配初步构想中暂时不考虑政府，仅包括农民、农业经营主体、信托投资人、信托公司四方利益主体。

目前尚没有一个确定的理论用来确定信托收益该如何分配，但收益分配应遵从平等、自愿、公平、公正的原则。土地信托四方利益主体的收益情况如表4-1所示：

表4-1　　　　土地信托参与主体的成本与收益情况

参与主体＼项目	成本	收益
农民	让渡土地承包经营权的机会成本	土地租金
		土地增值收益
	土地信托报酬	职业农工工资
农业经营主体	土地租金	农地产出收入
	土地增值收益	
	职业农工工资	
	其他生产费用（种子、农药、化肥、机械设备、基础设施建设等）	
	融资利息	
信托投资人	让渡资金的机会成本	投资报酬
	资金信托报酬	
信托公司	信托人员工资	信托报酬（土地信托报酬＋资金信托报酬）
	其他管理费用（谈判、尽职调研费用）	融资利息

需要说明的是，信托公司作为资产管理的受托人，理论上不从土地资产的低买高卖中赚取价差，而是从资产经营增值中提取一定比例的信托报酬。因此农民的三块收益（土地租金＋土地增值收益＋职业农工工资）完全来自农业经营主体。信托公司获得的信托报酬一部分来源于农民，另外一部分来自信托投资人。前者土地信托报酬是从土地租金和土地增值收益中提取的，后者是从融资利息中提取的。信托投资人从信托公司获得投资报酬，投资报酬为融资利息去掉资金信托报酬的部分。

在以上资金流中，土地信托报酬和资金信托报酬均为谈判协商确定的。目前的土地信托报酬率尚没有可供参考的价格资料，但资金信托报酬率，信托公司每年需要融资额的2%左右。融资利息也是由信托机构与农业经营主体根据具体情况谈判协商确定的；信托融资利息往往比银行融资利息要高。农业产出收入、土地增值收益和职业农工工资基本上属于外生变量，不需要讨论。那么唯一需要确定的收益项目就是土地租金。

二、基于市场化流转的土地地租定价机制

（一）农地流转供求分析

1. 农地流转供给分析

本文选择土地流转背景下的兼业经营[①]农户作为研究对象进行分析。这是因为兼业经营几乎能够概括所有农户的特征，是所有农户经营行为特征的抽象。作为土地的承包者，兼业农户有权将自己承包的土地全部流转（完全脱离农业生产）或者部分流转（标准意义的兼业经营）或者零流转（专心务农）。虽然兼业经营本身意味着农户将承包土地部分流转出去，但这并不妨碍我们讨论兼业经营的两个极端情况，即土地完全不流转和土地完全流转的情况。兼业经营具有这样的弹性和代表性。兼业农户的行为选择构成了土地流转

---

① 为了研究的方便，我们选择兼业农户作为研究对象。农民的兼业经营是指农民不仅从事农业生产，还在农业生产外从事其他形式的生产活动。最为典型的兼业经营现象是：为了多渠道获得收入，农民会选择在农闲时出门务工，农忙时辞工务农。但这只是兼业经营的特殊形式，涉及农民个体劳动时间在务农和务工上的分配。普遍意义的兼业经营还包括农户内部家庭成员之间的劳动分工——年老者以及妇女在家务农，青壮年劳力出门务工的情况。这涉及的是农户总体劳动时间在务农和务工上的分配。除了劳动时间的分配，农户还可分配的资源是其所承包土地。当进行兼业经营的农户分配在务农时间不足以经营所有承包的土地，而增加务农时间缩短务工时间会造成总收益下降时，农户就会部分流转其承包的土地。这种情况稍微复杂，是前两种情况的延伸；既涉及劳动时间的分配，又涉及土地资源的分配。本书将要讨论的是这种更具普遍意义的、最一般的情况。

市场的土地供给。

经济学中的供给是指厂商有意愿供给并且有能力供给某种商品。在土地流转市场上，农村劳动力转移所荒置的土地构成了土地流转的物质条件，我们称为供给的"能力"。但是否形成有效的土地供给取决于农户的"意愿"。曹建华等（2007）认为农户是否流出土地取决于其对流出土地所能带来的总的收益和风险的判断；当土地流转收益相对流转风险的比值较大，而不流转收益相对不流转风险的比值较小时，农民就有土地流转的意愿。不同于他们的分析思路，本书认为，兼业农户是否有流转意愿（是否流转）以及作出何种流转决定（流转多少土地）取决于农户对流转决定所带来的收益及成本的总体考虑，即兼业农户追求的是净收益的最大化。兼业农户所面临的收益成本项目可总结如表4-2所示。

表 4-2　　　　　　　　　　　兼业农户所面临的收益和成本选择

经济考虑 ＼ 选择	不流转	流转
收益	①农业经营收益	⑤土地的流转收益
	②农业补贴	⑥非农工资收入
成本	③农业经营成本	⑦非农经营成本
	④农业税	⑧社会保障量化风险

根据上面的分析，兼业农户的净收益可表示为

兼业农户净收益 = 自营土地净收益 + 流转土地净收益

$$= （①+②-③-④）+（⑤+⑥-⑦-⑧）$$

根据上面的分析，兼业农户的农地供给面积是使其净收益达到最大化的农地流转面积。在其他项目均为外生因素的情况下，土地的流转租金成为土地供给的唯一决定因素。

2. 农地流转需求分析

农业经营主体之所以会选择规模化经营主要是因为他们看到了规模经营能带来产量和效率的提高，并最终使得农业生产变得有利可图。在经济学上，厂商的需求是引致需求。不同于消费者的需求，厂商的引致需求往往是由于该需求能给他带来利润。因此对于农业经营主体来说，其作出决策的依据是利润是否达到最大化。

农业经营主体所面临的收入成本项目可总结如表4-3所示。

表 4 - 3　　　　　　　　　农业经营主体所面临的收入和成本项目

农业经营收入	⑨农产品销售收入
农业经营成本	⑩土地流转支出
	⑪农业经营成本
	⑫农业经营量化风险

则其利润可表示为：

农业经营主体的利润 = 农业经营收入 - 农业经营成本

= ⑨ + ⑩ - ⑪ - ⑫

根据上面的分析，农业经营主体的农地需求面积是使其利润达到最大化的农地流转面积。在其他项目均为外生因素的情况下，土地的流转租金成为土地需求的唯一决定因素。

（二）土地流转供求模型

1. 土地流转供给模型

经济学的原创思想大都不完整不系统，林林总总。一旦构建起数学模型就需要剔除很多变量，只留几个核心变量。这就需要为理论构建严格的假设前提，传统经济学的假设基本是为构建模型的需要而设立的。比如，"完全竞争市场"的假设前提可以保证供求模型只出现价格和交易量两个变量，从而可以得出两者之间的核心关系。根据前面对农地供求行为的分析，秉承市场化的理念，我们可以构建出农地供求的数理模型，这些数理模型基于以下假定：

＊假定 1：一个封闭的经济。经济体系中有很多兼业农户和很多农业经营主体。

＊假定 2：模型为代表性行为人模型。即市场上的兼业农户具有同样的行为选择偏好，农业经营主体也具有同样的行为选择偏好。市场的土地供求就可以加总个人的供求模型而求得。

＊假定 3：市场参与者都符合理性人假设。他们进行土地流转的动力来源于对收益（或利润）最大化的追求。

＊假定 4：农户可以分配的资源有且只有两种：土地以及工作时间，两类资源的数量是恒定不变的。农户非务农的劳动时间都去农业经营主体那儿打工。

＊假定 5：农业生产函数为柯布—道格拉斯生产函数，粮食产量除与外生

的技术水平相关外，与农业劳动时间和土地面积有关。

（1）模型设定

• 模型中包含的外生变量有：农户的承包土地总面积 S；粮食的市场价格为 P_0；土地的流转价格 P_1；劳动时间为 T；非农就业的工资水平 W；单位农地经营成本为 C；自营单位农地需要的劳动力数量 θ[①]、农业生产的全要素生产率 A 以及劳动和土地的产出弹性 α 和 β。

• 模型的内生变量为农户流转的土地数量为 S_1。

根据以上假设，可以推出农户自营的土地面积为 $S-S_1$；自营土地的劳动时间为 $\theta(S-S_1)$，粮食产量 $Q=A[\theta(S-S_1)]^{\alpha}(S-S_1)^{\beta}$（其中 $\alpha+\beta<1$，$\alpha>0$，$\beta>0$）[②]。再结合在本章前面对农户供给行为的分析，可以得出模型相关项的表达式，如表 4-4 所示：

表 4-4　　　　　　兼业农户所面临的收益和成本项目表达式

兼业农户净收益（I）		
经济项目	自营土地净收益	流转土地净收益
收益	①农业经营收益 $A[\theta(S-S_1)]^{\alpha}(S-S_1)^{\beta}P_0$	⑤土地的流转收益　S_1P_1
	②农业补贴　　　Cst_1	⑥非农工资收入　$W\times[T-\theta(S-S_1)]$
成本	③农业经营成本 $C(S-S_1)$	⑦非农经营成本　Cst_2
	④农业税　　　　0	⑧社会保障量化风险 Cst_3

在资源数量 L 与 S、农地流转价格 P、粮食市场价格 P_0、非农劳动工资 W、单位农地经营成本 C 都已知的情况下，兼业农户在追求净收益最大化的动机下，会将资源 L 和 S 在自营土地和流转土地上进行分配。

（2）模型及模型的解

总收益（I）= 自营土地净收益 + 流转土地净收益，用数学表达式表达如下：

$$I = A[\theta(S-S_1)]^{\alpha}(S-S_1)^{\beta}P_0 + Cst_1 - C(S-S_1) +$$

---

① 此指标为反向的耕作效率指标。单位农地吸纳的劳动力越多，证明耕作效率越低；反之，则耕作效率越高。

② 此处参考王淑慧 2009 年在论文《基于 C-D 生产函数的黑龙江省农业科技进步与发展实证分析》中所构建的农业生产函数，并根据实际情况进行简化。其文中所使用的方程为 $Y=Ae^{\lambda t}K^{\alpha}L^{\beta}M^{(1-\alpha-\beta)}$ $0\leqslant\alpha$，$\beta\leqslant1$）其中 Y 表示农业生产总量，$Ae^{\lambda t}$ 表示综合技术水平，A 表示全要素生产效率，λ 表示技术进步率，t 表示时间，M 表示土地，K 表示物质资本，L 表示劳动。由此可知劳动和土地的弹性之和 $\alpha+(1-\alpha-\beta)<1$。

$$S_1 P_1 + W[T - \theta(S - S_1)] - Cst_2 - Cst_3$$

化简得：

$$I = A\theta^\alpha (S - S_1)^{\alpha + \beta} P_0 - (C + W\theta) \times (S - S_1) + S_1 P_1 + WT + Cst$$

其中：$Cst = Cst_1 - Cst_2 - Cst_3$

兼业农户收入最大化的一阶、二阶条件是

$$
\begin{cases}
\dfrac{\partial I}{\partial S_1} = P_1 + (C + W\theta) - AP_0\theta^\alpha (\alpha + \beta)(S - S_1)^{\alpha + \beta - 1} = 0 \\[3mm]
\dfrac{\partial^2 I}{\partial S_2} = AP_0\theta^\alpha + (\alpha + \beta)(\alpha + \beta - 1)(S - S_1)^{\alpha + \beta - 2} < 0 \\[3mm]
(\text{其中 } \alpha + \beta < 1, \alpha > 0, \beta > 0)
\end{cases}
$$

由一阶条件整理得到农户的农地供给曲线：

$$S_1 = S - \left[\frac{AP_0\theta^\alpha(\alpha + \beta)}{P_1 + C + W\theta}\right]^{\frac{1}{1 - (\alpha + \beta)}} \qquad\qquad \text{i 式}$$

其中，S_1 表示土地流转面积；S 表示农户承包的土地总面积；A 表示除劳动力和土地外其他影响粮食产出的因素；P_0 表示粮食价格；θ 表示单位农地吸纳的劳动力数量；α 和 β 分别表示务农劳动时间和土地投入的粮食产出的弹性，其中 $\alpha + \beta < 1$，且 α、β 均大于零；P_1 表示农地流转价格；W 表示非农就业的工资时薪水平；C 表示单位农地经营成本。

（3）模型的比较静态分析

对上式进行比较静态分析，我们可以得到很多具有启发性的命题和推论。

从 i 式可知：在除 P_1 的其他条件一定的情况下，i 式表达了土地流转价格与土地流转面积之间的对应关系，形成了土地的流转供给。兼业经营的农民愿意流转的土地数量 S_1 与土地的流转价格 P_1 成正比。农地流转的供给曲线是向右上方倾斜的。这符合传统经济学的供给规律。

从农地流转的供给模型我们还可得出以下结论：粮食价格 P_0 和务农投入对产出的弹性 $(\alpha + \beta)$ 分别与土地流转面积成反比；即在其他条件不变的情况下，粮食价格越高或者务农投入对产出的弹性越大，则土地流转面积越小。与此相反，土地流转价格 P_1 和非农就业的工资时薪水平 W 分别与土地流转面积成正比；即在其他条件不变的情况下，土地流转价格越高或者非农就业的工资时薪水平 W 越高，则土地流转面积越多。数理模型所得出的这些结果均符合理论分析：农民根据务农和非农经营机会成本的综合考量来确定最终的土地流转面积。

2. 土地流转的需求模型

（1）模型设定

在土地流转供给模型的基础上，我们构建土地需求模型，需要增加以下设定：

● 规模经营的农业企业使用的农业科技为 A^*，$A^* > A$；农地规模经营单位农地所吸纳的劳动力数量 θ^*，$\theta^* < \theta$；C^* 是除职业农工工资外单位农地的经营成本，以上变量均为外生变量。

● 农业经营主体的流转土地面积为 S_2，雇佣劳动力数量为 T_2，雇佣劳动力的数量与经营的土地面积之间有一个比率关系 $T_2 = \theta^* S_2$。

结合在本章前面对经营主体农地需求行为的分析，得出模型相关项的表达式，如表 4-5 所示：

表 4-5　　　　　农业企业所面临的收益和成本的数学表达式

净收益		相关项目	表达式
农业企业净收益 （I^*）	农业经营收入	农产品销售收入	$A^*(\theta^* S_2) S_2^\beta P_0$
		（-）土地流转支出	$P_1 S_2$
	农业经营成本	（-）农业经营成本	$W(\theta^* S_2) + C^* S_2$
		（-）农业经营量化风险	C_{st4}

（2）需求模型及模型的解

农业企业净收益（I^*）=农业经营收入 - 农业经营成本，用数学表达式表达如下：

$$I^* = A^*(\theta^* S_2)^\alpha S_2^\beta P_0 - P_1 S_2 - [W(\theta^* S_2) + C^* S_2] - C_{st4}$$

化简得：

$$I^* = A^* \theta^{*\alpha} S_2^{\alpha+\beta} P_0 - [P_1 + W\theta^* + C^*] S_2 - C_{st4}$$

农业企业净收益最大化的一阶、二阶条件是：

$$\begin{cases} \dfrac{\partial I^*}{\partial S_2} = A^* P_0 \theta^{*\alpha}(\alpha+\beta) S_2^{\alpha+\beta-1} - (P_1 + W\theta^* + C^*) = 0 \\ \dfrac{\partial^2 I^*}{\partial S_2} = A^* P_0 \theta^{*\alpha}(\alpha+\beta)(\alpha+\beta-1) S_2^{\alpha+\beta-2} < 0 \\ （其中 \alpha+\beta < 1, \alpha > 0, \beta > 0） \end{cases}$$

上式中，二阶条件的结果来源于假定 $\alpha+\beta < 1$，$\alpha > 0$，$\beta > 0$。

由一阶条件整理得到农业企业的农地需求曲线：

$$S_2 = \left[\frac{A^* P_0 \theta^{*\alpha}(\alpha + \beta)}{P_1 + W\theta^* + C^*}\right]^{\frac{1}{1-(\alpha+\beta)}} \qquad \text{ii 式}$$

其中，S_2 表示土地流转面积；A^* 表示除劳动力和土地外其他影响粮食产出的因素；P_0 表示粮食价格；θ^* 表示农地规模经营的单位农地所吸纳的劳动力数量；α 和 β 分别表示务农劳动时间和土地投入的粮食产出的弹性，其中 $\alpha + \beta < 1$，且 α、β 均大于零；P_1 表示农地流转价格；W 表示非农就业的工资水平；C^* 代表除职业农工工资外单位农地的经营成本。

（3）比较静态分析

对上式进行比较静态分析，我们可以得到很多具有启发性的命题和推论。从 ii 式可知：在除 P_1 的其他条件一定的情况下，ii 式表达了土地流转价格与土地流转面积之间的对应关系，形成了土地的流转需求。农业企业愿意流转的土地数量 S_2 与土地的流转价格 P_1 成反比。农地流转的需求曲线是向右下方倾斜的。这符合传统经济学的需求规律。

从农地流转的需求模型我们还可得出以下结论：农业技术 A^*、粮食价格 P_0 和农业投入对产出的弹性（$\alpha + \beta$）分别与土地流转面积成正比；即在其他条件不变的情况下，农业技术水平、粮食价格、农业投入对产出的弹性越大，则土地流转面积越大。与此相反，土地流转价格 P_1 和职业农工的工资水平 W 分别与土地流转面积成反比；即在其他条件不变的情况下，土地流转价格越高或者职业农工的工资水平越高，则土地流转面积越少。

3. 供求模型分析

土地流转市场上的流转价格由土地供给和土地需求共同决定。在完全竞争市场上，土地流转市场的均衡价格满足 $S_1 = S_2$。即满足：

$$\left[\frac{A^* P_0 \theta^{*\alpha}(\alpha + \beta)}{P_1 + W\theta^* + C^*}\right]^{\frac{1}{1-(\alpha+\beta)}} + \left[\frac{AP_0 \theta^{\alpha}(\alpha + \beta)}{P_1 + W\theta + C}\right]^{\frac{1}{1-(\alpha+\beta)}} = S$$

其中，S 表示土地流转面积；A^* 表示除劳动力和土地外其他影响粮食产出的因素；P_0 表示粮食价格；θ^* 表示农地规模经营的单位农地所吸纳的劳动力数量；α 和 β 分别表示务农劳动时间和土地投入的粮食产出的弹性，其中 $\alpha + \beta < 1$，且 α、β 均大于零；P_1 表示农地流转价格；W 表示非农就业的工资水平；C^* 代表除职业农工工资外单位农地的经营成本。

在其他外生因素给定的前提下，解上面的方程即可求得土地流转价格 P_1。从供求均衡模型中可以得出，不管最初农户和企业考虑的因素有多么多、多么复杂，最终起决定作用的是农户分散经营与规模经营企业在以下几个方面的差异：农业技术进步程度、单位农地所吸纳的劳动力数量以及单位农地的经营成本。如果存在农民工外流的情况，那么决策还与支付给农民工的工资差异有关。正是因为农户经营与企业经营在这三方面的差异最终导致了农地使用权在两者之间的转移。但是不管怎么转移，农业企业经营的农地数量与农户自营的农地数量之和总是等于市场中农地资源的总数。

第五章　土地信托风险概述及管理

第一节　土地信托风险研究综述

土地信托从一开始就受到了社会各界的质疑，这些质疑除了关注土地信托的利润来源外，也重点关注了土地信托的风险问题。

金融活动本质上是资产的时空配置，而资产的时空配置本身就蕴含着风险。土地信托作为金融活动的一种，自然也不例外。土地信托风险是指在土地信托过程中由众多不确定性因素所带来的损失的可能性，这种带来损失的潜在可能性存在于整个信托流程的各个环节、各个阶段，贯穿整个信托期限。土地信托面临风险的多少及大小涉及农民的土地财产权能否得到保值增值、农业规模经营主体能否生存和盈利、信托机构资产管理信誉能否得到保证和加强及投资人资金能否得到应有回报等问题。一方面，土地信托遭遇风险，就意味着损失；损失必然要有人承担，这就产生了风险由谁承担的问题。在目前信托行业默认"刚性兑付"的背景下，信托机构将承担这些损失；但如果信托机构出现兑付危机，那么位于这条利益链上的四方主体都或多或少地要承担这些损失。另一方面，我国土地分散地掌握在数量众多的农民手中，土地信托风险一旦失去控制，伤害的将是广大农民的利益。而农民作为社会中的弱势群体，受到了国家政权及社会道义的保护。一旦触碰到这个底线，土地规模经营主体、信托公司及投资人就必须付出昂贵的代价。因此，土地信托风险涉及面广，关注者众多。该领域的风险管理问题不仅仅是经济问题，也是涉及农村经济、农业发展、农民生活以及金融稳定的政治问题。特别是在各大信托公司开展土地信托热情高涨的背景下，对土地信托风险进行研究，分析土地信托体系构成，量化信托风险并进一步研究相应的风险管理措施都具有很大的理论意义和现实意义。

信托风险可以从两个维度去理解：一个维度是信托投资机构所面临的风

险，另一个维度是某一类具体的信托业务所面临的风险。与后者相比，前者的宏观性更强，因此研究成果也较多。20世纪80年代我国学者开始对风险管理进行研究，但研究大多局限于介绍国外风险管理理论。信托业在进行了第五次清理整顿以及亚洲金融危机后，对信托机构的风险管理问题才越来越受到重视。

一、信托机构风险管理的相关文献

我国对信托机构风险管理的研究主要集中于风险成因、风险分类及风险管理三个方面。

殷连金（1998）通过对某市具有代表性的信托投资公司风险状况进行调查，总结出该公司信托风险的五个成因，分别是信托业功能定位不确切、内部控制不健全、经营机制不科学、自主权弱化以及企业效益不佳。周川嵋、周旭升（1998）进一步将信托业风险产生的原因归纳为信托业功能定位不准、非金融部分的过多干预、粗放的经营模式、从业人员素质差以及外部监管乏力。李树生（2002）指出金融信托风险源于《信托法》建设方面的缺陷，而造成这一缺陷的根本原因在于经济体制改革进程的局限性；这种局限性具体表现在：信托投资公司的职能定位不准确、信托公司始终在行政干预和市场竞争的夹缝中生存；信托业没有得到国家产业政策的明确支持。王作成（2003）认为我国信托业风险形成原因包括信托机构违规经营、信托经营体制和约束体制不完善、监管体系不健全风险管理滞后、金融法规不健全、体制改革不到位以及行政干预较为严重。综上所述，学术界公认的信托风险来源有：信托功能定位不准、法律制度和经营体制不完善、监管体系不健全。曾忠生（2005）将这些原因最终归纳为一点即制度缺陷。

关于信托风险的种类，目前还没有一个具有绝对影响力的分类标准。大部分学者使用罗列法对信托风险进行研究，杨静（2010）认为信托业具有大量与银行相似的风险，包括投资风险、流动性风险、财务风险、信用风险、道德风险。曾忠生（2005）认为信托机构面临的风险主要有信誉风险、法律风险、政策风险、操作性风险、市场风险、信用风险和道德风险等。徐光宇（2004）及代俊（2010）都将信托风险分为系统性风险和非系统性风险；前者包括政策风险、法律风险、购买力风险、经济周期性波动风险、利率风险以及汇率风险等，这种风险不能通过分散投资和改变公司经营策略加以消除，是不可分散风险；后者包括信用风险、流动性风险和操作风险等；只有非系统性风险是可以通过风险管理加以分散的，是可操作的风险。这种分类方法比简单罗列法更加进步，它能帮助信托机构将目标锁定在可以操作的目标上。袁吉伟（2013）的研究提供了一种新的思路。他抛开了从宏观角度将风险进行抽象分类的方法，以微观视角研究信托项目的风险成因，从信托所涉及的参与者及项目环境出发，分析造成风险的具体因素。这种分析方法依托于信托项目的操作流程，对风险因素的列举相较之前毫无根据的单纯列举更加完备、更有说服力，值得我们借鉴。

筻薇（2004）从强化内部风险管理角度提出了信托机构风险管理的实施步骤：风险的鉴别与识别—风险的衡量与分析—风险管理技术的选择—风险管理技术的执行及避险绩效评估。她所说的"风险管理技术的选择"基本等同于李国柱（2006）所说的信托风险缓冲机制。李国柱总结分析了目前已经形成了三种风险缓冲思路，他认为在信托产品设计中区分优先受益权和劣后受益权虽然在现实中有一定应用，但因限于产品层面，无法上升到公司层面对风险进行缓冲；使用公司固有资产进行补偿的缓冲策略只是一种临时调剂，不是长久的解决之道；而设立风险缓冲基金是长久之计，但需要良好的自律体系做支撑。也有一些学者建议通过构建一个风险管理体系对信托风险进行管理，吴丽君（2005）分别就信用风险、市场风险、操作风险和流动性风险建立了不同的风险管理体系；李蓓（2012）建议借鉴 COSO—ERM 管理框架建立起由四类目标、八项要素以及四个层次构成了一个三维立体风险管理体系；王亮（2013）以 ZT 信托为案例，建议建立全面风险管理体系，并分事前、事中、事后三个阶段详细论述了全程风险管控机制的建立。几种不同的管理框架体系采取了不同的表达形式，但其核心内容还是筻薇（2004）四个风险管理步骤，其余内容均是在此主干上延伸的支脉。因此，土地信托的风险管理也可按照此四步进行。此外，加强信托法治建设、明确信托业的市场定位、加强对信托业的宏观调控、业务拓展及产品创新也能在一定程度上起到防范风险的作用（杨静，2010）。

信托风险的管理离不开信托策略的选择。潘蕾（2007）在研究房地产信托项目时，提出了风险转移（担保转移、合同转移以及保险转移）、风险分散和风险自担三种策略。袁超（2009）和石磊（2011）依据风险发生的不同阶段提出了回避、预防、承担、转嫁四种策略。崔泽军（2009）对信托公司的风险管理策略进行了系统研究：对于风险的第一策略是回避，不能回避的风险则要尽量降低风险；对于可降低的风险，采用控制、分散和对冲的方法进行降低，不可降低的风险，则尽量转移；对于不可转移的风险，则采取风险补偿、吸收和分担的策略予以应对。当信托风险确实发生时，信托公司主要有五种风险处置方法，分别是延长信托项目期限、提前终止信托项目、以自有资金进行信托兑付、寻找新的接盘者或者通过资金置换方式解决以及实现第二还款来源（袁吉伟，2013）。五种方法的实施难易程度、使用范围、资金回收时间以及对信托公司的影响不同，信托机构需要根据信托项目所处的环境选择最合适的处置方法。

二、信托业务风险管理的相关文献

对信托业务风险的研究对象主要集中在房地产信托上。由于土地信托与房地产信托都属于财产权信托的范畴，且都属于国家政策重点关注的领域，其风险种类及防范措施上有一定的共性，因此有必要对房地产信托风险管理的相关文献进行梳理和综述。

楼当（2006）认为很多种类的房地产信托风险是由于信息不对称引起的，如财务信息"失真"、地产项目风险、资金挪用、房地产"泡沫"风险等；需要警惕信托当事人之间的逆向选择和道德风险问题。潘蕾（2007）认为信托投资公司房地产信托业务主要面临以下八种风险：国家宏观政策风险、房地产自身行业风险、项目自身及市场风险、产品设计缺陷、信息不对称、财产流动性风险、财产所有权风险、信托公司管理不善风险。尹阿东等（2011）认为房地产信托风险主要表现为财务杠杆过度使用的风险、资金平衡不确定的风险、缺乏管理经验的风险、房地产信托的变现风险、市场需求波动的风险等。袁超（2009）指出我国房地产信托投资的系统性风险有法律风险、政策风险、行业风险、金融风险和不可抗力风险；非系统性风险包括项目风险、营运风险、流动性风险、信用风险和管理风险。姜林静（2012）将房地产信托风险分为项目风险、监管风险和兑付风险，分别概括了房地产信托项目运营的事前、事中和事后所面临的风险。周星（2013）提出房地产信托业务面临宏观上的国家宏观调控政策和立法风险、中观上的项目自身和市场变动的风险以及微观的信托公司自身运营风险。综上所述，房地产信托风险的研究重点关注房地产调控风险、项目风险、财务风险、市场风险、经营管理风险及贯穿始终的信息不对称风险等。信托业务风险种类繁多，内容庞杂。风险与风险之间紧密联系，即使在进行风险识别时，也不可孤立地对待。因此在对信托业务风险进行研究时，应将研究对象作为一个体系进行研究。然而，现有文献鲜有对信托业务风险体系进行研究的，信托业务风险研究还未形成一个完整的研究框架。本文认为，可以借鉴袁超（2009）、周星（2013）的分析一级框架（区分系统风险和非系统性风险、宏观中观及微观风险），以姜林静（2012）的分类为二级框架（事前、事中和事后风险），以细化后的项目风险、监管风险和兑付风险为具体内容，构建一个完整的研究框架对信托业务风险进行研究。

也有不少学者对房地产信托风险控制进行研究。根据王震（2013）的研究，目前房地产信托实务中采取的风险控制措施主要有：资产抵押或质押、第三方担保、资产或受益权回购、结构化设计、引入弹性调节机制以及信托赔偿准备金制度等。尹阿东等（2011）也对房地产信托的风险控制措施进行了系统的研究，他提出的风险控制措施包括内部管理控制（联合管理、预算管理、合同管理、销售资金管理），盈利能力控制（科学定价、合理销售、树立企业良好形象、加强内部审计）、现金流量控制。前者的研究侧重于制度设计，而后者的研究侧重于流程控制。范钧（2007）认为目前对收益权信托风险的控制主要从资产证券化、金融衍生工具和项目管理三个理论视角进行。其中资产证券化和金融衍生工具视角着重于风险控制工具的具体运用；项目管理视角则着重于风险管理的流程。毋庸置疑，全面的风险管理既要有风控工具的应用，也需要运作过程的流程控制。信托公司需要在风控效果与风控制度执行力及项目监管成本作出权衡。

除房地产信托业务外，现阶段信托公司最重要和典型的另外一种业务是集合资金信托业务。该类型信托业务的风险主要存在于资金运用环节（曾忠生，2005）。

他认为：以信托贷款方式为企业提供融资服务时，遭遇的逆向选择风险较大；以证券投资方式运用资金时，遭遇资本市场波动风险较大。该类业务的风险控制除常规措施外，往往还会争取政府支持（特别是在政府主导的基础设施项目中）。

三、信托风险量化研究的相关文献

定性与定量方法作为两种主要的风险分析与管理方法，各有其优势与不足，单纯采用任何一种方法都难以有效防控风险；信托风险管理是一项复杂的系统性工程，更应综合应用定性与定量方法进行研究。目前我国理论界在量化信托公司风险方面也做出了不少努力，并取得了一些研究成果。

事实上，并非所有的信托风险都可量化。在众多类型的信托风险中，法律风险、操作风险和政策风险等是无法度量的；而市场风险和流动性风险等可以实现度量（代俊，2010）。朱松岭等（2004）指出国内外对风险量化的基本研究方法可归纳为两类：一是基于概率统计的风险量化方法；二是基于专家知识的风险量化方法。在这两类基本方法的基础上，袁超（2009）总结了房地产信托投资中常用的风险测量方法，包括专家打分法、层次分析法、蒙特卡罗模拟法、概率分析法、敏感性分析法以及模糊综合法；随后，石磊（2011）又将风险价值法（VaR）和 KMV 模型法囊括到这个方法体系中。不同的风险量化方法适用性不同：风险价值法（VaR）适合测量市场风险，信用风险的测量则常使用 KMV 模型、Credit Risk 系统模型、Credit – metrics 模型以及 RAROC（经风险调整的资本收益法）。此外，曾忠生（2005）还提出了信誉风险、操作风险及流动性风险的量化思路：信誉风险可以参照信用等级评定的方法进行测量，操作风险可以通过对内控系统的评估进行测量，流动性风险可用流动性缺口测量。

在风险量化的实证研究方面：戴大双（2005）使用概率权重法对大连某污水处理厂的 BOT 项目风险进行了测量；朱松岭等（2007）结合三角模糊数和层次分析法提出了模糊层次分析法，并使用该方法对某航空项目风险进行了估算；范钧等（2007）使用专家调查法和概率权重相结合的方法对浙江永康步行街信托项目风险进行了估计；潘蕾（2007）使用风险价值法（VaR）计算了土地开发信托项目的利率风险；代俊（2010）通过自行构建三类指标体系的层次指标分析方法对某信托公司的风险进行了测量；石磊（2011）使用层次分析法和模糊综合评价法对某信托公司的风险进行了评价。

除了上述方法外，项目风险度量方法还有方差分析法、资本资产定价模型中 β 系数确定法、财务指标分析法、实物期权风险评估模型、Almtna 的 Z 值评分模型以及人工神经元网络（ANN）模型等（梁俊平，2006）。尽管很多学者和金融机构投入了大量人力物力研究可测量风险的度量问题，提出了很多方法和模型，风险测量的准确性和效果还是不尽如人意（曾忠生，2005），风险量化研究仍然是一项困难的、富有挑战性的研究领域。

第二节　土地信托风险体系分析及风险的量化

如何科学有效地实施信托产品的风险控制，是当前我国信托投资业亟待解决的关键问题之一。在对土地信托实行风险控制之前，首先要对土地信托风险有一个全面的了解和分析。

土地信托表面上属于财产权信托，但在此基础上又加入了资金信托，因此属于混合型信托。土地信托的混合性决定了其兼具财产权信托和资金信托的风险特征。同时，我国土地具有很强的政治敏感性，这就使土地信托风险显得更加复杂。

一、土地信托中的财产权信托风险

土地信托中的财产权信托就是土地承包经营权的所有人（农民），为取得一定的资产收益，将承包经营权转移给信托机构，使其依照信托合同来管理运用的一种行为。土地信托中的财产权信托以信托机构为中介，连接了分散的农户和合格的土地经营者。因此在土地信托运作时，财产权信托风险可分为前端风险和后端风险。前端风险主要存在于分散农户谈判签约的过程中。后端风险存在于选定合格的土地经营者及经营项目、项目过程的监管以及信托收益的兑付环节。

1. 农民违约的风险。在与分散农户一一谈判签约的过程中，后签约的农户对农地流转条件（往往是价格条款）不满意而要求更改合同条款时，先签约的农户会主张"公平"，要求同样的价格条款，故而存在违约风险。除此之外，在信托运营过程中，也可能有个别农户想要提前结束信托合同的情况存在。

2. 固定地租的物价波动风险。农民与信托机构签订的信托合同往往都在十年以上，甚至有的合同期限为二十年甚至三十年。在一个较长期限内，世界上各个国家的物价无一例外都是保持上涨趋势的。这就意味着：如果信托合同签订时的土地流转价格缺乏随物价调整的机制，则农民将会承担通货膨胀所带来的损失。这一损失短期内将不太明显，但在较长期限内是巨大的。

3. 信托机构尽职调研不彻底的风险。尽职调研是信托项目事前风险管理的重要环节，是信托项目前提论证的主要步骤。信托机构在将土地交付农业经营者使用前，需要对新型农业经营主体的历史数据和文档、管理人员的背景、市场风险、管理风险、技术风险和资金风险做全面深入的审核。如果对经营者财务及债务信息了解不充分、无法准确评估其经营管理水平和能力、高估了抵、质押物价值或忽视抵、质押物存在瑕疵等，都会得出错误的论证结论。如果因此造成规模化的土地被交予经营管理经验缺乏、信用状况较差、资产管理能力较弱的经营主体，势必会为之后项目的成功运作及监管理下隐患。

4. 信托人员的职业操守风险。在信托计划成立之前以及信托计划执行过程中，由于信息不对称问题、不确定因素的影响以及委托代理存在的固有缺陷，导致农民和投资者无法有效地监督信托机构及信托人员的行为。再加上缺乏有效的激励机制，信托人员可能为了追求个人利益刻意为农业经营者隐藏不利信息，甚至可能出现金融腐败现象。这就构成了信托人员职业操守风险。

5. 农业经营遭遇自然灾害的风险。土地信托中的土地大部分用于农业生产。而农业生产周期长、受自然因素影响大。尽管我国已经步入从传统农业向现代农业发展的快车道，农业经营遭遇水灾、旱灾、虫灾、雹灾、冻灾以及其他恶劣天气灾害的情况还是时有发生。在农业巨灾保险尚未普及的情况下，农业遭遇自然灾害会对农业活动造成致命打击，使得第一还款来源遭受重创。

6. 农产品价格波动的风险。农产品价格是决定项目资金流入的决定性因素，机械投资和偿债资金主要依赖销售收入带来的现金流入。因此，市场风险是新型农业经营主体面临的主要风险之一。当农产品市场上价格向下波动时，土地经营者的预期利润率难以实现，则信托兑付就会出现问题。因此，市场风险是决定一个信托项目能否成功的关键。市场风险的大小与经营者对宏观形势把握的准确程度有关。在大部分情况下，土地经营者无法准确估量宏观形势，只能被动地接受风险的存在，因此市场风险是经营者最担心的风险。

7. 土地经营者的经营风险。良好的经营管理是实现信托计划第一还款来源的重要保障。土地经营者的经营管理能力主要包括制定科学发展战略的能力、优化农业生产流程的能力、合理调配生产资料的能力、节约生产成本的能力、财务管理能力、农产品市场开拓能力及营销管理能力。企业经营管理不善主要体现在对于产品营销、企业发展把握不清，最终导致生产经营出现压力，经营陷入困境，进而无法实现预期的收入水平，使得信托资产的第一还款来源得不到保障。

8. 土地经营者的信用风险。土地经营者的信用风险属于道德风险的一个方面，专指土地信托过程中的不诚信行为。主要有违背合同使用信托资金偿还民间融资、编造虚假销售信息、截留销售回款、私刻印鉴、购买大额理财产品实为私下挪用、隐瞒对自身不利的信息等行为。这些行为会直接增加信托机构监管土地经营者的难度，增加监管成本；同时，也会直接或者间接带来信托兑付危机。

9. 抵、质押物的变现风险。抵、质押物的变现风险属于流动性风险。这种风险主要是指土地经营者无法按照合同规定支付租金和利息后，信托机构想要以合理的价格、在合适的时间内将抵、质押物卖出以获得资金的风险。抵、质押物是信托项目的第二还款来源，是土地经营者违约后实现信托兑付的重要资金来源。抵押担保物通常是土地、房屋、机器设备等固定资产，处置时间一般比较长且流程复杂，易造成资金链断裂，加剧了兑付风险，严重的话，甚至会造成信托机构的信誉危机。

10. 合规风险及有利政策变动风险。土地是国家的战略资源，土地的经营以及农业的发展具有一定的政治敏感度。土地信托作为农地流转的一种创新形式，应严格遵守国家的法律法规的规定。目前，在我国基层的土地规模经营实践中，经营主体混淆农业生产用地用途的行为很普遍。随着相关法律的完善，这些钻政策漏洞、打政策擦边球的行为都具有潜在地冒犯法律政策限制的风险。此外，部分农业经营者从事农业生产的利润率极低，完全靠国家或地方政府的扶持政策才得以生存。这些政策一旦取消，他们立即面临亏损的风险。

11. 更换农业经营者的风险。信托机构与农业经营者的合作一般基于经营者良好的经营能力、种植技术以及市场开拓能力等。如果农业经营者连年亏损，无法保证贷款利息以及农民地租的支付，信托公司则要考虑更换土地经营者。一方面，寻找合适的农业经营者需要时间；另一方面，新的农业经营者可能会受到当地人的排斥和干扰。因为农业经营具有一定的地方色彩，土地规模经营者也往往是土生土长的本地人，且在地方上具有一定的信誉和威望。如果信托公司更换农业经营者（特别是新的合作者又非本人的情况），可能会引起当地人的反感与不配合，不利于农业生产活动的进行。

二、土地信托中的资金信托风险

土地信托中资金信托是投资人出于对信托机构的信任，委托信托机构根据自己的意愿将资金投向土地开发与农业生产，并定期获得收益的投资行为。资金信托的风险主要存在于资金的运用中。一般情况下，投资于房地产、证券市场的信托项目风险比较高一点，但预期收益也相对较高；而上市公司股权质押、或投资于能源、电力、市政基础设施建设等政府支持项目的信托项目比较稳定，风险性较低但预期收益相对较低。对于土地信托中的资金信托而言，其风险要远远低于前者而略高于后者，预期收益率也不太高。

在土地财产权信托中，农民将土地委托给信托机构，由信托机构转手给农业经营者；同样，在土地资金信托中投资者将资金委托给信托机构，信托机构又转手投资给农业经营者。两个过程有一个交叉重叠的部分。这些重合风险包括信托机构尽职调研不彻底的风险、信托人员职业操守风险、农业经营遭遇自然灾害的风险、农产品价格向下波动的风险、土地经营者的经营风险、土地经营者的信用风险、抵、质押物的变现风险以及合规风险。这些风险，上文已作过详细介绍，此处将不再赘述。本小节着重介绍土地信托中资金信托所独有的风险。

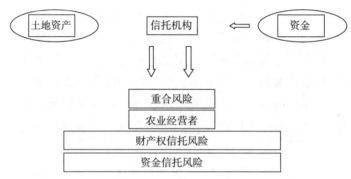

图 5 - 1　财产权信托与资金信托的重合风险

12. 名义利率与实际利率的波动风险。投资者将资金投资到土地和农业建设而不是投资证券、房地产或者艺术品，必然是经过预期收益率的比较。由于农业经营周期较长，土地信托年限往往也较长，名义利率与实际利率的变动（暗含了通货膨胀率变动）变成了必然。而这也必然会影响到预期收益率的实现。如果名义利率或实际利率提高，则相对而言，投资者投资土地信托就显得不那么划算了。

13. 受益权的转让风险。在土地信托运行过程中，如果投资者不再看好农业发展，或者急需用钱，则需要将收益权转让出去以获得流通资金。然而在我国，由于发行集合信托计划不能公开宣传，信托业务受众范围受到限制，造成了信托收益权流动性差的先天不足。同时，我国还未为信托收益权建成有型的集合竞价交易市场，收益权二级市场不活跃，转让成本非常高。这些都构成了投资者所必须承担的风险。

表 5 - 1　　　　　　　　　　　　　土地信托的风险识别

风险名称	风险征兆	风险来源
1. 农民违约的风险	后签约的农户要求与新签约的农户享受同样的条款或想提前结束信托合同	农民与信托机构关系恶化、市场流转价格上涨
2. 固定地租的物价波动风险	一段时间内物价普遍上涨	需求拉动、成本推动或混合性的通货膨胀
3. 尽职调研不彻底的风险	调研项目有遗漏、高估抵、质押物价值等	信托人员不专业或事前风险控制机制不健全
4. 信托人员的职业操守风险	与农业经营者私人来往较为频繁	委托代理问题、金融贿赂
5. 农业经营遭遇自然灾害的风险	水灾、旱灾、风灾、雹灾、火灾、虫灾等	自然力的不确定性
6. 农产品价格波动风险	农产品价格下降	农产品供求关系的变化、国家粮食收购价格的调整
7. 农业经营者的经营风险	销售回款出现问题、资金回转困难等	市场上竞争激烈、资产运作能力欠缺
8. 农业经营者的信用风险	蓄意拖欠、截留销售回款、虚报销售额、资金挪用或到期不偿还本息	遭遇自然风险、市场风险或出现经营问题
9. 抵、质押物的变现风险	找不到受让人、受让价格或付款条件不理想	每一单的抵、质押物都不同；抵、质押物交易市场发育不成熟
10. 合规风险及有利政策变动风险	相关部门通报或叫停某一种信托行为或政府补贴停止或取消	某种信托业务较为混乱，影响了金融稳定；产业政策调整，市场竞争过度
11. 更换农业经营者的风险	找不到新的经营者或新的经营者受到当地人的排斥和干扰	新型农业经营主体培养进度跟不上以及浓重的地方排外意识
12. 利率波动风险	实际利率或名义利率有所提升	基准利率的政策性调整或者利率市场化的发展
13. 收益权的转让风险	找不到受让人或受让价格不理想	二级流通市场尚未建立

三、土地信托风险体系分析

按照引起风险的主体不同，可将上述十三种风险分为以下四类：农民引起的风险、信托机构引起的风险、经营者引起的风险、外界因素造成的风险。按照风险的类别划分，又可分为道德风险、市场风险、流动性风险、经营管理风险、政策风险和自然风险。其中，农民违约的风险、信托人员的职业操守风险、土地经营者的信用风险，三者均可归并入大范畴的道德风险；固定地租的物价波动风险、农产品价格波动的风险以及利率波动风险都属于市场风险；抵、质押物的变现风险、更换农业经营者的风险以及受益权的转让风险三者都属于流动性风险；尽职调研不彻底、农业经营者的经营风险都属于经营管理风险。见表5－2。

表5－2　　　　　　　　　　　土地信托风险体系

	引起风险的主体	风险名称	风险归类
土地信托风险体系	农民	农民违约的风险	道德风险
	信托机构	尽职调研不彻底的风险	经营管理风险
		信托人员的职业操守风险	道德风险
	土地经营者	农业经营者的经营风险	经营管理风险
		农业经营者的信用风险	道德风险
	外界	合规风险及有利政策变动风险	政策风险
		固定地租的物价波动风险	市场风险
		农业经营遭遇自然灾害的风险	自然风险
		农产品价格波动风险	市场风险
		抵、质押物的变现风险	流动性风险
		利率波动风险	市场风险
		更换农业经营者的风险	流动性风险
		收益权的转让风险	流动性风险

土地信托中的各个风险并不是孤立的，而是相互联系的、相互渗透、互为因果的。因此应将土地信托风险当作一个体系进行分析。按照引发风险的主体来划分，是为了明确风险管理要约束的对象。再将风险归入不同的类别，是为了借鉴已有的应对各类风险的风控措施，管理好土地信托的风险。在这个体系中，还存在一个连锁反应：自然灾害风险一旦发生，受灾农作物必然卖不上好价钱，市场风险随之而来；对于避险能力较差的农业企业而言，经营必然出现困难；经营风险一旦产生，经营者就有违背信托合同和不诚信的压力，最终爆发信用风险；信用风险又导致可怕的兑付危机；而兑付危机会造成信托公司信誉受损。而这一部分的连锁风险正是财产权信托和资金信托重合风险的部分。

由此可见，土地信托风险管理的核心环节在于管好资产（土地和资金）应用环节的风险，即围绕土地经营者进行风险管理。只有这部分风险管好了，土地信托风险的多米诺骨牌效应才不会发生。

图 5 - 2　土地信托中的风险传递机制

四、土地信托风险的量化

在讨论土地信托风险量化问题之前，我们必须认清一个事实。即并非所有的风险都可量化。在土地信托的各类风险中，政策风险和经营管理风险都是可大可小，也是可以通过事前严格把关以及发现问题及时纠正，将风险规避掉的。这两大类风险无法量化，且量化的意义并不大。而抵、质押物的变现风险、更换农业经营者的风险以及收益权的转让风险三类流动性风险属于土地信托补救措施所承担的风险，有量化的意义；但这类风险均由外界因素影响且影响因素复杂，因此难以量化。因此，可以量化的风险就只剩下土地信托中的自然风险、市场风险以及道德风险了。

1. 自然风险的测量

自然风险的形成具有一定的周期性、不可控性和区域共沾性。不可控性和区域共沾性决定了自然风险一旦发生，损失将是巨大的。自然灾害也是农业生产中发生最多的风险。同时，自然灾害风险是各类风险中承保最多的风险。这就决定了自然风险必然是可以计量的：一方面自然风险具有周期性，另一方面现实生活中存在较多自然风险的出险实例与数据，我们可以使用概率统计的风险量化方法对自然风险进行测量。

概率统计的风险量化的方法的基本思想是：根据以往的历史数据，可以计算出自然风险出险的概率以及对农作物的危害程度（货币价值），然后两者相乘所得的数值即可粗略计算出自然风险的大小。在掌握了较充分的历史数据的情况下，这种方法具有很强的客观性和说服力。如果历史数据不足，就会使估计结果出现偏差，也有学者通过收集相关人员基于生产经验的主观数据进行评价，但基本原理不变。

2. 市场风险的测量

土地信托中的市场风险主要包括固定地租的物价波动风险、农产品价格波动风险以及利率波动风险。信托机构主要关注的是农产品价格波动的风险，因为它牵涉第一还款来源能否保证。

金融行业通常使用 VaR（Value at Risks）方法测量市场风险。该方法的基本思想是计算在一定风险承受概率下，在未来特定时期内，因市场波动所带来的可能的最大损失（货币价值）。用公式表示为：$P（\Delta P\Delta t \leqslant VaR）= a$。其中，$a$ 是给定的置信水平；P 是资产价值损失小于可能损失上限的概率；ΔP 是某一资产在一定持有期 Δt 的价值损失额；VaR 是给定置信水平 a 下的在险价值，即可能的损失上限。

要确定某项资产组合的 VaR 值，必须首先确定以下三个系数：一是持有期间的长短，即 Δt；二是置信水平 α；三是观察期间。需要说明的是置信水平 α 代表着对风险的厌恶程度，α 越大证明对风险越厌恶；反之，则证明对风险越偏好。在计算市场风险时，信托机构可以根据本机构对风险的偏好程度选取 α 取值。下面给出一些比较有借鉴意义的取值参考：J. P. Morgan 与美洲银行选择 95%，花旗银行选择 95.4%，大通曼哈顿选择 97.5%，Bankers Trust 选择 99%。作为金融监管部门的巴塞尔委员会则要求采用 99% 的置信区间，这与其稳健的风格是一致的。

使用 VaR 方法测量农产品市场风险的优点主要有：一方面简便可行，没有任何专业背景的投资者和管理者都可以通过 VaR 值对风险进行评判；另一方面使用该种方法也可计算多元化经营背景下各种农产品组合的市场风险。

3. 道德风险的测量

土地信托中的道德风险主要包括农民违约风险、信托人员职业操守风险以及农业经营者的信用风险。前两种风险都属于个人道德风险，后者属于企业的信用风险评价。个人道德风险的评价与企业的信用风险评价是不同的。

个人道德风险的评价通常使用个人信用记录或者从业诚信记录等形式予以评价。由于现在央行的信用体系建设还未覆盖到未使用信用卡以及商业贷款的人群（农民大部分属于这样的人群），因此农民信用的评价主要靠街坊邻里的口碑。然而由于土地在农民生活中的地位特殊以及土地流转信托的群体效应，信用口碑对于农民违约风险的评价意义有一定的局限性。信托人员的职业道德可以通过行业协会的从业履历及过失记录来评价。在从业登记制度尚未建立的情况下，也只能靠行业口碑以及推荐人或推荐信来评价信托人员的职业操守了。

农业经营者道德风险可以从两个维度去度量，一个是个人信用（参考农民的信用度量方法），另一个是企业信用。企业信用风险常常用 KMV 模型来估计。该方法的基本思想是：企业违约与否决定于企业资产的市场价值，如果贷款到期时企业资产市场价值高于其债务（贷款），则企业有动力还款；当企业资产市场价值小于其债务时，公司有违约的选择权。该方法的运用步骤是：首先，利用 Black – Scholes 期权定价公式，根据企业资产的市场价值、资产价值的波动性、到期时间、无风险借贷利率及负债的账面价值估计出企业股权的市场价值及其波动性。其次，根据公司的负债计算出公司的违约实施点（default exercise point，为企业 1 年以下短期债务的价值加上未清偿长期债务账面价值的一半），计算借款人的违约距离。最后，根据企业的违约距离与预期违约率（EDF）之间的对应关系，求出企业的预期违约率。另外，对于企业信用的评价也可以借鉴商业银行的信用评级体系。

目前，大多数信托机构风险管理制度和流程已经建立，但风险管理工具仍较为简单，多为尽职调查，以定性分析为主，缺乏信用风险的评级体系，缺乏市场风险的度量工具，这使得信托机构风险管理较为粗糙。风险计量不到位代表着信托机构对风险的认识不够深入，可能造成风险管理的偏差和失误。以上三种风险的计量方法均为比较粗糙的计量方法，测量的精确度并不高；但通过以上方式对土地信托的核心风险进行计量，也至少保证了土地信托风险管理与现有信托业务的风险管理技术上的水平。

第三节 基于土地信托流程的全面风险管理

不是所有的风险都可以量化，也不是所有的风险都可以避免。然而，对于风险管理而言，一个基本的理念就是：风险能规避则规避，不能规避的就尽量将其可能带来的损失降到最低。降低风险的策略主要有风险控制、风险分散和风险对冲；对于不可降低的风险，则采取风险转移、风险补偿、风险吸收或风险分担的策略（崔泽军，2009）。在全面监管理论指导下，结合崔泽军（2009）的避险策略选择，识别项目核心风险，控制风险事件的发生。

一、事前风险管理

事前风险管理是指在信托项目开始前对信托项目、信托机构自身以及信托合同条款进行审查和风险控制的行为。事前风险管理行为涉及信托项目的合规风险、信托机构尽职调研不彻底的风险以及农民和投资者分别关心的物价波动及利率波动的风险。

（一）合规风险的管理

对合规风险进行管理，首先要对相关法律有一个全面的了解。这些法律除了信托行业熟悉的"一法三规"外，还包括与土地流转和土地管理相关的法律。在法律和规定的把握上，要坚持谨慎性原则和实质重于形式原则。谨慎性原则要求信托机构就土地相关法律法规中的敏感性条款邀请多名土地法律专家进行权威解读，根据实际情况判定可能的土地信托项目是否合规。实质重于形式原则要求信托机构在对土地信托产品进行合规性审查时，应该从整体上探究其经济实质和法律本质，而不能囿于交易结构形式自身；即使信托文件和交易安排在各局部和从表面上看没有违规，但如果从整体上和最终目的上观察，信托产品的运行结果将根本违反监管规则或者国家经济调控政策，则可判断该产品不合规。

需要强调的是：由于目前基层的土地流转中耕地"非农化""非粮化"现象比较严重。信托机构在承接农民委托时，要对农民委托的土地使用权进行深入调查，落实其承包年限、土地性质及土地确权情况。如果土地的权属不明或农民为了追求高额租金，在信托合同中要求"粮地"种上其他经济作物或用于农业开发，不明就里的信托机构按照委托人意愿经营就会为后期的运营带来合规风险。

（二）尽职调研不彻底的风险管理

尽职调研不彻底的风险属于经营管理类风险。这类风险的控制措施主要从企业内部的机制建设与完善入手。

土地信托潜在的经营者种类繁多，有专业大户、家庭农场、专业合作社以及农业企业等。不同的经营者在财务、债务、经营管理能力以及抵、质押物的质量和价值上具有极大的差别。比如专业大户，他的债务情况比农业企业要简单很多，但其在财务管理方面会比较粗糙和混乱，抵、质押物的先进性、保值性以及价值都远远低于后者。合作对象不同，风险类型和层次也就不同。如果与种粮大户合作，那么面临财务杠杆风险就远远低于与龙头企业合作时的风险。然而，市场风险会更高一些。因此，应根据经营者的特殊性来调整调研内容，积极搜集资料，创新衡量其财务债务以及经理管理能力的各项指标。

为了实现这样的目标，应针对土地信托人员开展专门培训，在原有的专业化综合化的知识体系的基础上，使其对土地相关法律、农村经营者的财务管理特点以及经营管理特点等有全方位的了解，有针对性地提高其对农业经营者进行尽职调查的技巧。另外，在对部分经营者尽职调查的过程中，很多数据不完整或搜集不到，尽职报告的撰写也无法在形式上达到完整。在无法使用专业手段对经营者的财务、债务、还款能力及抵押物价值进行客观评判的情况下，应注重现场调查，根据已经掌握的信息着重对第一还款来源作出预测和判断；同时，要加强对管理者或其实际控制人人品、行为、兴趣爱好等涉及偿还意愿方面的详细调查。在这方面，土地信托项目急需尽职调研评价体系的制度创新。

（三）利率波动与通货膨胀风险的管理

利率波动的风险和通货膨胀的风险是投资者和农民主要担心的问题。虽然不是信托机构直接担心的风险，但因为是委托人担心的风险，信托机构为了维护自身的信誉，也需要妥善处理好这两种风险的管理问题。这两类风险几乎是不可避免的。因此风险控制思路主要是风险分散，将较长期的风险分散到各个短期，每个短期的风险对投资者和农户而言就变得可以承担。

这两个问题需要在信托合同上做文章。利率风险的特点是长期内波动较大，短期内波动较小。每次调息的基准也只有 0.25% ~ 0.5%。信托机构可以设计周期较短的资金信托计划，增加计划投放的密度，即可将利率波动的风险降到最低。这也符合目前投资者对信托产品流动性的要求。而通货膨胀的风险控制也一样。在合同条款中加入土地流转租金的物价调整机制，规定物价波动超过一定百分比时调整租金；或约定流转租金若干年不变，若干年后再根据物价情况重新商议或调整，以此来锁定短期通货膨胀风险。

二、过程风险管理

过程风险管理是指从签订（土地经营权或资金）信托合同开始到信托项目结束期间的风险控制措施。过程风险管理是保证信托兑付的关键，是风险管理的核心环节，也是风险管理比较有难度的领域。过程风险的管理涉及信托参与三方的道德风险、农业经营的自然风险、价格风险、农业经营者的经营风险以及有利政策变动的风险。

（一）道德风险的管理

信托过程中的道德风险包括农民违约风险、信托人员的职业操守风险以及农业经营者的信用风险。

　　农民的违约风险的危害除了存在于集体违约的群体效应上，还存在于农民要求赎回原有土地对农业规模经营和机械作业的影响。上文已经提到土地资产在农民生活中的重要性，以及对农民信用情况的调查在控制农民违约风险方面约束力极小。若对土地流转价格不满意，农民的违约行为几乎是不可避免的。为了将这种危害降到最低，在国内已有土地信托探索中的以下做法可供借鉴。在信托合同中，将农民退出信托合同问题进行详细规定。首先，在合同中清楚标明农民自主决定是否参加土地信托，需要对自己的决定负责。其次，在签订信托合同时要告知信托的严肃性，并对信托合同进行公证、公示。最后，允许农民退出土地信托，但需遵守下列约定：在合同约定期限内，委托人不得随意提前终止合同；坚决要求退出的，应当经过同村农户三分之二以上多数同意；并且其退出信托后可取回的土地承包地块由村民委员会按照大约等值的原则确定，不承诺退回原地块；由于委托人提前终止合同造成的损失及相关费用，全部由违约责任方（相应委托人）承担。

　　信托人员职业操守风险的控制可以从以下三个方面入手：第一，加强自律。良好的职业操守是信托人员从业的必备素质。但也不排除在长期工作的过程中，从业人员逐渐放松警惕，做出违反职业操守的事情来。因此，信托机构应定期为信托人员组织职业道德相关培训，从已有的职业操守风险案例中学习，以达到警钟长鸣的作用。第二，行业监督。信托行业有行业自律性组织——中国信托业协会。可以建立职业诚信档案，对于不遵守信托从业人员职业操守的人员，应视情节的轻重给予警告或处分；严重的可吊销其从业资格。第三，完善信托业务人员的激励约束机制。改变以往以业务收入为考核内容的激励约束机制，提高风险评价占比，达到提高业务人员风险意识的目的。对于出现信托风险问题的项目经理和团队应该制订相应的惩罚措施，实行责任制，从而建立起长期有效的激励约束机制，规避信托经理道德风险，避免为了追求业绩而忽视风险的行为。

　　农业经营者的信用风险的控制需要从源头上抓起。一个信托项目得以开展，农业经营的实际控制人的信用情况及还款意愿必定是符合信托机构要求的。那么导致其产生不守信的原因最大的可能就是出现了自然风险、农产品市场价格波动风险、经营问题等。因此，农业经营者信用风险的控制有赖于这几种风险的控制。

（二）自然风险的管理

自然风险的发生具有一定的不可控性，是农业经营者最惧怕的风险。尽管在我国的很多地方，农业大棚已经普及，农村基础设施（水路、电路）也在不断完善，但这仅能应对普通级别的天气灾害。在巨大自然灾害面前，农业所承受的风险还是非常大的。因此对于不可避免且无法大幅度削减其危害的自然风险来说，将风险转移给其他部门将是一个可行的办法。我国的农业保险带有政策性保险的性质，采取中央、省、市、县四级财政补贴外加农民出资的形式，其中大部分地区财政补贴占到保费支出的75%以上，有的地方甚至达到90%。农业保险制度在我国目前正处于试点阶段，还未完全普及。为了解除农业经营者的后顾之忧，信托机构应积极与地方政府和保险公司联系，开发农业保险产品，为农业生产和土地信托保驾护航。在农业保险制度建立之前，自然风险可能带来的损失可以暂时通过风险分担的方式在信托合同中予以约定清楚。

（三）农产品价格波动的风险管理

前端的市场风险可以通过风险连锁效应传导到后端，引起流动性风险和兑付危机。因此农产品的价格波动是农业经营者密切关注的对象，也因此成为信托机构密切关注的对象。

农产品价格波动的风险可以通过订单农业的形式加以锁定，或通过多元化经营来予以分散。订单农业适合于一些专业合作社或种养大户。由于长期从事于某一种或某几种农产品的生产，跟客户建立了稳定的贸易关系，就可以通过提前签订销售合同的方式锁定农产品价格，规避农产品价格波动的风险。对于规模经营农户而言，掌握上百上千亩地的经营，不可能都用于经营某一种固定的农产品。为了合理地调配土地及人工、做到不误农时，经营者会按照农作物的成长周期选择多样化的农作物搭配生产。一种农作物价格下降所引起的销售额下滑，可以在其他农作物价格上升中得到补偿，进而起到规避和分散价格风险的作用。农作物种植的可行性组合既取决于当地的自然环境、经营者种植知识及技术，也取决于农作物间的价格关系。

部分粮食产品的价格受国家政策保护，这类农产品的价格比较稳健。风险厌恶型农业经营者可以适当地增加种植价格稳健型农作物的比重。除此之外，对于小麦、水稻、棉花、菜籽油等在期货市场有交易的农产品，可以通过资本市场锁定价格，以避免价格波动带来的损失。

（四）土地经营者经营风险的管理

土地经营者经营风险的管理需要从企业内部和外部制度两个方面来着手解决。从企业内部讲，为了避免经营风险，经营者应加强自身的经营管理能力，学习经营管理知识和技能，例如了解消费者价格弹性、竞争者定价及消费者心理等基本知识，掌握科学的定价方法，优化生产销售流程降低成本，利用现代网络进行多渠道营销，树立良好的企业形象。从企业外部讲，信托机构应加强项目的后期管理，通过联合管理、预算管理、合同管理和销售资金监管等方式为经营者的经营风险把好关。这其中最关键的是销售监管。只要信托机构密切监管农业经营者的销售情况，就基本可以避免农业经营者的经营风险和信用风险。而对农业经营者销售情况的控制措施主要有通过管理经营者印章以及加强现金流量的控制和审计来进行。

（五）有利政策变动风险

政策发生变动的风险几乎是不可避免的。然而政策变动却是可以预期，并且提前做准备的。近几十年来，国家出台政策的前瞻性、持续性和一致性特征越来越明显。所以如果土地经营者和信托机构密切关注时政及相关政策动向，即可对宏观政策趋向作出准确把握。

从战略层面讲，国家对于农业生产将提供一如既往地保护和支持，但是国家会根据农村经济的发展情况，不断地就细节措施作出结构性调整。如果经营主体目光短浅、过度依赖某几项政府补贴，政策一旦变动就会对其产生很大影响。经营者必须清楚：有利政策只是短暂的外部输血，只有在有利政策扶持下迅速获得自身造血功能，才是抵抗政策波动的长远之道。

三、事后风险管理

（一）抵、质押物流动性风险的管理

如果经营者的第一还款来源无法保障，信托机构就要考虑第二还款来源的变现问题。针对抵、质押物在规定时间内以合理的价格和付款方式出手的不确定性，信托机构需要采取以下风险管理措施：

首先，在产品设计之初，就要对抵、质押物进行筛选，主要看押质物的安全性、是否容易兑现，押质率越低越好，还有担保方的实力信用级别等。比如，上市公司股权流动性好变现容易，而如果是土地或者不动产质押，变现则相对困难。应选择那些具有普遍用途且需求者较多的抵质押品。其次，信托机构要掌握这些抵质押品的重要属性。特别是对设备及机械类的技术属性有充足的了解，以方便与需求市场对接。再次，信托机构要借助自己的信息优势，储备潜在需求者信息。最后，对土地经营者的兑付风险应提前预警，如果确认兑付风险已无法避免，应提前着手启动抵、质押物的变现程序，为顺利变现争取时间。

（二）更换土地经营者的风险

土地财产权信托的时间往往较长，在这一时期内，如果土地经营者不合适，信托机构履行尽责义务，就需要及时换掉。考虑到寻找新的土地经营者需要时间，信托机构应提前储备合格的土地经营者。结合地方政府积极培育新型农业经营主体的举措，优先从当地经营户中选取合作对象。为了避免因更换经营者而与当地农民发生冲突，在农民的委托合同中，信托机构应设计相应的条款，明确说明信托合同为充分授权合同；在合同所示的某些情况下，信托机构可自主更换土地经营者，不需经过农民同意。通过这种方式，对农民的行为进行约束，尽量将农民与新经营者的对立影响降到最低。

综上所述，完善土地流转风险防范机制主要从以下几个方面做出努力：（1）完善信托机构的风险管理制度，提高风险管理的精细化程度。（2）建立科学的信托人员激励约束机制。（3）深入挖掘农业生产及农产品销售数据，加强信托过程风险管理。（4）加快建立农业再保险和巨灾风险分散机制；鼓励土地流转大户（企业）就生产的农作物、畜牧产品进行保险。（5）重视客户信息积累，建立土地经营者信息储备池。（6）建立土地信托风险基金，必要时用于化解兑付危机。

第六章　土地信托探索

——淮滨县土地信托项目分析

自 2013 年 10 月国内首单土地信托计划发布以来，各大信托公司纷纷意识到农村土地资产和农村市场的重要性，加紧了对土地信托的研究以及退出信托产品的步伐。2013 年 10 月，在郑州大学金融研究中心主任李燕燕老师牵头下，百瑞信托有限责任公司（以下简称百瑞信托）的土地信托研究项目正式启动。同年 11 月，由郑州大学金融研究中心、河南省农业厅农经处以及百瑞信托的相关工作人员组成的调研队赶赴信阳市淮滨县进行调研。通过与淮滨县委、各乡镇土地流转的相关领导及新型农村经营主体典型代表进行座谈，以及对洪河湾村及芦集乡的实际走访，调研队了解了该县近年来在土地流转方面所进行的体制机制创新及成果。其后，百瑞信托的工作人员又多次前往淮滨县与潜在的农业经营主体进行接洽，为土地信托的开展搜集了翔实而丰富的资料。

百瑞收单土地信托计划名称为"百瑞宝盈 X 号集合信托计划（亿丰农机专业合作社）"，信托计划规模为 7000 万份，其中，A 类信托财产为土地承包经营权，规模不超过 5000 万份（1 万份/每亩土地承包经营权）、B 类信托财产和 C 类信托财产为现金，总规模不超过人民币 2000 万元；三类财产均可分期加入，B 类信托财产与 C 类信托财产之比不高于 1.5∶1。信托计划为开放式，期限不超过 15 年。

第一节　淮滨县土地流转市场发育情况

淮滨县位于河南省信阳市，地处淮河中上游，豫皖两省交界处，南望大别山，北接黄淮大平原，辖 17 个乡镇，常住人口 75 万人。全县土地总面积 181 万亩，其中耕地面积 117 万亩，是一个典型的农业县。淮滨县地处北亚热带与暖温带的过渡地区，属于暖温带半湿润型季风气候，四季分明，雨量充沛，气温适中。该县水资源丰富，洪河、闾河、白露河四面环绕，淮河干流横贯其中。全县主要有三大类地貌——冈地、平原和洼地，适宜耕作的平原和洼地占全县面积的85%。地形比较平坦，土地肥沃，适宜多种农作物生长，盛产小麦、水稻、玉米、红薯、油菜、花生、芝麻、棉花、烟叶、猫爪草、息半夏等各种优质农经作物。淮滨县是全国弱筋小麦生产核心区。在淮滨县117万亩耕地中，目前已流转的土地面积为42.5万亩，占耕地总面积的36.3%。其中专业大户流转土地（100亩以上）3.7万亩，专业合作组织流转5.7万亩，家庭农场流转土地3.1万亩，100亩以下散户流转土地30万亩。按照目前态势，预计每年还会增加土地流转面积1万~2万亩。该县在土地承包经营权流转方面具有一定的代表性，因此选择该县为研究区域（见图6-1）。

图6-1　研究区域地理位置

淮滨县20世纪80年代初期开始推行家庭联产承包责任制，极大地调动了农民生产的积极性，农业生产得到了迅速发展。但是随着改革的深入和市场经济体制的建立，家庭承包责任制的改革红利逐步消失。土地零散、投入不足、广种薄收等严重制约了群众脱贫致富和农业的发展。一家一户分散经营农业效益低，调动不了农民积极性，导致生产要素从农村流失，城乡差距进一步拉大，带来新的社会问题。针对以上情况，淮滨县采取措施积极推动土地流转，提高了农村土地利用率和产出率，推进了农业产业化经营，促进了农业增效与农民增收。

为稳定完善农村土地承包关系，全县普遍开展了农村土地承包经营权证补、换、发工作，并建立了农村土地流转信息库，为积极稳妥地推进土地流转工作奠定了基础。在工作管理上，淮滨县政府着力于规范服务网络、规范流转程序、规范合同管理。县里建立了农村土地承包经营权交易所①，17个乡镇全部建立了土地流转站，289个行政村建立了土地流转点。全县17个乡镇开展了农村土地承包纠纷仲裁试点工作，农村土地承包经营权流转纠纷能够得到及时解决，维护了群众的合法权益，为土地流转创造了良好的舆论环境。此外，政府还强化政策扶持鼓励流转。在财政预算中安排一定额度的农村土地承包经营权流转和规模经营专项扶持资金，用于鼓励流转农村土地、壮大规模经营主体、培育重点产业和发展龙头企业。淮滨县在推广"大户联合、订单农业、农业工厂、专业合作、能人带动"等土地流转模式的基础上，积极创新组织领导、政策引导、管理服务和经营保障新机制，成就了一批优质粮油种植大户、发展了一批特色粮油示范基地、催生了一批民营粮油加工企业、叫响了一批名优粮油加工品牌。

尽管淮滨县在规范化管理方面做了不少努力，土地规范化流转仍有很大的提升空间。在目前淮滨县流转的42.5万亩土地中，专业大户、专业合作组织以及家庭农场流转的土地占29.4%，而100亩以下散户流转占流转总面积的70.6%。从数据看，淮滨县土地流转以散户的民间流转为主。这种流转在农户之间进行，一般地块比较分散，流转大多没有规范的合同，没有流转期限，流转价格由双方自由商定，价格也高低不等，农户权利无法保障，容易出现合同纠纷。据调查，大部分农业大户在流转土地时有顾虑，要一家一户地跟农民去打交道、签订承包合同，难度太大；大部分散户流转的土地又缺乏严谨的履约依据，土地确权颁证、流转合同签订、连片规模经营的实际发生率较低。土地流转的不规范问题成为制约土地流转的重要障碍。

第二节　服务商的选择及其基本情况

在与淮滨县多个农业经营主体进行深入交谈并就潜在合作对象进行多次实

---

① 根据淮滨县政府农经办的工作人员提供的资料："交易所"主要负责土地流转相关政策法规的宣传和咨询，收集、整理和发布全县土地流转信息，对全县土地流转进行备案。土地流转站主要负责管理、指导本辖区土地流转工作，指导本地土地流转双方依法签订流转合同。村土地流转点主要负责本村土地流转的调查摸底工作，监督承转户土地经营情况。

地调研之后，百瑞信托最终选择了亿丰农机专业合作社作为服务商。亿丰农机专业合作社成立于 2010 年 9 月，由淮滨县固城乡农民李照锋、孔令发、左广高、王凤亮、马士军、黄永友等 6 人发起，注册地为淮滨县固城乡固城村，注册资本人民币 600 万元；主要经营范围是为成员提供农机作业、农机维修、农机技术及信息服务等。之所以选择与亿丰农机专业合作社合作，是因为：

1. 服务商综合实力较强，在当地及河南省有相当的影响力。亿丰农机专业合作社拥有各类大中型农业机械 68 台，机库 1000 多平方米，办公楼四间两层 300 多平方米，机械维修车间六间，电脑、电话等办公设施齐全，现有成员 40 多人。2011 年合作社获得信阳市农业局"示范性专业合作社"称号；2012 年合作社获得淮滨县县委、县政府现代农业建设"十佳先进集体"称号；2011 年合作社获得淮滨县县委、县政府农村改革发展试验区建设先进专合组织称号；2011 年合作社获得河南省农村改革发展试验区建设先进农民专业合作社称号；2011 年合作社被评为信阳市农业机械管理局农机专业合作社示范社；2012 年合作社获得河南省"示范性专业合作社"称号；2012 年被省农机局评为"河南省平安农机示范合作社"；2013 年 1 月被农业部评为"国家级农机示范合作社"。

2. 该社的"土地托管"模式属于土地信托的初级模式。在此初级模式上进行改进，农民更容易接受。亿丰农机专业合作社共有两种：一是"半托"型合作模式。一些季节性在外打工和家庭劳动力不足或缺少技术的农户，根据合作社提供的种、管、收、储、售一条龙服务项目，按照自己的实际需要，自愿选择服务项目，由合作社提供服务，服务结束后由农户验收作业质量，付给合作社服务费。二是"全托"型合作模式。主要是常年外出打工或无劳动能力的农户，将土地委托合作社全权管理，合作社实行良种、化肥、耕种、灌溉、防虫、除草、防病、收割、粮食收购"九统一"全程服务，无论发生天灾还是人祸，均由合作社自负盈亏。农户自愿每年每亩向合作社交付 1000 元的种子、化肥、农药、收割等生产成本费用，合作社按时每年每亩返还农户 600 斤小麦和 1000 斤水稻，或返还现金 2000 元。目前，该社已托管土地 2000 多亩。这种模式的推行，既顺应了农村经济社会形势发展的要求，又符合农民的意愿。亿丰农机合作社的土地托管模式本质上是土地信托的简化版，是土地委托方与土地经营方的直接对接。亿丰农机专业合作社既是土地受托者，也是土地经营者。而土地信托就是要将土地受托者与土地经营者相分离，受托者为信托机构，而经营者是擅长进行农业生产和经营的农业企业、专业合作社或种田能手。亿丰农机专业合作社的"土地托管"为当地人广泛接受的事实,为在此基础上开展的土地项目奠定了基础。

3. 该社已经有向产业链前后端发展的尝试和探索。亿丰农机专业合作社除了种植小麦、水稻、花生、葡萄等粮食作物和经济作物,还积极往产业链上游和下游发展。亿丰农机专业合作社共投入固定资产620万元,修路1000米,建设占地60亩的育秧工厂。工厂采用温室大棚育秧、机械插秧。苗粗苗壮、抗倒伏、病虫害少,地好整,省工、省时、省力,每亩成本比手工插秧节省100元且增产200斤左右,同时解决了育秧麻烦、插秧难和劳力不足问题。在产业链下游,该社提供农机作业、农机维修、农机技术及信息服务等。这些尝试和探索都为产业化发展积累了实践经验。

4. 负责人个人原因。该社负责人李照锋先生在当地属于"能人",对农业生产有经验,对农业经营有热情,用他本人的话说就是,"没事就喜欢琢磨"。他"琢磨"出的"土地托管"模式就摸准了农民爱面子、想流转土地又害怕失去土地的心理,以"为农民服务"的低姿态主打"服务牌",给足了农民面子,打消了农民的顾虑又获得了土地。李照锋先生具有较强的生产管理经验,对先进的生产技术和设备保有热情,愿意接受新知识和新信息,对于该社未来的发展也有战略思考。此外,李照锋先生强烈的兜底意识,也是信托公司愿意与之合作的重要原因之一。

第三节 项目盈利模式及收益分配

百瑞宝盈 X 号集合信托计划(亿丰农机专业合作社)的交易结构如图6-2所示。

该信托计划共涉及三种类型的委托人:A 类委托人属于农户的代理人,可以是组织或者个人;B 类委托人是合格投资者,属于出资方;亿丰农机专业合作社也作为委托人参与其中,成为 C 类委托人。其中 A 类信托份额由淮滨县人民政府、百瑞信托和亿丰农机专业合作社协商一致确定,由研究发展中心对接;B 类信托份额由百瑞信托对外公开募集,由理财中心或机构业务部对接;C 类信托份额由李照锋认购,由研究发展中心对接。

在该信托计划中,A 类信托财产主要用于农作物种植,包括水稻、小麦及服务商和受托人一致认可的其他农作物种植;B 类信托财产和 C 类信托财产主

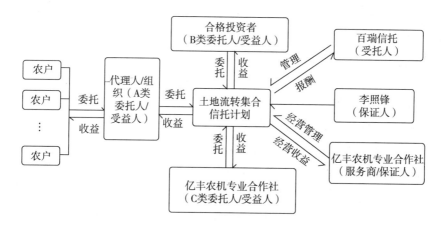

图6-2　信托计划交易结构图

要用于道路、水利、电力、土地整理等基础设施建设，购买种子、化肥等农资，购置农业机械，支付劳动力工资，以及受托人认可的农作物种植所需投资，垫付A类受益人固定收益。信托计划专户内的闲置资金可由受托人决定投资于受托人认可的高流动性、低风险的金融产品。

1. 预期收益率

A类受益人的预期收益分为固定型、固定＋浮动型和按固定年限调整型，具体类型和预期收益由委托人、受托人和服务商根据土地面积、位置、质量等实际情况协商决定，授权研发中心分管领导审批决定。B类受益人的预期收益为固定型，预期收益率由受托人根据委托人加入时的市场状况决定，具体由销售部门建议，研发中心以工作签报形式报销售部门分管领导和研发中心分管领导审批决定；C类受益人的预期收益为浮动型，C类受益人的预期收益＝信托计划实际收益－A类受益人的预期收益－B类受益人的预期收益－信托计划应承担费用。

A类受益人预期收益自加入本信托计划之日起以其依据本合同所持有的信托受益权份额为基数，按年计算；B类受益人预期收益自加入本信托计划之日起以其依据本合同所持有的信托受益权份额对应的信托资金金额为基数，按日计算（日预期收益率＝年预期收益率÷该日所在信托年度实际天数）。

2. 预期收益的分配

信托利益按照以下顺序进行分配：①信托计划应承担的费用；②A类受益人的固定收益或返还其他类受益人垫付的A类受益人的固定收益；③B类受益

人的本金及预期收益；④A 类受益人的浮动收益（如有）；⑤C 类受益人的收益。

A 类受益人的预期收益于每年的 7 月 31 日前（加入信托计划满 1 年后的 10 个工作日内）分配；B 类受益人的预期收益每半年分配一次（小麦或水稻收获后 1 个月内）；C 类受益人退出时分配。

受托人报酬按受托财产类型分类收取，A 类受益人支付的受托人报酬以 A 类信托财产份额为基数按比例收取；B 类受益人支付的受托人报酬以 B 类信托财产存续规模为基数按比例收取；C 类受益人不需要支付受托人报酬。

信托财产还应承担的其他费用有：①信托发行、管理和终止清算过程中发生的管理费（包括收付代理机构的客户服务费、推介费、账户管理费、POS 机手续费、信息披露费、文件制作费、印刷费、资料费、邮递费、差旅费、财产清收变现费用等）；②按照法律法规或信托文件等规定将信托事务委托他人处理的委托管理费；③审计费、律师费等中介费用；④受托人报酬；⑤依法可以列支的其他费用等。

以上预期收益均来自信托财产的经营收入。在极端情况下，受托人依照法律程序使亿丰农机专业合作社及其实际控制人李照锋履行担保责任。

第四节　项目的风险控制措施

该信托计划采取的风险控制措施主要有：

1. C 类受益人以其信托财产为限对 A 类受益人固定收益部分和 B 类受益人本金和预期收益的实现承担补足义务；

2. 服务商亿丰农机专业合作社对 A 类受益人预期收益和 B 类受益人本金及预期收益的实现承担补足义务；

3. 亿丰农机专业合作社实际控制人李照锋对 A 类受益人固定收益和 B 类受益人预期收益的实现提供无限连带责任担保；

4. 通过购买农业保险降低自然灾害风险；

5. 通过对信托财产的使用进行严格的审核和监督，降低信托财产被挪用、滥用的风险。

附　　录

附录 A：《土地承包法》第二章第五节

——土地承包经营权的流转

第三十二条　通过家庭承包取得的土地承包经营权可以依法采取转包、出租、互换、转让或者其他方式流转。

第三十三条　土地承包经营权流转应当遵循以下原则：

（一）平等协商、自愿、有偿，任何组织和个人不得强迫或者阻碍承包方进行土地承包经营权流转；

（二）不得改变土地所有权的性质和土地的农业用途；

（三）流转的期限不得超过承包期的剩余期限；

（四）受让方须有农业经营能力；

（五）在同等条件下，本集体经济组织成员享有优先权。

第三十四条　土地承包经营权流转的主体是承包方。承包方有权依法自主决定土地承包经营权是否流转和流转的方式。

第三十五条　承包期内，发包方不得单方面解除承包合同，不得假借少数服从多数强迫承包方放弃或者变更土地承包经营权，不得以划分"口粮田"和"责任田"等为由收回承包地搞招标承包，不得将承包地收回抵顶欠款。

第三十六条　土地承包经营权流转的转包费、租金、转让费等，应当由当事人双方协商确定。流转的收益归承包方所有，任何组织和个人不得擅自截留、扣缴。

第三十七条　土地承包经营权采取转包、出租、互换、转让或者其他方式流转，当事人双方应当签订书面合同。采取转让方式流转的，应当经发包方同意；采取转包、出租、互换或者其他方式流转的，应当报发包方备案。

土地承包经营权流转合同一般包括以下条款：

（一）双方当事人的姓名、住所；

（二）流转土地的名称、坐落、面积、质量等级；

（三）流转的期限和起止日期；

（四）流转土地的用途；

（五）双方当事人的权利和义务；

（六）流转价款及支付方式；

（七）违约责任。

第三十八条　土地承包经营权采取互换、转让方式流转，当事人要求登记的，应当向县级以上地方人民政府申请登记。未经登记，不得对抗善意第三人。

第三十九条　承包方可以在一定期限内将部分或者全部土地承包经营权转包或者出租给第三方，承包方与发包方的承包关系不变。

承包方将土地交由他人代耕不超过一年的，可以不签订书面合同。

第四十条　承包方之间为方便耕种或者各自需要，可以对属于同一集体经济组织的土地的土地承包经营权进行互换。

第四十一条　承包方有稳定的非农职业或者有稳定的收入来源的，经发包方同意，可以将全部或者部分土地承包经营权转让给其他从事农业生产经营的农户，由该农户同发包方确立新的承包关系，原承包方与发包方在该土地上的承包关系即行终止。

第四十二条　承包方之间为发展农业经济，可以自愿联合将土地承包经营权入股，从事农业合作生产。

第四十三条　承包方对其在承包地上投入而提高土地生产能力的，土地承包经营权依法流转时有权获得相应的补偿。

附录 B：中共十八届三中全会涉农内容

建立公平开放透明的市场规则，完善主要由市场决定价格的机制，建立城乡统一的建设用地市场，完善金融市场体系，深化科技体制改革。

提出城乡二元结构是制约城乡发展一体化的主要障碍。必须健全体制机制，形成以工促农、以城带乡、工农互惠、城乡一体的新型工农城乡关系，让广大农民平等参与现代化进程、共同分享现代化成果。要加快构建新型农业经营体系，赋予农民更多财产权利（保障农民集体经济组织成员权利，积极发展农民股份合作，赋予农民对集体资产股份占有、收益、有偿退出及抵押、担保、继承权），推进城乡要素平等交换和公共资源均衡配置，完善城镇化健康发展体制机制。

农业集体建设用地、宅基地和耕地是农民现有最大的财产性收入来源，只有通过市场化的交易和定价机制才能使农民获得更大的受益权，"市场决定价格的机制"表明现有农村土地可流转交易，"建立城乡统一的建设用地市场"表明集体建设用地和国有土地"同权同价"。本次公告对农村建设用地着墨偏多，但对耕地流转没有提及，并不意味着耕地流转改革会低于预期，主要原因在于集体建设用地确权已基本完成，耕地确权工作将在 2017 年底之前完成，集体建设用地涉及利益群体较多，利益纠葛更为复杂，推进工作需及早准备，而耕地确权较难但利益分配相对容易。公告表示"加快构建新型农业经营体系"表明未来农业生产运营主体一定是以规模化、专业化的家庭农场、农业合作社为主，耕地流转是前提，因此耕地流转改革依然是未来土地改革的重要组成部分。

十八届三中全会的《中共中央关于全面深化改革若干重大问题的决定》指出，农村集体用地与国有土地将同等入市、同权同价。改革完善农村宅基地制度，选择若干试点，慎重稳妥推进农民住房财产权抵押、担保、转让，探索农民增加财产性收入渠道。

附录 C:《物权法》第三编第十章——一般规定

第一百一十七条　用益物权人对他人所有的不动产或者动产，依法享有占有、使用和收益的权利。

第一百一十八条　国家所有或者国家所有由集体使用以及法律规定属于集体所有的自然资源，单位、个人依法可以占有、使用和收益。

第一百一十九条　国家实行自然资源有偿使用制度，但法律另有规定的除外。

第一百二十条　用益物权人行使权利，应当遵守法律有关保护和合理开发利用资源的规定。所有权人不得干涉用益物权人行使权利。

第一百二十一条　因不动产或者动产被征收、征用致使用益物权消灭或者影响用益物权行使的，用益物权人有权依照本法第四十二条、第四十四条的规定获得相应补偿。

第一百二十二条 依法取得的海域使用权受法律保护。

第一百二十三条 依法取得的探矿权、采矿权、取水权和使用水域、滩涂从事养殖、捕捞的权利受法律保护。

附录 D：土地承包经营权证图示

一、土地承包经营权封面

二、土地承包经营权内容

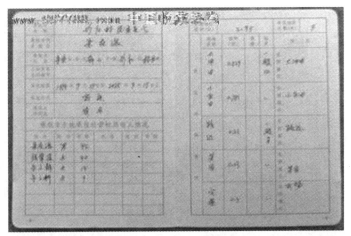

三、农民拿到土地承包经营权证

附录 E：河南省开展土地信托的可行性分析

以上章节论述了我国开展土地信托的理论依据、法律依据、实践依据，那么河南省是否已经具备了开展土地信托的条件呢？下面就从河南省的实际情况出发，从现有的资源状况、经济环境、政策环境、实践现状和客观条件及有利条件等方面分析河南省开展土地信托的可行性。

第一节　丰富的土地信托资源

河南省位于中国中部的黄河中下游地区，总面积约 16.7 万平方公里，占全国总土地面积的 1.74%，其中平原和盆地面积约 9.3 万平方公里，占全省总面积的 55.7%。河南省北、西、南三面群山环绕，黄河、淮河、海河、长江四大水系贯穿其中，地势西高东低，中、东部为华北平原南部；西南部为南阳盆地。截至 2009 年 12 月 31 日，河南省有耕地 12288 万亩，耕地面积居全国第三。耕地数量上的绝对优势使河南省成为土地信托试点及将来信托模式推广的理想地点。

从耕地的区域分布上看（见图附 - 1），河南省以开封、许昌、平顶山、漯河所在的区域为中心，耕地分布呈现出"东多西少、南多北少"的特点。位于河南省东南部的商丘、周口、驻马店、南阳、信阳 5 个地级市的耕地面积占到河南省耕地总面积的一半以上，是河南省粮食生产的核心区。这 5 个地级

数据来源：CNKI 中国宏观数据挖掘分析系统。除南阳市耕地面积为 2006 年数据外，其余地市的数据为 2008 年数据。详细数据见附表。

图附 - 1　河南省各地市耕地分布情况（单位：万公顷）

市耕地资源较为集中，有利于农业的连片规模化经营以及大型农业机械的进入，无疑将成为农业现代化发展的主力军，也将是土地信托的主要舞台。

除耕地外，河南省还有丰富的园地、林地、坡地、草地、养殖水面等其他类型的土地，这些都是潜在的信托财产来源。

第二节　稳健的经济运行态势

进入 21 世纪以来，河南省稳居全国第五大经济体的位置。随着河南省在全国发展大局中的战略地位得到逐渐确认，作为中原经济区建设核心的河南省抓住了历史性的发展机遇，深入挖掘自身区位优势，找准了自己的战略定位。近年来，河南省积极推动省内区域协调发展，国民经济保持了平稳快速发展的良好态势，结构不断优化，效益同步提高，民生不断改善。

2004—2013 年，国民生产总值由 8553.79 亿元增长至 32155.86 亿元，年均增长速度高于 12%。从图附–2 可以看出，2008 年之前，河南省除第一产业增加值增速显著下滑外，其余六项宏观经济指标的增速均保持在较高的增长区间；而各项增速在 2009 年表现出集中跳水的现象，这主要是受到了国际金融危机的严重冲击；2009 年的刺激政策让宏观经济短时间内迅速恢复，这一点从图中 2010 年的宏观增速显著提升可见一斑。但是这种强势刺激带来的产能过剩造成了随后两年较高增速难以维持的情况。这种情况会随着时间的推移和

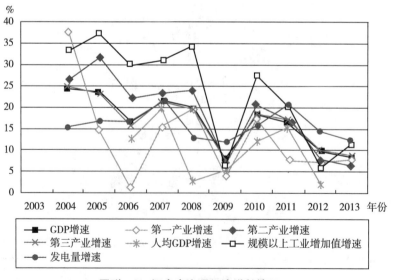

图附–2　河南省宏观经济增长情况

市场的消化而得到缓解。我们看到，2013年规模以上工业增加值增速抬头往上，是2012年增速的两倍。这意味着经过两年的调整，工业生产先于其他部门企稳回升。

2004—2013年，河南省的产业结构不断优化。从图附–3可以看出，河南省第一产业增加值在国民生产总值中的占比逐年稳步下降；第二产业占比经过五六年的上升后基本稳定在55%；而第三产业占比在2010年以前都基本稳定在30%，近年来出现稳步上涨趋势。这说明了河南省稳增长、调结构的宏观发展策略已初见成效，产业结构正处于稳步优化中。

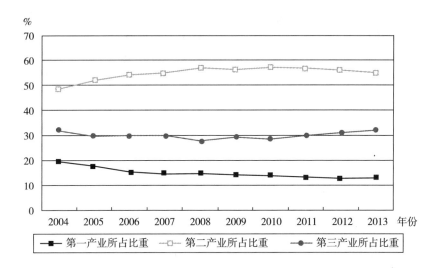

图附–3　河南省产业结构变化情况

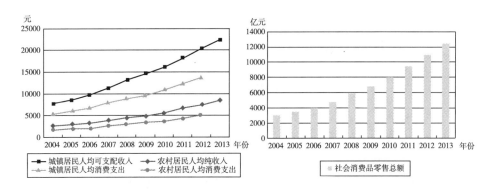

图附–4　河南省消费增长情况

在消费领域，河南省城乡居民的人均可支配收入与人均消费支出保持两位数增长，代表着河南市场比较旺盛的购买力量；这直接带来了河南省社会消费品零售总额的连年攀升。2013 年河南省的该宏观经济运行指标比十年前翻两番。这表明，河南省消费拉动经济增长动力逐年增强。

在投资与储蓄领域，近十年来河南省存贷款余额与储蓄存款余额均出现稳定增长态势（如图附-5 所示），其中存款余额在 2009 年后的增长速度显著快于贷款余额和储蓄存款余额。这主要是由于 2009 年后，我国影子银行业务飞速发展，银行存款以外其他类型的存款飞速发展。全社会固定资产投资总额与存款余额基本上保持了同步的增长；房地产行业虽然遭到国家政策的围追堵截，该领域的投资仍然保持了增长势头，只是增长速度较为缓慢。从近几年来全社会固定资产投资总额的强势增长可以看出，我国投资拉动经济增长的动力强劲。

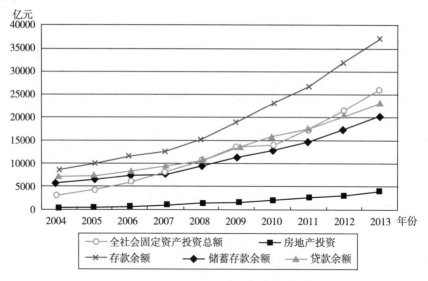

图附-5 河南省投资与储蓄增长情况

在政府购买方面，近十年来来，河南省财政总收入、财政预算收入和财政预算支出稳步提升。2013 年河南省财政总收入是十年前的 5 倍以上。2013 年省内 108 个县（市）中，有 28 个县（市）地方公共财政预算收入超 10 亿元；其中，有 16 个县（市）超 15 亿元。这说明了河南省各级政府的购买能力很强，对教育、医疗、社会保障及就业等重点领域的支付支持力度也将逐年提高。

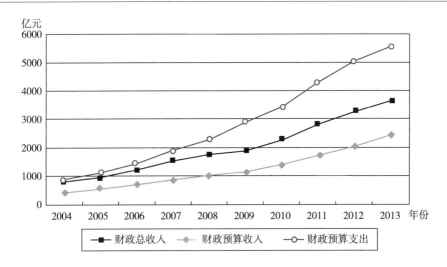

图附 -6　河南省政府购买能力增长情况

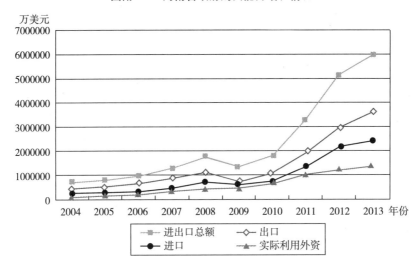

图附 -7　河南省对外贸易增长情况

在对外贸易方面,河南省近十年来进口额与出口额基本同步增长。进出口额在 2009 年以后的强势增长说明了我省内部需求和外部需求都很旺盛。此外,我省实际利用外资额在 2009 年以后也有一个明显增长的过程,这进一步说明了我省自 2009 年后加快了对外开放的步伐,对外开放程度进一步提高。

从全国范围内来看,河南省主要经济指标增速在全国继续保持前列。2009—2012 年河南生产总值列全国第 5 位,固定资产投资列全国第 4 位,社会消费品零售总额列全国第 5 位，地方财政一般预算支出列全国第 5 位，进口总额、出口总额以及规模以上工业增加值增速分别名列全国第 11、第 12 和第 14 位。全省经济总量、利税总额、财政收入、固定资产投资、社会消费品零售总额、存贷款余额、发电量等主要经济指标均居中西部地区首位。河南省目前正处于工业化中期，截至 2013 年底，河南省城镇化率达到 43.8%。目前河南省正强力发展交通与物流事业，积极打造新丝绸之路经济带，承东启西，谋求中部崛起。通过以上对河南省宏观经济的分析，结合河南省的长远战略规划，我们可以预见，在未来很长的一段时间，河南省总体经济运行将平稳向好，并有望继续在较高增长区间平稳运行。这就为各项政策范围内的改革和创新提供了稳定预期的经济环境。

第三节　积极的政策制度环境

我国土地承包经营权流转的发展经历了明令禁止阶段、政策初步允许阶段、法律规范阶段和政府引导阶段。目前我国的农地流转正处于政策边引导边规范的阶段。河南省自 2004 年以来出台了一系列关于土地承包经营权流转的政策措施和指导意见。这些意见和措施主要集中在农地流转市场建设以及财政、税收、金融与工商支持土地流转等方面。

在农地流转市场建设方面，确立农地流转的基本原则，对土地流转程序进行规范，发布了流转合同示范文本，开展土地确权登记及流转登记试点等，建立土地流转（合同电子）备案制度，建立流转纠纷调处机制和市、县、乡、村四级土地流转市场综合服务体系；培育扶持规模经营主体、对农村剩余劳动力进行培训转移，同时也注重加强土地流转政策的宣传培训力度。

在财政、金融、工商和税收支持方面，增加财政资金在农业基础设施建设上的投放比例；有条件的市开始实行对优秀的新型农业经营主体、流转服务组织以及基层行政单位实行财政奖补激励政策；对于上规模或符合地方产业结构调整的规模经营主体工商及行政登记提供绿色通道服务，并且在具体经营中，实行良种补贴、农机补贴、信贷贴息或项目基金支持；也有部分地市对于符合一定要求的农业企业实行增值税或印花税的减免等。

此外，河南省各级人民政府还通过将农业部门、财政部门、工商税务部门以及其他相关部门领导组织起来，建立专门的土地流转工作领导小组，来加强组织领导，强调部门协调，保证土地流转政策的落实以及流转工作的顺利推进。政府部门对于与土地规模经营相关的城乡统筹的户籍制度、医疗保障和养老保险制度以及就业制度、农地流转风险防范机制等领域也有相当的关注和探索。

综上所述，河南省政府部门对于土地流转和规模经营是持坚定支持态度的，提供的这些措施和指导意见也为土地规模经营和农业现代化发展提供了积极有益的政策制度环境。

第四节　活跃的土地流转实践

河南省是全国农产品主产区，是全国第一农业大省、第一粮食生产大省、第一粮食转化加工大省。河南省的耕地资源数量仅次于黑龙江省，居全国第二位。河南省也是全国劳务输出第一大省。劳动力流失与土地撂荒和农业生产的矛盾越来越突出。近年来，河南省着力打造粮食生产核心区，在稳定发展粮食生产的同时，积极推进农村经营体制创新。随着城镇化进程的加快和农村富余劳动力的大量转移，河南省积极引导农民进行土地承包经营权的流转，培育新型农业经营主体，初步形成了土地流转市场。

河南省有着活跃的土地流转实践。一方面，河南省的土地流转速度不断扩大，流转比率不断升高，流转进程不断加快。据河南省农业厅统计，截至2013年底，全省农村土地流转面积2824万亩，占家庭承包耕地面积的29%；这一数字在2011年、2010年及2009年分别是1982万亩（20.6%）、1173万亩（12%）、863万多亩。根据2001年7～8月河南省农经处与郑州大学商学院对河南省18个地市进行调研所得的数据，2001年河南省农村土地流转面积361.9万亩，仅占土地总面积的3.7%。2013年河南省农村土地流转面积是2001年的7.8倍，河南省农村土地流转面积以平均每年205万亩的速度增长。另一方面，土地流转形式日益多样化。除了我国《土地承包法》所规定的转包、出租、互换、转让等形式外，在河南省的土地流转实践中也出现了土地入股、土地托管经营、代耕代种等创新的土地流转形式。此外，河南省参与农村土地流转的种植大户、农村专业合作社、农业企业在整体流转中占比达30%，土地流转参与主体日趋多元化。截至2012年底，河南省有农民专业合作社6.5万个，种粮大户及家庭农场15538家，规模种植大户成为粮食增产的中流砥柱。

第五节　高涨的模式创新热情

近几年来，河南省新的土地流转模式不断涌现。河南省各地市通过农民自发、政府引导等形式积极探索土地流转新路子。在原来的土地流转形式之上，各种创新的土地流转模式不断涌现。具有代表性的是"沁阳模式"和信阳的"江湾模式"。"沁阳模式"是将农民的土地承包经营权通过公开拍卖和竞争性谈判的形式流转出去。具体流程是农民将自己不想种的地在村里的土地流转服务站进行登记，由乡镇或者市级农村土地流转服务中心进行土地使用权的挂牌出让，随后组织拍卖会寻找合适的买家将土地流转出去。信阳市光山县的"江湾模式"是通过成立农村土地信用合作社的形式将农民的土地承包权作为一种资产进行存入和贷出，给农民支付土地利息。农民把不想耕作的土地"存"到合作社，收取固定的"利息"；其他人也可以花钱到合作社"贷"地耕作。合作社发放存地证和贷地证。农民存地的"利息"多少，根据所存土地的地理位置、交通状况和肥沃程度来定，由村民和合作社双方协商确定。这种新颖的做法，被外界形象地称为农村"土地银行"。"沁阳模式"和江湾村"土地银行"只是河南省探索土地流转的一个缩影。巩义市探索出了邙岭区域化集约经营模式、农业公司化经营模式、基地＋农户的经营模式、河洛镇黄河滩区模式等多种土地规模经营模式。郏县也初步探索出了"企业带动型"、"合作社带动型"、"大户带动型"等土地流转模式。河南省农村土地流转制度改革取得了明显进展。

第六节　专业的金融信托服务

近年来，河南省信托业呈现出快速发展的良好局面，行业实力和功能作用不断提高。随着信托机构的功能地位和市场价值逐渐被市场关注，一大批中央企业、境外知名金融机构纷纷投资入股信托机构，信托机构资本实力和风险抵抗能力大大增强。截至2012年底，河南省两家信托机构（百瑞信托和中原信托）实收资本合计27亿元，净资产合计38.8亿元，固有资产合计1.6亿元。除了这两家总部设在河南的信托机构外，还有众多总部不在河南但设有驻豫办事处的信托机构（如兴业信托、中融国际信托等）。

信托行业在金融创新方面具有明显优势，信托产品在理财市场占据重要地位。2005年开始的信贷资产证券化试点最终选择了信托模式，信托机构作为受托人发挥了重要作用。为了适应不断增长的理财需求，省内信托机构设计推出了类型丰富的信托品种，为具有风险意识和投资意识的合格投资者提供了灵活多样的信托理财服务，如百瑞信托的"百瑞富诚（基础设施类）"、"百瑞宝盈（企业类）"、"百瑞恒益（证券投资类）"三大业务品牌。与基金、银行、保险、证券等其他金融机构提供的理财产品相比，这些信托产品的收益率明显高于银行、保险的理财产品，优势十分明显。

在支持经济发展中，河南省信托业所提供的融资服务也起到了积极作用。近年来，信托机构积极落实国家宏观经济政策，依托各自股东背景优势，引导社会资金投向国家大中型骨干企业和中小企业、"三农"、低碳经济、基础设施建设等重要领域，在促进实体经济发展中起到了重要作用。截至 2012 年底，百瑞信托机构自营资产中的 31.07% 运用于基础产业；信托资产中的 45.10% 运用于基础产业；两项规模合计达 338.46 亿元。中原信托的信托资产中有 63.46% 投向实业，共计 509.99 亿元。

近几年，河南省信托机构管理的信托财产规模不断增加，信托机构盈利水平显著提升。以百瑞信托为例，2009 年该信托机构的信托资产规模为 185.43 亿元，2010 年为 293.94 亿元，2011 年为 403.08 亿元，2012 年达 731.56 亿元，信托资产规模在不到 4 年的时间里增长近 4 倍。根据中原信托公布的年报数据，2012 年该信托机构实现经营收入 6.02 亿元，资本利润率 18.35%，净利润 3.2 亿元，行业人均净利润 251.62 万元，分别比 2011 年增长 45.4%、17.6%、37.7%、18.3%。根据百瑞信托公布的年报数据，2012 年该信托机构实现经营收入 42.41 亿元，净利润 4.68 亿元，行业人均净利润 334.09 万元，分别比 2011 年增长 47.4%、27.6%、7.5%。虽然与 2011 年相比，该公司的资本利润率稍有下降，但仍达到 21.35%。两公司的盈利能力在金融业中均处于较高水平。

小　结

综上所述，河南省宏观经济运行稳健，有着较为积极的土地流转政策。各级政府在土地流转中很好地坚持了"明确土地所有权、稳定承包权、放活经营权"的原则，"依法、自愿、有偿"的原则，"集中、规模、增效"的原则，因地制宜、循序渐进的原则以及培育市场和规范管理相结合的原则。各级政府的土地流转热情较高。从土地流转市场的发育情况看，虽然我国的土地流转尚处于初级阶段，还存在着诸多问题，但综合来看"权属清晰，权责明确，保护严格，流转顺畅"的农村土地流转机制已经基本形成。接下来的任务是建立健全农村土地流转管理服务以及建立服务功能完善的农村土地流转市场，河南省各级政府也在积极地实践和推进。从河南省信托服务来看，河南省的信托业在较高的增长区间稳步发展。根据百瑞信托博士后流动站的研究成果，河南省两家信托机构的各项重要指标在全国的排名均处于中上游水平，有足够的实力在河南省开展土地信托业务。与此同时，百瑞信托在河南省总部也设有博士后流动站，汇聚了一大批高级科研人才；这些基础条件共同决定了土地信托有望在河南省生根、发芽、开花、结果。

参考文献

［1］中国金融困境与突破——25 位著名经济学家对当前金融形势的思考［M］. 北京：中国经济出版社，2012.

［2］裘强，严命有. 论新形势下信托公司盈利模式的构建［J］. 金融与经济，2004（S1）.

［3］刘响东，蔡俊，顾安. 信托公司金融业务分类框架设计构想［J］. 上海金融，2006（10）.

［4］季红，于泳. 寻觅信托公司的盈利模式［J］. 经济导刊，2005（1－2）.

［5］李廷芳，陈伟忠. 信托投资公司核心盈利模式探析［J］. 现代营销（学苑版），2006（1）.

［6］高英慧. 以创新思维构建信托投资公司核心盈利模式［J］. 科技与经济，2006（16）.

［7］吴敌，明洋. 略论农业的弱质性［J］. 农村经济，2004（11）.

［8］张文方. 农业并非天生的弱质产业［J］. 中国农村观察，1995（4）.

［9］王阳. 农业是弱质产业吗——当代世界农业现代化建设的特点分析与借鉴［J］. 国际技术经济研究学报，1994（4）.

［10］张庭宾. 土地信托可能埋下隐患［N］. 第一财经日报. 2013－11－04. http：//finance. ifeng. com/a/20131104/11002393_ 0. shtml.

［11］许玉芬. 论农业产业化理论基础［J］. 中国果菜，2009（8）.

［12］周川嵋，周旭升. 浅析我国信托风险的成因与防范［J］. 广西金融研究，1998（10）.

［13］殷连金等. 信托业风险成因及防范对策——对某市信托投资公司经营风险状况的调查［J］. 经济师，1998（2）.

［14］李树生. 试析我国金融信托业的风险与原因［J］. 首都经济贸易大学学报，2002（4）.

［15］王作成. 我国信托风险的成因及其防范对策［J］. 黄河水利职业技

术学院学报，2003（3）.

　　［16］曾忠生．中国信托机构风险管理研究［D］．暨南大学，2005.

　　［17］徐光宇，陈德棉，徐光伟．我国信托业的风险管理研究［J］．江西金融职工大学学报，2004（4）.

　　［18］代俊，我国信托业风险的表征及其测度方法研究［D］．山东大学，2010.

　　［19］袁吉伟．信托项目风险成因与处置方法研究——基于26个信托风险事件［J］．金融发展研究，2013（9）.

　　［20］杨静．我国信托业风险问题探究［J］．今日科苑，2010（2）.

　　［21］崔泽军．信托机构的风险管理策略［J］．金融理论与实践，2009（1）.

　　［22］笪薇．信托风险规避的理论分析与对策思考［J］．经济师，2004（4）.

　　［23］李国柱，马君潞．风险承担、风险缓冲与管理理念——关于信托机构风险管理的思考［J］．经济与管理，2006（7）.

　　［24］吴丽君．我国信托投资公司风险管理体系研究［D］．天津大学，2005.

　　［25］李蓓．我国信托机构风险管理体系改进策略研究——COSO—ERM框架的视角［D］．西南财经大学，2012.

　　［26］王亮．ZT信托风险管理体系构建与优化探讨［D］．浙江工业大学，2013.

　　［27］楼当．信息不对称所致的中国房地产信托风险与防范［J］．上海房地产，2006（9）.

　　［28］潘蕾．信托投资公司房地产业务风险管理研究［D］．中国海洋大学，2007.

　　［29］尹阿东，何海凝．房地产信托风险控制措施的研究［J］．科技与产业，2011（3）.

　　［30］袁超．我国房地产信托投资风险管理研究［D］．南京理工大学，2009.

　　［31］姜林静．房地产信托风险防范措施解析［J］．中国证券期货，2012（10）.

　　［32］周星．浅析房地产信托业务的风险管理［J］．现代商业，2013

（14）．

[33] 王震．房地产信托风险化解机制设计研究［J］．人民论坛，2013（20）．

[34] 范钧，周永亮，宋丽娟．收益权信托产品风险控制的理论与实践——以浙江永康步行街项目为例［J］．企业经济，2007（8）．

[35] 朱松岭，周平，韩毅，等．基于模糊层次分析法的风险量化研究［J］．计算机集成制造系统，2004（8）．

[36] 石磊．A 信托机构房地产信托业务风险管理研究［D］．大连理工大学，2011．

[37] 戴大双，于英慧，韩明杰．BOT 项目风险量化方法与应用［J］．科技管理研究，2005（2）．

[38] 梁俊平，俞雪华，张舒华，等．风险投资项目风险量化模型评价［J］．统计与咨询，2006（1）．

[39] 刘志仁．农村土地流转中的信托机制研究［M］．长沙：湖南人民出版社，2008．

[40] 邬晓波，王秀兰．我国农村集体土地信托模式初探［J］．理论月刊，2004（4）．

[41] 丁关良．农村土地承包经营权流转的法律思考——以《农村土地承包法》为主要分析依据［J］．中国农村经济，2003（10）．

[42] 王晓霞．土地承包经营权流转制度的法律问题研究［J］．中国集体经济，2013（35）．

[43] 王蕾，张红丽．农村土地产权制度创新［J］．农业经济，2013（8）．

[44] 杨光．我国农村土地承包经营权流转法律问题研究［D］．吉林大学，2013．

[45] 张征宇．土地承包经营权信托制度研究［D］．吉林大学，2013．

[46] 阮小舜．农村土地信托流转中的金融创新及配套安排——以福建省沙县为例［J］．福建金融，2013（2）．

[47] 庞亮，韩学平．构建我国农村土地信托制度的法律思考［J］．科学社会主义，2012（5）．

[48] 高良友．首例农村土地信托流转的成功实践［J］．中国农村金融，2012（6）．

［49］岳意定，刘志仁，张璇．国外农村土地信托：研究现状及借鉴［J］．财经理论与实践，2007（2）.

［50］王秀兰．土地信托模式的国际借鉴与思考［J］．商业时代，2007（16）.

［51］惠献波．我国农村土地经营权信托流转机制经济可行性分析［J］．广东土地科学，2013（3）.

［52］欧泳如．论我国农村土地承包经营权信托的实践及启示［D］．西南大学，2013.

［53］张景坤．农村土地流转改革的金融支持研究［D］．中南林业科技大学，2012.

［54］文杰．土地信托制度：农地承包经营权流转机制的创新［J］．商业研究，2009（7）.

［55］谢静．农村土地信托制度研究［J］．经济研究导刊，2008（16）.

［56］岳意定，王琼．我国农村土地信托流转模式的可行性研究及构建［J］．生态经济，2008（1）.

［57］吴兴国．从农村土地信托制度的构建看"三农"难题的破解［J］．浙江经济，2004（4）.

［58］赵立新．构建农村土地信托制度的理论与模式［J］．经济研究导刊，2010（33）.

［59］王雄，王琼．农村土地信托流转的可行性研究［J］．华北国土资源，2007（4）.

［60］刘彦茜，刘燕．我国农村土地经营权信托流转机制研究［J］．金融经济，2010（20）.

［61］马验．我国农村土地信托制度研究［D］．西北大学，2008.

［62］张淼．关于我国农村土地的信托流转问题研究［D］．辽宁大学，2013.

［63］任贤英．农村土地信托法律问题研究［D］．山西财经，2010.

［64］代建洪．土地信托：土地流转的节点及其框架构建［D］．南昌大学，2012.

［65］陈宇飞．我国农村土地信托法律问题研究［D］．中国社会科学院研究生院，2011.

［66］唐舟淇．农村土地承包经营权信托制度的法律问题研究［D］．西南

财经大学，2013.

［67］许延利．我国农村土地信托制度的构建思路［J］．国土资源，2008
（S1）.

［68］庞亮．我国农村土地信托流转机制研究［D］．东北农业大
学，2013.

［69］康航彬．农村土地承包经营权信托登记研究［D］．中南大
学，2013.

［70］代少蕊．农村土地承包经营权信托研究［D］．中南大学，2012.

［71］谢静，刘永锋．浅析农村土地信托制度的社会保障功能［J］．法制
与社会，2009（31）.

［72］王湘平．我国农村土地信托可行性探究［J］．新闻天地（论文版），
2007（2）.

［73］张丽华，赵志毅．农村土地信托制度初探［J］．贵州师范大学学报
（社会科学版），2005（5）.

［74］钟远平．我国农村土地信托的法理基础及制度构建［D］．中国政法
大学，2007.

［75］曾玉珊，胡育荣．论农村土地承包经营权信托登记制度［J］．徐州
工程学院学报（社会科学版），2012（2）.

［76］李龙浩，张春雨．构建我国土地信托登记制度的思考［J］．中国土
地科学，2003（4）.

［77］秦扬，胡实．农村土地使用权信托流转模式探讨［J］．安徽农业科
学，2011（36）.

［78］钱忠好．农村土地承包经营权产权残缺与市场流转困境：理论与政
策分析［J］．管理世界，2002（6）.

［79］于丽娜．集体土地权属争议处理［J］．中国土地，2010（6）.

［80］河南省农业厅．《河南省农业厅关于印发河南省农村土地承包经营
权流转规则和河南省农村土地承包经营权流转合同示范文本的通知》. 2004 -
09 - 17.

［81］河南省农业厅．《河南省农业厅办公室关于印发河南省2010年农村
经营管理工作要点的通知》. 豫农办经管［2010］1号，2010 - 03 - 16.

［82］河南省农业厅．《关于印发河南省农村土地承包经营权登记试点工
作方案的通知》. 豫农办经管［2011］2号，2011 - 04 - 06.

［83］《河南省平顶山市人民政府关于加快推进农村土地承包经营权流转促进规模经营的实施意见》．河南省平顶山市人民政府．平政［2008］55号，2008－11－25．

［84］《河南省开封市人民政府关于加快推进农村土地承包经营权流转促进适度规模经营的实施意见》．河南省开封市人民政府．汴政［2012］99号，2012－09－30．

［85］《中共商丘市委、商丘市人民政府关于推进农村土地承包经营权流转的实施意见》．河南省商丘市人民政府，2010－01－07．

［86］《河南省新乡市人民政府关于推进农村土地承包经营权流转的意见》．河南省新乡市人民政府．新政［2009］14号，2009－07－06．

［87］《郑州市人民政府关于农村土地承包经营权流转实施财政奖补激励政策的意见》．河南省郑州市人民政府．郑政［2010］8号，2010－03－08．

［88］《河南省新郑市人民政府关于农村土地承包经营权流转实施财政奖补激励政策的意见》．河南省新郑市人民政府．新政［2010］7号，2010－03－19．

［89］《洛阳市人民政府关于加强农村土地承包经营权流转工作的意见》．河南省洛阳市人民政府．洛政［2009］57号，2009－04－13．

［90］《河南省济源市人民政府关于加快农村土地承包经营权流转的实施意见》．河南省济源市人民政府．济政［2008］3号，2008－02－20．

［91］《安阳市人民政府关于农村土地承包经营权流转工作的试行意见》．安阳市人民政府办公室．安政［2007］62号，2007－08－11．

［92］《河南省桐柏县人民政府办公室关于发展家庭农场的指导性意见》．河南省桐柏县人民政府．桐政办［2013］69号，2013－07－05．

［93］关于印发《洛南县加快土地流转发展家庭农场实施意见》的通知．河南省洛南县人民政府．洛办发［2013］66号，2013－08－02．

［94］《河南省许昌县人民政府关于加快农村土地承包经营权流转的意见》．河南省许昌县人民政府．许县政［2012］11号，2012－03－16．

［95］杨海钦．河南省农村土地使用权流转的现状及政策建议——以鄢陵县为例［J］．许昌学院学报，2010（3）．

［96］苗洁等．河南农村土地流转的现状、趋势及对策研究（项目批准号B297）．河南省社会科学院，2011.12．

［97］程晓可等．河南省农村土地流转现状分析与对策研究［J］．中州大

学学报 . 2010（4）.

　　［98］李晓霞 . 长葛市农村土地流转情况调查报告［J］. 河南农业，2011
（12）.

　　［99］中国人民银行周口市中心支行课题组 . 对周口市农村土地承包经营
权流转及金融支持情况的调查［J］. 金融理论与实践，2009（8）.

　　［100］路婕等 . 土地承包经营权流转价格探讨——以河南省为例［J］.
安徽农业科学，2010（38）.

　　［101］段方艾 . 河南省新野县农村土地流转现状的调查［J］. 北京农业，
2010（10）.

　　［102］河南省信阳市农业局 . 河南省信阳市农村土地流转调研报告［R］.
中国农经信息网，2009 - 08.

　　［103］百瑞信托有限责任公司 2008—2012 年年度报告 . 百瑞信托官网 .

　　［104］中原信托有限责任公司 2008—2012 年年度报告 . 中原信托官网 .

后　记

　　该项研究与著作的撰写由我负责组织并最后通稿修改，也是我主持的国家社科基金项目"传统农区土地流转的经验研究"（10BJL030）和教育部人文社科重点研究基地重大项目"中部传统农区工业化与国民福利提升的路径研究"（12JJD880005）的重要内容，也是新型城镇化与中原经济区建设河南省协同创新中心的创新平台成果。课题组成员王苒、王珅琪分别承担相关专题的研究和撰写任务，也为二位硕士论文的写作积累了实证素材。百瑞信托公司研发中心副主任高志杰博士、白战伟博士具体担任了淮滨土地信托项目的设计并推进实施，王文莉博士做了前期的相关事务性工作，淮滨县委县政府为调研工作提供了大量的支持，在此一并表示感谢。

李燕燕

2014 年 12 月 6 日于郑州大学盛和苑